话说中国

HUA SHUO ZHONG GUO

邹元初◎编著

吉林文史出版社

图书在版编目（CIP）数据

话说中国 / 邹元初编著 . — 长春：吉林文史出版社，2020.11

ISBN 978-7-5472-7257-2

Ⅰ . ①话… Ⅱ . ①邹… Ⅲ . ①中国 – 概况 Ⅳ . ① K92

中国版本图书馆 CIP 数据核字（2020）第 198611 号

话说中国

HUASHUO ZHONGGUO

编　　著 / 邹元初
策划编辑 / 刘　芬
责任编辑 / 王明智
封面设计 / 顾瞳书衣
出版发行 / 吉林文史出版社
地　　址 / 长春市福祉大路出版集团 A 座　　邮　　编 / 130118
网　　址 / www.jlws.com.cn
电　　话 / 0431-81629375
印　　刷 / 天津雅泽印刷有限公司
开　　本 / 710mm × 1000mm　　16 开
字　　数 / 215 千
印　　张 / 17.25
版　　次 / 2021 年 1 月第 1 版　　2021 年 1 月第 1 次印刷
书　　号 / ISBN 978-7-5472-7257-2
定　　价 / 58.00 元

目 录

Contents

序：何谓中国

"中国"一词，我们老祖宗早在3000多年前就开始使用了，但其含义不同于现代，主要有以下几种。

含义之一，指京师。《诗经·大雅·民劳》有："惠此中国，以绥（安抚）四方。"此处"中国"是指周惠王所在地京师洛阳，而不是指国家。《孟子》一书中也有"我欲中国而授孟子室"（《孟子·公孙丑上》）。此处"中国"也是指京师。为什么说"中国"是指京师？这从《史记·五帝本纪》所载"夫而后（尧之后）之中国践天子位焉，是为帝舜"之"中国"的注解中可以得到佐证："帝王所都为中，故曰中国。"

含义之二，指中原。《孟子》一书中还多处提到"中国"一词，不是指京师，而是指中原，如"兽蹄鸟迹之道，交于中国"，"陈良（人名），楚产也（楚国人），悦（喜爱）周公、仲尼之道，北学于中国"（《孟子·滕文公上》）。《庄子》中提到"中国"一词，也是指中原，如"中国之君子，明乎礼义而陋于知人心，吾不欲见也"（《庄子·田子方》）。不过，此时所说中原地域不及后世中原地域广，仅相当于今河南一带。

含义之三，指各路诸侯。《礼记·王制》载："中国、戎夷，五方之民（五方是指中国、夷、蛮、戎、狄），皆有其性（习俗不同）也，不可推移。"所谓蛮、夷、戎、狄，即东方曰夷，南方曰蛮，西方曰戎，北方曰狄。《左传·庄公三十一年》载："凡诸侯有四夷之功，则献于王，王以警于夷。中国则否，诸侯不相遗俘。"由此可见，春秋前期"中国"一词是与蛮、夷、戎、狄相对使用的。那么，此处"中国"一词究竟是指什么呢？《公羊传·僖公四年》载："南夷与北狄交，中国不绝若线。桓公救中国而攘夷狄。"所谓"桓公救中国"就是救援邢、卫等国。由此可见，此时的"中国"，已经扩大到被认为是"诸夏"的国家。

何谓"诸夏"？《公羊传·成公十五年》载："《春秋》内其国而外诸夏，内诸夏而外夷狄。"

"诸夏"是汉族先民的古称，常称"华夏"，有时单称"夏"，或单称"华"。"华夏"一词最早见于《左传·襄公二十六年》："楚失华夏。"从字义上来讲，"华"字有美丽的含义，"夏"字有盛大的意义，两字连起来，的确是个美好的词。

夏、商时期，应该是华夏民族的形成时期；而集华夏制度文化和精神文化之大成的"周礼"的形成，则是华夏民族最终形成的标志。古时华夏民族聚居于黄河南北，以为该地区居天之中，故称之为中国，也有中土、中原、中夏、中华之称。这些称呼，有时也是对黄河流域的几个国家的统称。

含义之四，指全国。秦始皇统一全国后，国家有时统一，有时分裂。统一时期"中国"是指全国，分裂时期"中国"是指中原。"皇帝（刘邦）……继五帝三王之业，统天下，理中国"（《汉书·陆贾传》）。这个"中国"就是指全国。但在中国历史长河中，从黄帝时期到清朝，中国境内曾出现大大小小的王朝约83个，却没有一个王朝将"中国"两字直接作为其朝代的名称。如汉朝的国号曰"汉"，唐朝的国号曰“唐”，以后建立的王朝国号有宋、辽、金、元、明等，清政府与外国签订的条约上签署的国名是“大清”等。

1912 年辛亥革命后，成立中华民国，当时合汉、满、蒙、回、藏 5 个大族为一家，定名为“中华”，全称为“中华民国”，简称“民国”。1949 年 10 月 1 日，中华人民共和国成立，标志着我国新民主主义革命的胜利，中华民族从此走上了伟大复兴的道路。

前　言

中华民族屹立于世界东方数千年，有着辉煌的过去，世界人民曾引领以望之。但进入近代，清政府腐败和闭关锁国，致国家日益衰败而成为列强争食的对象——先有英国发动的鸦片战争，后有日本发动的侵华战争，战火在神州大地燃烧了近百年，国家满目疮痍，百姓在饥饿线上挣扎。

1949年10月1日，五星红旗在北京天安门广场冉冉升起，中国人民重新站起来了。1978年改革开放，中国经济从此飞速发展，中国人民开始富起来了。今日中国社会加速前进，我们正在向世界强国而奋斗。相信在不远的将来，中国一定会实现中华民族伟大复兴的中国梦。

中国发展如此之快，变化如此之大，身在此中的我也感到很振奋——真是日新月异、一日千里！身处境外的一些人可能还不知道中国已经发生了天翻地覆的变化，有的人对中国的认识可能还停留在过去，有些人还会问“中国有汽车吗？是不是还在推板车？”“你们上海还要多少年才能赶上我们的新德里？”这样令人啼笑皆非的问题。之所以有这种疑问，是因为他们不了解中国。

世界上有的人由于不了解中国而误解中国、怀疑中国、不喜欢中国。

为什么会出现这种现象呢？我想，他们不了解中国，是因为他们中大多数人没有来过中国；误解中国、怀疑中国、不喜欢中国，是因为他们对中国的了解和认识主要来自西方的新闻报道。

自中华人民共和国成立以来，西方媒体的宣传中一直充斥着丑化中国的言论，很少有关于中国的真实报道。

为了帮助世人了解中国、消除对中国的误解，为了回答中国为什么发展那么快，笔者特写此书！

本书分四篇：地理中国、文化中国、历史中国、近现代至当代中国。因涉及面广，本书很难面面俱到，只能说是对中国的简介。

另外要说明的是，本书有的数字只具有相对准确性，如各省、市、自治区人口数就在不断变动中；又如山的高度，由于地壳的变动而有所变动，加之由于有的山国家没有精准测量过，至今没有一个统一的准确高度；江河湖泊也有类似情况，由于泥沙的淤积，其长度、面积也会随着时间的推移而有所变化。由于上述原因，本书所采用的数字只具有相对准确性，无法做到精准化。对书中疏漏之处，希望广大读者多多批评指正。

第一篇

地理中国

此篇是对中国各省、市、自治区的土地面积、山川、气候等诸要素以及物产、交通、景点、居民点等情况的介绍。之所以要介绍这些，是因为这些对中华民族的形成和发展，以及对中华文化的产生有着深刻的影响，也是中华民族赖以生存的基础。

地理对一个国家的影响确实很大，例如，为什么中华民族的形成和中华文化的产生源于黄河流域？因为在远古时代，黄河流域气候温和、一马平川，很适合农作物生长，因而最早形成农耕文化，并向四周发展。

又如，由于中国地域广大、山川阻隔而形成的各地方言何止千种！如我的家乡湖南甚至十里不同音。由于地域不同形成了人们的不同性格，北方人粗犷，南方人细腻；也由于地域不同而形成了不同的饮食文化，中国有八大菜系，小菜系更是不胜枚举。为什么有不同的菜系？因为气候不同而形成不同口味：江浙人喜甜食，山西人喜吃醋，四川人喜麻辣，湖南人则怕不辣……

一、国情概况

中国地处亚洲东部、太平洋西岸。北起漠河附近的黑龙江江心，南到南沙群岛的曾母暗沙，西起帕米尔高原，东到黑龙江、乌苏里江汇合处。南北跨纬度约50°（相距约5500千米），东西跨经度约62°（相距约5200千米），陆地面积约960万平方千米，为亚洲面积最大的国家。

中国陆地边界线长达2.2万多千米。陆上与中国为邻的国家，东北有朝鲜，北有俄罗斯、蒙古，西北有哈萨克斯坦，西有吉尔吉斯斯坦、塔吉克斯坦、阿富汗、巴基斯坦，西南有印度、不丹、尼泊尔、缅甸，南有老挝、越南，共14个国家。

中国气候复杂多样，大部分地区位于北温带和亚热带，属东亚季风气候：冬季寒冷干燥，南北温差可达68℃（冬季：三亚最低温度约16℃，漠河约-52℃）；夏季高温多雨（东、南多，西、北少），温差小。

中国的大陆海岸线长达1.8万多千米，东有黄海、东海，南有南海。隔海相望的国家，东有日本、韩国，南有菲律宾、印度尼西亚、马来西亚、文莱。

中国面积达500平方米以上的岛屿有6500多个，其中最大的岛屿有台湾岛与海南岛。台湾岛面积约3.6万平方千米，海南岛面积约

3.4 万平方千米。

中国地势西高东低，呈三级阶梯状：西南部有世界最高的高原——青藏高原，其地势最高，为第一阶梯；自此向北、向东下降为第二阶梯；在大兴安岭、太行山、巫山、武陵山、雪峰山一线以东主要为平原和丘陵，为第三阶梯。

中国地形复杂多样，山地、高原、沙漠和丘陵的面积约占全国总面积的 2/3，盆地和平原的面积约占全国总面积的 1/3。

中国的山脉大多是东西和东北—西南走向，主要有阿尔泰山、天山、阿尔金山、昆仑山、喀喇昆仑山、喜马拉雅山、阴山、秦岭、南岭、大兴安岭、长白山、太行山、武夷山、横断山脉和台湾山脉。

我国的主要河流有：长江、黄河、黑龙江、珠江、淮河、海河、辽河、雅鲁藏布江。长江、黄河为境内最重要的河流。中国有世界上最长的运河——京杭大运河，全长约 1800 千米。

（1）长江

长江，古称丽水，又名犁牛河、通天河，是亚洲第一大河、世界第三大河。它发源于青海省西南边境唐古拉山脉各拉丹冬雪山（有说当曲为正源），流经西藏、四川、云南、重庆、湖北、湖南、江西、安徽、江苏等省、自治区、直辖市，至上海市入海。全长约 6300 千米，流域面积 180 多万平方千米。江口年平均流量每秒约 32400 立方米。

今人称它的上游为沱沱河，即通天河，从青海省玉树巴塘河口至四川省宜宾市之间的一段称为金沙江，宜宾以下始称长江。宜宾至宜都枝城段又称川江，宜都枝城至城陵矶段称荆江，扬州以下旧称扬子江。

宜昌以上为上游，长约 4529 千米，有著名的三峡；宜昌至江西湖口为中游，长约 927 千米，多湖泊（鄱阳、洞庭两湖最大）；湖口以下为下游，长约 844 千米，江宽水深，江口有崇明岛。

长江水量大，水力资源丰富。中华人民共和国成立前，中游荆江地区常泛滥成灾。1952 年 4 月兴建荆江分洪工程，历时 1 年完成；1970 年开始在三峡出口宜昌南津关下游约 2300 米处修建葛洲坝水利枢纽，1988 年全部完工，控制流域面积约 100 万平方千米，约占全流域面积的 55%，年发电量约 141 亿千瓦时。1994 年 12 月 14 日正式开工建设长江三峡水利枢纽工程，历时 15 年建成。长江三峡水利枢纽工程地处葛洲坝水利枢纽上游约 40 千米处的宜昌市青坪，是目前世界上最大的水利工程，具有防洪、发电、航运等综合效益。

就防洪来说，由于库容量大（有效库容量 221.5 亿立方米），该工程可以有效地控制长江上游的洪水，防止荆江两岸干堤溃决，可以减轻洪水对中下游特别是武汉地区的威胁。

就发电来说也很了不起，该工程装机总容量高达 1850 万千瓦，年平均发电量约 846.8 亿千瓦时。

就航运来说，它显著改善了宜昌至重庆 660 千米的航道，万吨船队可直达重庆，运行成本可节省 3 成，打造了名副其实的黄金水道。

不仅如此，它还成了著名的风景区：坝上，平静如镜；坝下，飞流直下，犹如万马奔腾。

（2）黄河

黄河，源出青海省马曲（约古宗列曲），途经扎陵、鄂陵两湖，继而从青海省进入四川、甘肃、宁夏、内蒙古、陕西、河南、山东等省、自治区，从山东北部流入渤海。全长约 5464 千米，流域面积约 752443 平方千米。河口每秒平均流量约 1500 立方米。其支流有洮河、湟水、无定河、渭河、洛河、汾河等。

内蒙古自治区托克托县河口镇以上为黄河上游，长约 3472 千米，流经高原峡谷，水流较清；河口镇至河南郑州桃花峪为中游，长约

1122千米，由于穿行过黄土高原，含沙量大，水色浑黄（其输沙量和含沙量均居世界首位）；桃花峪以下为下游，长约870千米。下游所经之地，地势平坦，水流缓慢，泥沙淤积，旧时常泛滥成灾，在中国历史上黄河大改道凡26次。下游两岸人民为了防灾，不断加高河堤，致使河床高于地面，成了“地上河”。中华人民共和国成立后，在黄河上中游进行了大规模的水土保持，并兴建了龙羊峡、李家峡、刘家峡、青铜峡、三门峡、小浪底等水利工程，还在下游加固了河堤。

俗语云，“黄河百害，唯富一套”。“一套”是指河套地区。它包括内蒙古自治区、宁夏回族自治区的贺兰山以东和狼山、大青山以南的黄河沿岸地区。因黄河在此形成一个弯曲，故名河套。以乌拉山为界，东为前套，西为后套；也有称黄河以南、长城以北地区为前套，黄河以北地区为后套。河套地区主要是黄河的冲积平原，土壤肥沃，素有“塞上江南”之称。河套地区自古农业发达，为中国重要的商品粮生产基地。

黄河中游有著名的壶口瀑布，仅次于贵州黄果树瀑布，是我国第二大瀑布。地处陕西宜川县壶口乡东，距山西吉县西南约25千米。此处两岸夹山，宽度仅约30米，而高度约50米，滚滚黄河水奔流至此，倾泻而下，惊涛怒吼，震声达数里。水势倾注如壶口，故名。

我国主要湖泊：淡水湖有鄱阳湖，面积约2933平方千米，蓄水量约295亿立方米；洞庭湖，面积约2432.5平方千米，蓄水量约155.42亿立方米；太湖，面积约2425平方千米，蓄水量约44.28亿立方米。咸水湖有青海湖，是我国最大的湖泊，面积约4240平方千米（随着来水多少的变化，其面积也会有所变化，有的年份曾达到4625平方千米），蓄水量约778亿立方米（蓄水量也有变化）。

我国西北部是一个多沙漠的地方，主要沙漠分布情况如下。

（1）塔克拉玛干沙漠

塔克拉玛干沙漠地处新疆南部、塔里木盆地中部，东西长约1000千米、南北最宽处约400千米，海拔840~1200米，面积达33.76万平方千米，仅次于撒哈拉沙漠，是世界第二大沙漠。

（2）古尔班通古特沙漠

古尔班通古特沙漠是我国的第二大沙漠，海拔300~600米，面积约4.88万平方千米。地处新疆维吾尔自治区准噶尔盆地中部、玛纳斯河以东和乌伦古河以南。该沙漠的大部分为固定、半固定沙丘，有的地方长有沙生植物，为优良的冬季牧场。

（3）巴丹吉林沙漠

巴丹吉林沙漠地处内蒙古自治区阿拉善右旗西部和额济纳旗东部一带，面积约4.43万平方千米。沙漠中心为复合型沙山，一般高200~300米，最高达420米，是中国最高沙山。沙山间有洼地、盐湖，还生长着海韭菜、芨芨草等。在沙漠东南部，沙山之间有很多内陆小湖，俗称海子，海子周围多为牧场。

（4）腾格里沙漠

腾格里沙漠地处内蒙古自治区阿拉善左旗西南部和甘肃省中部边境，东抵贺兰山，南越长城，西至雅布赖山，面积约为4.27万平方千米，海拔1400~1600米。其特点是沙丘、草滩、浅丘、山地、平地交错，湖盆和山地、浅丘分割，沙漠内大小湖盆（洼地）多达422个，呈带状分布。湖盆中充斥着沼泽、草甸及盐生植物，是沙漠内的主要牧场。

（5）柴达木沙漠

柴达木沙漠地处青海省柴达木盆地西北部，海拔2500~3400米，是中国地势最高的沙漠。沙漠面积约3.49万平方千米，特点是沙丘、戈壁、盐湖、平原交错。

（6）库姆塔格沙漠

库姆塔格沙漠地处新疆维吾尔自治区罗布泊以东至甘肃玉门关间，属戈壁型沙漠。面积约2.28万平方千米，海拔约1000米。沙漠为东北—西南走向，沟谷内有流沙堆积，蜿蜒如龙，故又称白龙堆沙漠。

（7）库布齐沙漠

库布齐沙漠地处内蒙古自治区鄂尔多斯市之北、黄河以南，东西长约270千米，南北宽15~70千米，面积约1.61万平方千米，流动沙丘约占80%。此地植被稀疏，散生一些沙生植物。

（8）乌兰布和沙漠

乌兰布和沙漠地处内蒙古自治区中部偏西，东临黄河，西至吉兰泰盐池，南到贺兰山北麓，北接狼山。东西最宽约110千米，南北最长约150千米，面积约9900平方千米。其特点是：南多流沙，中部多垄岗型沙丘。沙漠北部为黄河冲积平原，沙丘之间有大面积的土质平地，且可引黄河水自流灌溉。

总之，单就自然环境而言，神州大地是全世界最好的地方之一。与俄罗斯相比，纬度更低，气候适宜，适合农业生产和人类生活；与印度相比，温度更为适宜。但从总体上讲，自然环境不如美国。美国与我国纬度基本相同，但山和沙漠比我国少，耕地比我国多［可耕地：美国约30亿亩（1亩≈667平方米，下同）；中国约18亿亩］。

二、省市介绍

目前，中国设有4个直辖市、23个省、5个自治区和2个特别行政区。

（一）四直辖市

1. 北京市

北京市地处华北平原西北边缘，是东北和华北地区相连的枢纽。面积约为1.6807万平方千米（市区约为5438平方千米），截至2018年末常住人口2154万人。

北京市地势西北高东南低。西、北及东北部群山连绵，西部是太行山余脉——西山，北部是属燕山山脉的军都山，山地占全市面积的62%。京冀交界处的东灵山海拔2303米，是北京最高峰。东南为永定、潮白河冲积平原，海拔约50米。平原约占全市总面积的38%。森林面积约58.81万公顷，森林覆盖率约34.59%。永定河是本市的最大河流。潮白河上游建有本市最大的水库——密云水库。近郊和市区有昆明湖、玉渊潭、北海、前海、后海、陶然亭湖、紫竹院湖等大小湖泊30多个。

早在70万年前，周口店地区就出现了原始人类——“北京人”。北京建城历史已有3000多年，建都历史也长达2000多年（起自战国时期的燕国），是我国“七大古都”之一，也是世界著名的古都。

北京于春秋、战国时称“蓟”，为燕国国都；秦始皇灭燕，置广阳郡；三国时置幽州；隋置涿郡；唐重置幽州；辽置幽州府，为陪都“南京”，又名燕京；金建都于此，称中都；元置燕京路，后改称大都，设大兴府；明洪武元年（1368）置北平府；永乐元年（1403）改称顺天府，永乐十九年（1421）定为京师，称为北京；清顺治元年（1644），迁都于此，仍称北京；民国初建都于此，1928 年设北平特别市；1930 年称北京市；1949 年 10 月 1 日，中华人民共和国成立，定都于此，仍称北京市。

北京属于暖温带半湿润大陆性季风气候，年平均气温 10～12℃。其特点是四季分明，夏季炎热多雨，冬季寒冷干燥，春季短而多风沙，秋季长，温度适中，是北京的黄金季节。

北京现在是中国的政治、科技、文化中心，也是全国铁路、公路、民航运输的总枢纽。列车可直通全国多数大中城市。

名胜古迹：

（1）天安门

天安门地处北京中心，位于北京中轴线上。其东为劳动人民文化宫，西为中山公园。它始建于明永乐十五年（1417），初名承天门，其意为“承天启运，受命于天”。清顺治八年（1651）重建，改称天安门，以表示“外安内和，长治久安”。

天安门通高 33. 87 米；1970 年翻建后，增高至 34. 7 米。红色城墙上开有 5 个拱形门洞，中间门洞最大，高 8. 82 米，宽 5. 25 米，古时专供皇帝出入。重楼九楹（房间），红柱黄瓦，巍峨壮丽。两边墙上分别镶嵌着“中华人民共和国万岁”“世界人民大团结万岁”的大幅标语，正中门上挂着毛泽东的巨幅画像。城楼下有金水河，河上有五座雕琢精美的汉白玉桥。城楼前有两对雄健的石狮和秀丽的华表巧妙相配，使天安门成为一座完整的建筑艺术杰作。

（2）天安门广场

天安门广场地处天安门前，是北京的中心广场。原广场呈“T”字形，东西有墙。该墙在中华人民共和国成立后的改建中拆掉了。广场南北长 880 米，东西宽 500 米，总面积达 44 万平方米，是世界上最大的城市中心广场。广场中段设有升国旗的基座，中央矗立着人民英雄纪念碑，碑南为毛主席纪念堂，西有人民大会堂，东有中国国家博物馆。1949 年 10 月 1 日后，天安门广场成为中国人民政治集会和节日活动的重要场所。

（3）故宫

故宫旧称紫禁城，是明、清两代的皇宫，地处天安门广场之北，南北中轴线上。故宫始建于明永乐四年（1406），永乐十八年（1420）才基本建成，历时 14 年，历经明、清两代 24 位皇帝。明、清两代曾对其进行过多次重修和扩建，但仍保持着原有的布局和规模。

故宫南北长约 961 米，东西宽约 753 米，占地 72 万多平方米，建筑面积约 15 万平方米，建有大小院落数十个，房屋 9000 多间。周围有 10 多米高的城墙，周长约 3428 米。墙外有宽 50 多米的护城河。故宫有四门：南为正门（午门），北为神武门，东为东华门，西为西华门。

故宫的主要建筑分外朝和内廷两大部分。外朝以太和、中和、保和三大殿为主体，建于三层汉白玉台基上，是封建帝王行使权力、举行隆重典礼的地方；内廷以乾清宫、交泰殿、坤宁宫为主体，是皇帝处理日常政务和生活的地方。其东西两侧设有东、西六宫，是后妃、皇子的住所。此外，尚有文华殿、武英殿和御花园等。

故宫是中国现存规模最大、最完整的古建筑群。整个建筑群按中轴线对称布局，层次分明，主体突出，外朝和内廷建筑风格迥然不同。

故宫气势雄伟，豪华壮丽，集中体现了中国古代建筑艺术的传统和独特的风格，反映了中国人民高度的智慧和创造才能。

故宫还保存了大量的珍贵文物，这些文物是研究明、清两代历史和艺术的重要资料。

（4）中南海

中南海地处故宫西侧，包括中海、南海和北海三海，总面积约100公顷，其中水面面积约47公顷。

北海是自然形成的，中海开凿于金、元时期，南海开凿于明初。至清代，三海统称为西海子，列为禁苑。

中南海内，湖水和殿阁楼台错落其间，建筑别致，风景秀丽。其中南海的丰泽园，建于康熙元年（1662），历时10年建成，其后历代皇帝都在此讲礼。南海中的瀛台，又名趯（tì）台，三面临水，衬以亭台楼阁，有如海中仙岛，故名瀛台（传说古有瀛洲，是仙山，《史记·秦始皇本纪》中记载：海中有三神山，名曰蓬莱、方丈、瀛洲，仙人居之）。清顺治、康熙年间曾两次修建瀛台，是帝王及后妃的避暑、游览之地。“戊戌变法”失败之后，光绪皇帝曾被慈禧太后幽禁于此。

中南海内还有崇雅殿、怀仁堂、紫光阁、武成殿等建筑。辛亥革命后，在此设立过总统府、大元帅府。中华人民共和国成立后，中南海是中国共产党中央委员会、国务院的所在地。毛泽东于1949—1966年曾在丰泽园居住，园内的菊香书屋是毛泽东的书房。

（5）颐和园

颐和园地处海淀区，是我国四大名园（另外三园为承德避暑山庄和苏州拙政园、留园）之一。金贞元元年（1153），完颜亮在此设行宫。明代被改建为好山园。清乾隆十五年（1750），又一次被改建，名曰清漪园。咸丰十年（1860），被英法联军所毁。光绪十四年

（1888），慈禧太后挪用海军经费重建，将此地改名为颐和园，成为帝、后避暑和游乐之地。

颐和园面积约 290 公顷。它以万寿山为中心，建有各种形式的宫殿、房间 3000 余间，分为勤政、居住、游览三个活动区域。前山还建有 728 米的彩画长廊，后山有苍林修竹。园内有昆明湖，湖水面积约占全园面积的 3/4。它借用西山、玉泉山之景，形成景外有景的特色，园内布局巧妙，体现了中国园林艺术的高超水平，在中外园林艺术史上占有极高的地位。1924 年被辟为公园，是全国重点文物保护单位。

（6）八达岭长城

八达岭长城在延庆南，是长城的一个关口，地处军都山，为军都山高峰之一，海拔 1015 米，地势险要。明弘治十八年（1505）在此建关城。关城东窄西宽，呈梯形，嘉靖、万历年间曾修葺过。关城有东西二门，东门有“居庸外镇”四字，刻于嘉靖十八年（1539）；西门有“北门锁钥”四字，刻于万历十年（1582）。两门均为砖石结构。西门城楼左右两侧的城墙依山而筑，蜿蜒起伏，气势雄伟。墙上有砖砌女墙、垛口、瞭望洞、墙台、敌楼。

（7）卢沟桥

卢沟桥亦称芦沟桥，是北京现存最古老的石造联拱桥。地处丰台区永定河上，因横跨卢沟河（永定河）而得名。卢沟桥始建于金大定二十九年（1189），成于明昌三年（1192），明正统九年（1444）重修，清康熙年间毁于洪水，康熙三十七年（1698）重建。

桥全长 266.5 米，总宽 9.3 米，桥面宽 7.5 米。下分 11 个涵洞。桥身两侧设置石栏，北侧有望柱 140 根，南侧有 141 根。柱头上各雕有石狮，共计 485 个，神态各异，栩栩如生。桥东有碑亭，亭内立有乾隆所题“卢沟晓月”汉白玉碑。卢沟桥是世界独具特色的桥。意大利旅行家马可·波罗（1254—1324）在他的游记中称赞卢沟桥是世界最好的、独一无二的桥。

桥东为宛平城，建于明崇祯十一年（1638）。1937年7月7日，日本帝国主义在此发动侵华战争，宛平城的中国驻军奋起反抗，点燃了全面抗战的熊熊烈火。这就是有名的“卢沟桥事变”，也称“七七事变”。

（8）圆明园

圆明园地处海淀区东，为清代名园之一。占地约5200亩，园周长约10千米，是长春、绮春（后改称万春）、圆明三园的总称。

圆明园始建于康熙四十八年（1709），挖湖堆山，种植奇花异木，罗列国内外名胜40景，有建筑物145处。并利用长廊、墙垣、桥梁与自然景物相联系，纯然一体，园林艺术价值很高，被誉为“万园之园”。

咸丰十年（1860）10月，英法联军火烧圆明园，烟焰弥天，红光半壁，大火连烧五日五夜，京西海淀，一片火海，集人类园林建筑艺术精华的圆明园化为灰烬。1983年，北京市人民政府集资修理，恢复万春园、福海、万花阵（欧式迷宫）等，定名“圆明园遗址公园”。

北京除上述著名景点之外，还有香山、中山公园、月坛、天坛、景山、明十三陵，以及中华人民共和国成立后修建的人民大会堂、历史博物馆、首都体育馆、植物园、鸟巢国家体育场等。

2. 上海市

上海市位于我国东部海岸中段，长江入海口处。春秋时属吴国，战国时为楚国春申君封地。隋置华亭镇，唐设华亭县，宋绍兴时设上海镇，以吴淞江支流上海浦而得其名。元至元二十九年（1292）置上海县。明嘉靖三十二年（1553）开始筑城。清属江苏省松江府。1913年置上海道，次年改称沪海道。20世纪20年代初称松沪市，1927年设为上海特别市，1930 年改为上海市。

上海东北有河名沪渎（吴淞江近海段古称沪渎），故上海简称沪；黄浦江古称春申江，故上海又简称申（也有说其西部地为战国时期楚国大臣春申君黄歇的封地，故名申）。

19 世纪中叶，上海被辟为对外开放口岸，帝国主义国家在此设立租界。1949 年 5 月，上海人民政府成立，上海成为华东行政区代管的直辖市。1956 年 2 月，上海成为中央人民政府的直辖市。

上海全境为冲积平原，地势低平，平均海拔不超过 5 米。南端大金山岛海拔约 103.7 米，为本市最高点。北部长江入海口由泥沙冲积而成的崇明岛，是我国的第三大岛。郊区河港密布，黄浦江、吴淞江（周家桥以下称苏州河）流贯市内，为太湖主要泄水道和航运要道。

上海市气候属亚热带季风性气候，日照充足，雨量充沛（多集中在 5~9 月），四季分明，春秋较短，冬夏较长。年平均气温 16℃左右。

上海为我国最大城市，面积约 6340 平方千米（市区约 2648.6 平方千米），截至 2018 年末常住人口 2424 万人。

中华人民共和国成立前，上海市工业产品以消费品为主，是我国重要的棉纺织工业城市。中华人民共和国成立后，上海市已建成工业门类齐全的工业基地，钢铁、机械、造船、仪表、电子、化学、纺织、医药、印刷等工业在全国都占有重要地位，并形成了汽车、通信信息设备、钢铁、石油化工、电站设备、家用电子电器六大支柱产业，还建有宝山钢铁总厂、金山石油化工总厂等大型企业。上海市是我国最重要的经济、金融、贸易中心，也是国际经济、金融、贸易中心之一。

上海是我国沿海南北航线的中枢和对外贸易港，是长江流域出海门户，有国际航线通往国外，有京沪、沪杭两条铁路和沪宁、沪杭甬高速公路通往全国各地。

上海于 1984 年被辟为对外开放城市，1993 年成立浦东新区，扩大开放。

上海也是全国科学技术和文化中心之一，既有著名的科学研究机构，也有著名的大学，如复旦大学、上海交通大学、同济大学、华东师范大学，还有上海图书馆、上海博物馆等。

名胜古迹：

（1）中国共产党第一次全国代表大会会址（中国共产党诞生地）

其地在今卢湾区兴业路 76 号（原望志路 106 号）。1921 年 7 月，各地中国共产党早期组织推派上海的李达、李汉俊，武汉的董必武、陈潭秋，长沙的毛泽东、何叔衡，济南的王尽美、邓恩铭，北京的张国焘、刘仁静，广州的陈公博，旅日的周佛海和陈独秀的代表包惠僧，共 13 人，代表全国 50 多名党员举行中国共产党第一次全国代表大会。会议进行到一半时，为了安全，大家转移到浙江嘉兴南湖的一艘游船上继续开会。

（2）中共中央驻沪办事处旧址

中共中央驻沪办事处旧址又称“周公馆”，其地在今卢湾区思南路 73 号（原 107 号）。1946 年 6 月，根据 1945 年 10 月 10 日国共两党达成的《双十协定》，以周恩来为首的中共代表团在沪设立办事处。由于国民党的施压，该办事处对外只能称“周公馆”。在与国民党和谈期间，周恩来 4 次来到上海，都住在此处。

（3）孙中山故居

其地在今卢湾区香山路 7 号。1920 年，孙中山迁居于此。他在此写了《实业计划》《孙文学说》（《心理建设》，是《建国方略》的一部分）。1922 年 8 月，他还在此会见了中国共产党的代表李大钊、瞿秋白、林伯渠和苏联特使越飞等人。

上海的著名景点还有外滩、鲁迅公园、豫园、龙华寺、玉佛寺、古猗园、淀山湖等。此外，人民广场、东方明珠（上海地标性建筑）、海洋水族馆、野生动物园也值得游人驻足。

3. 天津市

天津在秦时属渔阳等郡地，汉时在此设章武县及泉州县，北宋时在此设立军事据点。金时设直沽寨，元时为静海县地，置海滨镇（也有名海津镇者）。明永乐二年（1404）筑城置戍于此地，成祖朱棣为此地赐名“天津”（“天子津渡”），天津之名由此而始。并置天津卫，继增天津左右卫。清雍正三年（1725）置天津州，雍正九年（1731）升为天津府。民国初，废府，设直隶津海道。1923 年设天津特别市，1930 年改为天津市。中华人民共和国成立后，天津市为直辖市，1958 年改属河北省，为省会。1967 年复改为直辖市。

天津位于海河水系的汇合点，也是京杭大运河的经过点，是古代南粮北运入京的咽喉和长芦盐的运销中心。1860 年起逐渐发展成沿海贸易发达的城市和华北最大的商港。

在近代，天津是帝国主义国家入侵中国的桥头堡，侵略者曾 5 次从天津登陆。在中国沦为半殖民地半封建社会时，英、法、美、德、日、俄、意、比、奥 9 国先后在城区开辟租界，使天津成为国内外国租界最多的城市，这些租界于 1945 年 11 月全部收回。

天津地处华北平原北部，东临渤海，北靠燕山，北部为燕山南麓低山丘陵。最北有九顶山，海拔 1078. 5 米，为天津市最高峰，还有盘山，主峰挂月峰海拔 864. 4 米。天津东南部为冲积平原，沿海一带海拔 2~4 米。

天津市气候属于暖温带半湿润季风性气候，春多风少雨，夏高温多雨，秋冷暖适宜，冬寒冷少雪。年平均气温 14℃左右。

全市面积约 1. 2 万平方千米（市区约 5438 平方千米），截至 2018 年末常住人口 1560 万人。

天津是我国历史悠久的对外通商口岸，是首都北京的出海门户。

天津新港是我国最大的人工港口，也是我国北方最大的贸易港。其贸易规模在我国各港口中排名第二，在世界上排名第四。

天津也是我国综合性工业基地之一，其海洋化工、石油化工尤为突出；纺织工业历史悠久，已有90多年的历史，在全国占有重要地位；钢铁、造船、电子、机械、自行车、仪表、制药、食品、海盐等工业实力雄厚；渤海油田是我国最早开发的海上油田，大港油田是我国新兴的石油生产基地，长芦盐田是我国最大的海盐盐田。

天津是华北和东北的交通咽喉，京哈、京沪两大铁路交会于此。此外，还有京津塘（北京—天津—塘沽）、津唐（天津—唐山）、京沪（北京—上海）、京沈（北京—沈阳）、津石（天津—石家庄）等多条高速公路。

天津的风景名胜有盘山风景区、大沽口炮台、海河公园。著名食品有狗不理包子、桂发祥十八街麻花。

4. 重庆市

几千年来，重庆地名多有变更：春秋时为巴国，汉时设江州县，南齐时称垫江，北周时称巴县，南梁时改称楚州，隋时名渝州，唐时置恭州，继复名渝州。南宋赵惇封于此，曰恭王；绍熙元年（1190），赵惇即皇帝位，是为光宗；先封王，后称帝，令他觉得双喜临门，遂改恭州为重庆，称重庆府。元置重庆路，历属陕西、四川行省。明、清时为四川重庆府。1921年设重庆商埠，1927年设重庆市。1937年，日军侵占南京后，国民政府迁至重庆，1940年定为陪都。1949年12月，重庆市人民政府成立，为西南行政区直辖市，是西南和川东行政中心。1954年6月改为四川省地级市，1997年设为中央直辖市。

重庆市面积约8.2万平方千米，截至2018年末常住人口3102万人。

因重庆境内的嘉陵江古称渝水，又因重庆曾名渝州，故重庆简称渝。

重庆地处长江上游，俗称山城。北、东、南三面为山地所环绕，似一个“人”字形。北部为大巴山，海拔1500米；东部为巫山，地势陡峭，河谷深切；东北有与湖北交界的阴条岭，海拔2796.8米，是全市最高峰。长江自西而来，横切巫山，形成举世闻名的长江三峡。

重庆是长江流域著名三大“火炉”之一。由于地形封闭，又属亚热带季风性湿润气候，一到夏季高温闷热；又因冬季多雾，亦有“雾都”之称，年平均气温16~18℃。

重庆市区处于群山环抱之中，嘉陵江和长江在此交汇。市区一面靠山，三面临水，类似半岛；常有日晴夜雨，故有“巴山夜雨涨秋池”之说。

重庆是西南最大的水陆交通枢纽，有成渝、襄渝、川黔等铁路交会于此。高速公路四通八达：重庆—成都、重庆—长寿、渝北—合川、长寿—涪陵、涪陵—垫江，皆有高速公路相连接。水运主要依靠长江，可直达上海。白市驿和江北机场是西南重要的航空港。

重庆是我国大型综合城市之一。它工业发达，门类齐全，是我国第二大铝加工基地和五大汽车生产基地之一，也是纺织工业基地之一。它还是西南地区最大的商业中心。

名胜古迹：

（1）中美合作所集中营旧址

其址在沙坪坝歌乐山。1943年，美国和国民党政府合办“中美特种技术合作所”，简称“中美合作所”。它既是一个培养国民党特务的机关，也是一个屠杀共产党员和进步人士的机关。合作所内有20多所牢狱，其中最著名的有白公馆和渣滓洞。新四军军长叶挺曾被囚于此；中共四川省委书记罗世文、中共川西特委军委委员车耀先、抗日爱国将领杨虎城和共产党人江竹筠等先后在此被害。1949 年 11 月，重庆解放前夕，国民党对被囚禁于此的 300 多位革命志士进行集体大屠杀，制造了震惊中外的“一一·二七”大血案。

①白公馆。白公馆在歌乐山山麓。原为四川军阀白驹的别墅，故名。1939 年，国民党军统局将此处改为监狱。1943 年，“中美合作所”将它改作第一看守所。抗日爱国将领黄显声、共产党员宋绮云等曾被囚于此。1949 年 11 月 27 日，国民党对被关押于此的 100 多名革命者进行大屠杀。

②渣滓洞。渣滓洞在重庆市歌乐山麓，距白公馆约 2.5 千米。原为煤窑，因渣多煤少而得名。1939 年，国民党将它改造成监狱。1943 年，“中美合作所”把它作为第二看守所。该监狱三面靠山，前临深沟，最多时曾关押 700 多名革命者。共产党员罗世文、江竹筠曾被关押于此。1949 年 11 月 27 日，国民党对被关押于此的 200 多名革命者进行集体大屠杀。

（2）红岩村

红岩村在重庆市西北化龙桥（嘉陵江西岸），是中共中央南方局和八路军重庆办事处驻址。当年，国民党在办事处四周的山上布置了宪兵、警察，设立了秘密特务机关，并构筑机枪阵地，日夜监视办事处一切活动。周恩来曾长期在此工作。1945 年 8 月 28 日—10 月 11 日，毛泽东在重庆与国民党进行谈判期间，曾住于此。

（3）长江三峡

长江三峡西起重庆市奉节县白帝城，东至湖北省宜昌市南津关，全长 193 千米（其中峡谷总长 90 千米）。所谓“三峡”，即瞿塘峡、巫峡和西陵峡，前两个在重庆市境内，后一个在湖北省境内。峡内两岸峭壁对峙、山峰耸立。未建大坝之时激流汹涌，且云雾迷漫，气象万千。大坝建成之后，高山出平湖，激流不再，但风光依旧迷人，且别有一番风味。

(4) 白帝城

白帝城在奉节县城东4千米处的长江西岸，扼守瞿塘峡西口的长江北岸。公元25年，蜀郡太守公孙述自称“白帝”，此地遂改名为“白帝城”。三国时蜀汉刘备举兵伐吴，兵败退守白帝城，临终时，在此托孤诸葛亮。今建有白帝庙，庙前有平台，可远眺江景。大江两岸赤甲、白盐二山高插云霄，雄奇无比。

(5) 大足石刻

大足石刻在大足区境内，分布于该区西南、西北和东北的山区。它开工于晚唐，完成于南宋末年，共有唐、宋石刻近100处，5万余尊。其文化特点是包容性和各种文化共处性。它不但有佛、道、儒三家独立造像，而且多有“三家”合一的雕刻。其中以宝顶山和北山两处最为集中，规模最大，造像最精美，内容最丰富，有众多衣着华丽、体态优雅、形象俊美的菩萨像。大足石刻是全国重点文物保护单位，1999年列入《世界遗产名录》。

(6) 金佛山

金佛山在南川区境内。主峰为风吹顶，海拔2251米。四周陡峭，山顶平缓。“自远望之，山凡四重；及逶迤盘曲而上，则为峰、为岭、为屏、为嶂、为幽壑、为飞崖，离合向背，莫可名状。”（《中国古今地名大辞典》）它素有“植物王国”之称，有被誉为“金山五绝”的银杉、银杏、大叶茶、方竹、杜鹃王树，以及著名的“金山三精”——人参、竹米、天竹黄。它还是中国银杉的最大分布区，已建立金佛山银杉自然保护区。

（二）二十三省

1. 河北省

河北省地处华北平原，东南部为黄河、海河和滦河冲积平原，多洼地、湖泊，东临渤海，北部与内蒙古高原相接。张家口市北部称张北高原，承德市北部则惯称围场高原，两者统称坝上高原。北部和西部有燕山和太行山环绕，海拔1000米左右，涿鹿县南有小五台山，其中的东台山海拔约2882米，为本省最高峰。

省内主要有海河、滦河两大水系，湖泊有白洋淀等，还建有官厅、岗南等10个大中型水库。

河北省因位于黄河之北而得名，数千年来，其名其地多有变动。大禹治水后，中国设九州，该地属冀州，故简称冀。春秋时属燕、晋等国，秦置上谷、渔阳、右北平、辽西、恒山、邯郸、钜鹿等郡于该地，汉设幽州、冀州，唐为河北道，宋分置河北东、西路，元时属中书省，明时直属京师，清置直隶省。1928年改称河北省。1952年和1956年，旧察哈尔南部和热河省西南部先后被划入河北省。

河北省属于暖温带半湿润半干旱大陆性季风气候，四季分明：春季干燥，夏季炎热多雨，秋季凉爽，冬季寒冷少雪。

河北省面积约19万平方千米，截至2018年末常住人口7556万人。

河北省交通发达，是北京联系全国各地的走廊。陆运方面，有京哈、京沪、京广、京九、京包等铁路线过境，还有一些铁路支线，以及京珠、京沈、津唐、石太等高速公路。海运也很发达，有秦皇岛、黄骅等海港，其中秦皇岛海港是全国现代化大型海港之一。

河北是我国重要的粮棉生产基地，煤、铁、石油、海盐等储藏量位居全国前列。

省会为石家庄市（1968年1月29日由保定迁来）。20世纪初，它只是获鹿县下辖的一个小村庄。后随着京汉、石太、石德铁路的兴建，小村庄逐渐发展为城市，1925年设立石门市。1947年改名为石家庄市。

名胜古迹：

（1）承德避暑山庄

承德避暑山庄始建于清康熙四十二年（1703），历时87年，至乾隆五十五年（1790）竣工。山庄内建筑物有110多处，宫墙周长10千米左右，总面积约564万平方米，是我国现存占地面积最大的古代帝王庄园。为全国重点文物保护单位和重点风景名胜区。1994年列入《世界遗产名录》。

承德避暑山庄一名承德离宫，又名热河行宫。它处于群山环抱之中，地势高峻，背山面湖，风光旖旎，夏天气候宜人，是清代皇帝避暑和处理政务之所。

山庄分宫殿区和苑景区两大部分，苑景区又分湖区、平原、山峦三个景区。其建筑集中了我国各地建筑的风格，既有江南景色，也有北方特点，还有草原风情。

（2）清东陵

清东陵位于遵化市马兰峪西，始建于清顺治十八年（1661）。因在易县清西陵之东，故曰东陵，为全国文物保护单位。

它以昌瑞山为中心，陵区南北长约125千米，东西宽约20千米。建有帝陵5座——孝陵（顺治）、景陵（康熙）、裕陵（乾隆）、定陵（咸丰）、惠陵（同治），后陵15座，妃嫔、王公、公主墓141座。

孝陵居诸陵中心，建筑最为完整，慈禧陵最为华美，裕陵地宫布满雕刻，雕工精湛。

（3）清西陵

清西陵位于易县县城西约15千米处的永宁山下，距北京120多千米。因与东面遵化市东陵相对，故称西陵，为全国文物保护单位。

该墓葬群地势开阔，西有紫荆关，南有易水河，民间俗称风水宝地。雍正八年（1730），雍正选此地为陵址，次年修建雍正陵（泰陵）。自此，清皇室陵墓遂有东、西陵之分。

西陵陵区范围100余千米，内围墙长达21千米，建筑面积50多万平方米。各陵的规模和建筑形式都严格遵守封建等级制度，后陵小于帝陵，妃嫔、王公、公主园寝又小于后陵。

清西陵以泰陵为中心展开，其他陵寝分别在其东西两侧。建有帝陵4座——泰陵、昌陵（嘉庆）、慕陵（道光）、崇陵（光绪），后陵3座——泰东陵、昌西陵、慕东陵，妃园寝3座，王公、公主园寝4座。共计14座陵寝，葬76人。

（4）山海关

山海关地处秦皇岛市东北15千米处，一称榆关，又称渝关。明洪武十四年（1381），大将徐达在此修长城，建关设卫。山海关因处山、海之间而得名，是全国重点文物保护单位。

山海关北依燕山，南临渤海，地势险要，是华北、东北交通要冲，有“万里长城第一关”之称，是历史上兵家必争之地。

山海关城，东依长城，辟四门——东曰“镇东”（上悬有巨幅匾额——“天下第一关”，是成化八年，即1472年，由进士萧显所书），西曰“迎恩”，南曰“望洋”，北曰“威远”。各门均筑城楼。城楼高13米，分上下两层。它与附近隘关、城堡、墩台相互配合，构成坚固的军事防御体系。

关南4千米处的南海口关，俗称“老龙头”，是长城东部的起点。

（5）北戴河

北戴河在秦皇岛市西南约 15 千米处，因戴河流经其西南而得名。它北依莲蓬山，南临渤海，滩面平缓，沙软水平，海水清澈 ，是一个天然海水浴场，是我国著名的风景区，更是避暑胜地。

北戴河林木茂盛，风景绝佳。春无风沙，冬无严寒，夏无酷暑，盛夏时平均温度仅 23℃。南面有长达 22.5 千米的海岸线，沿线沙滩和礁石相互交错，海湾与岬角（突入海中的尖形陆地）犬牙交错。岬角是观景的最佳之地：观鸟则可见群鸟飞旋，多至蔽日；观海则见碧波万里，气势磅礴；观日则见一轮红日升起，霞光满天。

因此，北戴河远在汉代就已成为舟楫聚泊之处。秦始皇、汉武帝都曾到北戴河一带的碣石观海。曹操曾写下著名的《观沧海》：“东临碣石，以观沧海。水何澹澹，山岛竦峙。树木丛生，百草丰茂。秋风萧瑟，洪波涌起。日月之行，若出其中。星汉灿烂，若出其里。幸甚至哉，歌以咏志。”明代在此设金山卫，清光绪二十四年（1898）正式辟为避暑区。1932 年成立海滨自治区，1936 年改由北戴河海滨风景管理局管辖。

2. 山西省

山西省位于太行山之西，故曰山西。春秋时属晋国，故简称晋。春秋末，韩、赵、魏三家瓜分晋国，是为战国时的韩、赵、魏三国，史称三晋。三晋疆域屡有变动，至战国晚期，约相当于今山西省的全部和河北省中部、南部，以及河南省南部、中部，所以近代又把三晋作为山西省的别称。汉时为并州，唐时为河东道，宋时为河东路，辽时为西京道，元时属中书省，置河东山西道肃政廉访司及宣慰使司，明置山西布政使司，清设山西省。

山西省气候属于暖温带半湿润半干旱大陆性季风气候。春季温差大，多风沙；夏季短，炎热多雨；秋季短暂温和；冬季长且寒冷干燥。

全省面积约为 16 万平方千米，截至 2018 年末常住人口 3718 万人。

山西省占据华北平原以西、黄土高原以东的山西高原。其东部由太行山、恒山、五台山、太岳山、中条山组成，五台山主峰北台叶斗峰海拔 3061.1 米，是山西省最高峰。山间多陷落盆地和险要关隘，这些关隘是华北和山西高原的天然通道。西部被吕梁山脉为主体的山地和黄土所覆盖，厚达 10~30 米；中部为太原盆地，面积较大，约占全省面积的 10%。山西省主要河流有黄河、汾河、沁河。

省会为太原市，古称晋阳、并州，亦有“龙城”之称。战国时曾为赵国都城；秦始皇统一六国后，置太原郡；南北朝时是东魏、北齐的别都；唐代因李渊、李世民起兵晋阳，又因武则天为并州人，所以以太原为北都，与神都洛阳齐名，仅次于长安。1949 年设太原市。

山西省交通以铁路、公路为主。同蒲线北起京包线，南接陇海线，纵贯全省；本省东通石太线，并与京原线、新太线组成铁路网。此外，本省还建有多条高速公路。

晋南为传统的农业区，是著名的麦棉产区，雁门关以北地区以谷子、莜麦、胡麻为主要农产品。

山西省最著名的资源是煤炭，有“煤炭之乡”之称。本省的煤炭：一是多，储藏量约占全国的 1/3，产量和外调量居全国各省级行政区之首。二是煤炭种类齐全，品质优良，大同的动力煤炭、阳泉的无烟煤举世闻名。特别是大同煤的质量特别好，易燃、热量高、少灰（一大块煤燃烧之后，只有一点点白灰）。

名胜古迹：

（1）五台山

五台山地处山西省东北部，与普陀山、九华山、峨眉山合称我国四大佛教名山。它由五座山峰组成，呈东北—西南走向，长约 100 千米。北部割切深峻，五峰耸立，峰顶平坦宽阔，有如垒土之台，故称五台。

五台各有其名：东台曰望海峰，西台曰桂月峰，南台曰锦绣峰，北台曰叶斗峰，中台曰翠岩峰。五台之中北台最高，海拔 3058 米，有“华北屋脊”之称。山中每年 9 月下雪，4 月解冻，但山顶终年积雪，盛夏无炎暑，亦称清凉山。

山中寺庙林立。据史料记载：东汉永平年间已在此山建寺庙。此后北朝魏、齐及隋、唐及至清末，建庙从未停止。此山现存寺庙台内 39 座、台外 8 座，主要有南禅寺、佛光寺、显通寺、塔院寺、菩萨顶、殊像寺等，寺庙所处方位风景秀丽，流水潺潺，绿树成荫。

（2）云冈石窟

云冈石窟在大同市西约 15 千米处的武周山南麓。石窟依山开凿，东西长约 1 千米。现存主要洞窟 53 个、造像 51000 余尊，是我国较大的石窟群之一，也是世界闻名的艺术宝库。

石窟始建于北魏和平元年（460），历时 34 年，至太和十八年（494）完成大部分工程，而造像工程一直延续到正光年间（520—525）。当时“凿石开山，因岩结构，真容巨壮，世法所希。山堂水殿，烟寺相望，林渊锦镜，缀目所眺”（《水经注·㶟水》）。壮观景象，世所罕见。

佛像高者达 17 米，最小者仅几厘米。菩萨、力士和飞天（空中飞舞的神）等形象生动活泼。特别是有些飞天，凌空飞舞，姿态飘逸，引人入胜。

后世曾多次对这一伟大工程进行修缮，并增建佛寺，尤以辽、金两代增建规模最大。在我国三大石窟（敦煌、龙门、云冈）中，唯以此窟石雕造像最为雄伟，内容也极为丰富多彩，至今仍具有独特的艺术魅力。

（3）晋祠

晋祠在太原市西南25千米处，即悬瓮山下晋水发源处。始建于北魏，为纪念周武王次子叔虞而建。叔虞封唐，其子燮因晋水而更改国号，叔虞遂成为晋国始祖，后人因以用之为祠名。后屡经修葺，至北宋天圣年间（1023—1032），叔虞被追封为汾东王，后世亦为其母邑姜修建规模宏大的圣母殿。

圣母殿内有43尊宋代彩塑，殿前鱼沼飞梁，为国内仅见。殿两侧有难老、善利二泉，晋水主要由此流出，水流常年不息，清澈见底，水温17℃左右。

祠内除唐叔虞祠、圣母殿外，还建有关帝庙、水母楼，另有唐太宗撰写的御碑《晋祠之铭并序》，全文1203字，行书体，劲秀挺拔，飞逸洒脱，骨骼雄奇，可谓行书楷模。

祠内还有著名的周柏、隋槐。周柏位于圣母殿左侧，隋槐位于关帝庙内。隋槐老枝纵横，至今仍生机勃勃，郁郁苍苍，与难老、善利二泉和精美的宋塑侍女像并称“晋祠三绝”。

（4）平遥古城

平遥古城始建于周宣王时期（前827—前782）。明洪武三年（1370）在旧墙垣基础上重建，周长约6.4千米。城为方形，墙高约12米。外表全部砖砌。墙上建有垛口，墙外有护城河，深广各4米。四周开有6个门，东西各二，南北各一。东西门外有瓮城。城墙和大街小巷组成的平面图形如龟纹图案，俗称“龟城”。它是山西省现存历史较早、规模最大的一座古县城。此后，明、清两代都进行过补修，城墙和城内街道、商店、庙宇、民宅等一应俱全，而且至今还保留着原有形式。它是中国历史文化名城，其古城墙已列入《世界遗产名录》。

3. 辽宁省

辽宁省在我国东北地区南部，南临黄海和渤海，东隔鸭绿江与朝鲜为邻，以境内有辽河而得名，简称辽，亦称辽左。

几千年来，辽宁省的名称和面积多有变动。战国时为燕国地。秦置辽东、辽西郡。汉武帝时置玄菟郡，属幽州。西晋时改为国。十六国后燕时以其地入高句丽，北魏至隋时俱属高句丽。唐灭高句丽后，辽东属安东都护府，辽西属营州。元置辽阳行省，明设辽东都指挥使司。清初设奉天将军（亦称盛京将军）辖此地；光绪三十三年（1907），设奉天省。1929 年改称辽宁省。1945 年，中国共产党开辟东北解放区，将辽宁省分为辽东、安宁、辽北 3 省和辽南行署区；1949 年 1 月增设辽西省。1949 年 4 月将辽东、安宁两省合并为辽东省，辽北、辽西合并为辽西省。1954 年 6 月将辽东、辽西省合并为辽宁省。

辽宁省属于北温带半湿润大陆性季风气候。春季少雨多风，夏季暖热多雨（是东北地区降雨最多的省份），秋季短暂晴朗，冬季寒冷干燥。

现全省面积约为 15 万平方千米，截至 2018 年末常住人口 4539 万人。

辽宁省山地、丘陵、平原交错分布。地势两翼高，中间低。东部为长白山余脉和千山山脉，是省内主要林区；本省较高的三座山：岗山，海拔 1347 米；老秃顶山，海拔 1373 米；花脖山，海拔 1336.3 米。本省西部是辽河平原向内蒙古高原过渡的丘陵地带。中部是辽河平原（属东北平原），为本省最重要的农业区。从辽河口至鸭绿江连线以南伸入黄海和渤海部分为辽东半岛，半岛的大部分为低丘地带，海岸线曲折多湾，多良港。

辽宁省交通发达，铁路网的密度居全国之首，有京沈、哈大、沈丹、沈吉等干线；高速公路也很发达，有沈山、沈大、沈四、沈丹等线路；海运有大连、营口、丹东等著名港口。

辽宁省是我国重要的农业生产基地，主要生产高粱、玉米、大豆，也是我国重要的重化工业基地，冶金、机械、石化、电子为其四大支柱产业。鞍钢有“钢都”之誉，抚顺有“煤都”之称，辽阳是新兴的化纤城，盘锦是石油化工城，其他如阜新矿业集团、辽河油田、大连化学工业公司都是著名的大型企业。辽东湾盐区为我国四大海盐产区之一。

辽宁省省会沈阳市，既是历史名城，又是中国著名的重工业城市。西汉时为候城县治所，后毁于战火。辽金时重建，并置沈州，元改为沈阳路，沈阳之名由此而来。明代设沈阳中卫。满族兴起，建后金，迁都于此，称盛京。清兵入关，后金迁都北京，以盛京为陪都。1931年，“九一八”事变后，日本曾占领沈阳长达 14 年之久。抗战胜利后，为“东北行辕”所在地。1948 年 11 月 2 日，沈阳解放。

名胜古迹：

（1）沈阳故宫

沈阳故宫始建于后金天命十年（1625），历时 11 年，至清崇德元年（1636）才基本建成。乾隆、嘉庆时有所增建。共建房屋 300 余间，四周建有高大宫墙。

沈阳故宫布局独特，共分三路——中路依次为崇政殿、凤凰楼和清宁宫。崇政殿是正殿，俗称金銮殿，是皇太极接受朝贺和处理政务之处。东路有大政殿，殿前排列十座方亭，是大臣办事的地方。西路以文渊阁为主，前后有戏台、嘉荫堂、仰熙斋，是皇帝读书、看戏的地方。

整个皇宫楼阁耸立，殿宇巍然，雕梁画栋，富丽堂皇，融汇了汉、满、蒙古三个民族的建筑特点，具有很高的工艺水平，是我国现存仅次于北京故宫的最完整的皇宫建筑。

（2）千山

千山原名千华山，又名积翠山、千朵莲花山。共有峰峦 999 座，以其近千，而名千山。

千山在鞍山市东约 20 千米、辽阳市东南约 30 千米处，占地面积约 300 平方千米。海拔 708 米，为东北三大名山（医巫闾山、长白山、千山）之一。

山中奇峰迭起，塔寺棋布。最高峰为仙人台，第二高峰为五佛顶。千山素有“无峰不奇，无石不峭，无寺不古”之说，千座奇峰，或如狮虎雄踞，或如卧象盘龙。除风景独特外，尚有历代所建寺院，现存 20 多座，掩映在重峦茂林中。其中龙泉寺尤为突出，是千山现存最大的佛寺。它坐落在幽壑丛林之中，半依峭壁，半筑短垣。寺中有山泉，常年流水潺潺，传云“龙涎吐水”，故名“龙泉”。

4. 吉林省

吉林省地处中国东北地区中部，是东北平原的腹地。东南隔图们江、鸭绿江与朝鲜、俄罗斯为邻。因省会最初设在吉林市而得名。

该地历史上长期是满、蒙古、朝鲜等少数民族活动和聚居之地。西周时为肃慎地，汉时为夫馀、挹娄地，南北朝时为契丹、勿吉、高句丽之地，唐时历属河北道、渤海都督府、渤海国等，宋时为契丹、女真地，元时属辽阳行省，明为女真部。清乾隆二十二年（1757）设吉林将军，由盛京将军管辖；光绪三十三年（1907）设吉林行省，省会吉林府。1945 年，中国共产党开辟东北解放区，将原吉林省分为吉林、松江、合江三省。1949 年 4 月重划东北行政区时，保留吉林省，将合江省并入松江省。1954 年 6 月将松江省并入黑龙江省。吉林省省会迁至长春市。

吉林省属于北温带湿润半干旱大陆性季风气候。冬季漫长寒冷，夏季短促温暖，有明显的四季更替。

全省面积约 19 万平方千米，截至 2018 年末常住人口 2704 万人。

吉林省地势东南高，西北低，从东南向西北依次为山地、丘陵、平原。

长白山绵亘于吉林省东南中朝边境，呈东北—西南走向，是一座休眠火山。由于火山喷发而形成的 16 座海拔 2500 米以上的山峰，称为“长白山群峰”。海拔 2691 米的白云峰是本省最高峰，其附近为省内东部主要河流的发源地。

从长白山至四平、长春、榆树连线以东，多山间盆地和河谷平原；该连线以西为东北平原中部。松花江、辽河分水岭以北为图们江、鸭绿江平原，以南为辽河平原。这些平原西部地势较低，有不少小湖、沼泽和碱地。全省水面面积 100 亩以上的湖泊有 1400 多处。主要河流有松花江、图们江、牡丹江、绥芬河、鸭绿江。松花江湖是省内最大的湖，天池是著名的火山口湖。省西北端为草原牧区。

省内交通发达，铁路以京哈线为中轴，有沈吉、长图、长白、四梅、梅集、平齐、拉滨、通让等铁路干线纵贯全省；高速公路也很发达，有长四、长营、长吉、长哈等线；水路运输以松花江航运为主；民航机场有长春大房身机场（已于 2005 年停止民航运营），还有长春龙嘉国际机场等。

吉林省是我国产粮大省，粮食人均占有量居全国各省、自治区、直辖市首位，是东北主要稻米产区，也是我国玉米、大豆主要产区之一，玉米出口量占全国总出口量的一半。本省还出产关东三宝——人参、鹿茸、貂皮。

吉林省工业比较发达，长春汽车制造厂是中国第一家汽车制造厂，吉林市是中国第一个综合化工基地，四平机械、通化冶金、扶余油田、丰满水电、通化葡萄酒亦有盛名。

吉林省省会长春市，清以前荒无人烟，嘉庆五年（1800），因垦民日多，在伊通河两岸设立机构进行管理，名长春厅；道光五年（1825），清政府将长春厅厅治移至今长春市南关大桥一带。“九一八”事变后，日本于1932年2月决定成立伪满洲国，以溥仪为“执政”，以长春为伪都，将其改名为“新京”，并把溥仪从旅顺接到长春就任“执政”，年号“大同”。1934年，伪满洲国改称“满洲帝国”，年号改为“康德”，“执政”改称“皇帝”。同年3月1日，溥仪即“皇帝”位，并以其住所为伪皇宫。1947年，国民党政府设长春市。

长春市是东北一个美丽的、重要的城市，既有“塞上春城”“森林城”之誉，也有“汽车城”“电影城”之称。

名胜古迹：

（1）伪满洲国皇宫

伪满洲国皇宫在长春市东北角，是清朝末代皇帝爱新觉罗·溥仪为伪满洲国皇帝时的宫殿。占地约43000平方米。

（2）松花湖

松花湖在吉林市东南约24千米处的西流松花江上游，是丰满水电站截流大坝拦截江水而形成的人工湖，湖面海拔266.5米。湖面最长处约200千米，最宽处约10千米，水域面积554平方千米，湖水最深处达70米，蓄水量107.8亿立方米。

丰满水电站于日本侵占中国东北时始建，1943年开始发电。但未完全建成，且工程质量低劣，解放战争期间又遭国民党破坏。中华人民共和国成立后进行了整修和改建，使其恢复工作电量达18.9亿千瓦时。松花湖的形成不但带来了发电、灌溉、防洪之利，还造就了一处游览胜地：湖平如镜，四周层峦叠嶂，奇峭林立；湖上白帆点点，风光旖旎。上游20千米处有湖心岛——五虎岛，岛上林木葱郁，是游人的好去处。

5. 黑龙江省

黑龙江省是地处我国最北和最东的一个省，北与俄罗斯相邻，因被黑龙江环绕而得名，简称黑。

该地秦时为肃慎地，汉时为夫馀、挹娄地，唐时为室韦、黑水靺鞨地，辽时属东京、上京二道，金时属上京路，元时属岭北和辽阳行中书省，明为奴尔干都司、北山女真部。清康熙二十二年（1683）设黑龙江将军，由盛京将军管辖。光绪三十三年（1907）置黑龙江行省，省会在龙江府（今齐齐哈尔市）。1945 年，中国共产党开辟东北解放区，设立黑龙江、嫩江、兴安三省。1949 年 4 月，嫩江省并入黑龙江省，省会齐齐哈尔市。1954 年 6 月，东北行区撤销，在黑龙江省的基础之上，将松江省并入，成立新的黑龙江省，省会哈尔滨市。

黑龙江省气候属于温带大陆性季风气候、寒温带气候。冬季漫长，严寒干燥，最低温度可降至约-52.3℃；夏季短促，温暖多雨。

全省面积约 47 万平方千米，截至 2018 年末常住人口 3773 万人。

黑龙江省地势大体呈西北高、东南略低之状，山地、平地面积各占一半。西北部为大兴安岭，小兴安岭斜贯中部，西南部为松嫩平原，东北部是三江平原（“三江”指松花江、乌苏里江、黑龙江），东部和东南部的长白山、张广才岭、老爷岭、完达山为东北山地的一部分。张广才岭深处有“地下森林”奇观。大秃顶子山海拔约 1690 米，为本省最高峰。东部松花江、乌苏里江、黑龙江合流处形成三江低地，多沼泽。

黑龙江、乌苏里江是中俄界河，兴凯湖是中俄界湖。境内还有镜泊湖、五大连池和连环湖。

黑龙江省是我国重要的商品粮和畜牧业生产基地，林地和耕地居全国首位。三江流域的大片沃土俗称“北大荒”，经过 1958 年以来的大力开垦，已成为我国重要的农产品生产基地，其中大豆、甜菜、亚麻居全国首位。

黑龙江省也是我国重工业基地，优势产业有电站成套设备、工具、轴承、量具、铝镁合金、轻型飞机、电缆、医药、新型材料等。大庆油田是我国最大的石油化工基地。

黑龙江省交通发达，交通网密度居全国前列，有京哈、哈大、滨州、滨绥、绥佳、牡佳、牡图、齐北、平齐、富嫩、滨北、嫩林、佳富等铁路线；高速公路也很发达，有哈同、哈绥、哈大（大庆）等线；松花江为省内主要航道。

黑龙江省为我国寒冷地区之一，冬季寒冷且漫长。冰灯、冰雕艺术是哈尔滨冬季的一大特色，每年 1 月 5 日至 2 月 5 日为冰雪节，故有“冰城”之称。哈尔滨街头欧洲风格建筑很多，故有“东方莫斯科”之称。

名胜古迹：

（1）五大连池

五大连池又称五大莲池、乌德邻池，在今五大连池市西北，是全国重点风景名胜区和自然保护区。其形成时间不长，是清康熙五十八年至六十年（1719—1721）火山爆发时喷发出的玄武岩流阻塞讷谟尔河支流白河而形成的堰塞湖。自南向北为头池、二池、三池、四池、五池。其池衔接如串珠状，故名。湖面积约 26. 2 平方千米，最深处达 12 米。周围有 14 座火山堆，有“火山博物馆”和“天然火山公园”之称。

池区风景优美，巍峨耸立的火山群环抱着碧波荡漾的五大连池，嶙峋起伏的熔岩犹如汹涌澎湃的石海，千姿百态，湖光山色，融为一体。

（2）镜泊湖

镜泊湖位于宁安市西南、牡丹江上游张广才岭和老爷岭群山之中，是全国重点风景名胜区和自然保护区。湖四周有火山群，湖面海拔351米，是中国最大的山地堰塞湖。它由西南向东北蜿蜒曲折，长约45千米（称为“百里长湖”），最宽处6千米，最大水深62米，面积约为91.5平方千米，蓄水量约11.8亿立方米，以盛产鲫鱼著称。

湖区风景优美，湖水碧绿，南浅北深。湖东岸为老爷岭，西岸为张广才岭余脉，层峦叠嶂，林木茂盛；港湾众多，湖面如镜，湖光山色，浑然一体，是盛夏避暑胜地。

湖区有吊水楼瀑布、大孤山、小孤山、珍珠门等名胜古迹，湖口建有水电站。

（3）地下森林

地下森林在宁安市镜泊湖西北50千米处，坐落在张广才岭海拔1000米的深山区。它是火山爆发后形成的。由于火山岩浆冷却收缩，顶部下陷而形成10个火山口，由东北至西南分布在长40千米、宽5千米的地带上。最大的3号火山口直径500余米，深约200米。它通过20余米的熔岩隧道可达4号火山口谷底。这里气候奇特，酷暑时结冰，严冬时有温泉。

谷底有茂密的地下森林，其中有红松、紫椴、黄菠椤、水曲柳等珍贵树种，最高的树高达90米。

6. 江苏省

江苏省地处长江、淮河下游，东临黄海、东海，遥对日本和朝鲜半岛，东西最宽处约380千米。因古时有江宁、苏州而得名。

该地春秋时分属吴、楚、宋等国；战国时属楚；秦属会稽、东海、泗水等郡；汉属徐、扬二州；唐属河南、淮南、江南等道；宋分属江南东、两浙、淮南东等路；元属河南和江浙行书省；明直隶南京、两浙、淮南东等路；清顺治二年（1645）置江南省，康熙六年（1667）

始名江苏省。

其气候具有明显的季风特征，处于亚热带向温带过渡区，大致以淮河—苏北灌溉总渠为界，以南属亚热带湿润季风气候，以北属暖温带半湿润季风气候，气候温和，雨量适中。

全省面积约为 10 万平方千米，截至 2018 年末常住人口 8051 万人。

江苏省是我国地势最低的省，境内平原广阔，地势平坦，绝大部分地区海拔低于 50 米，仅西南部有宁镇山地和茅山丘陵，东北部云台山玉女峰海拔 624.4 米，为本省最高峰。北部有少数丘陵。

江苏省境内湖泊众多，有大小河流 2900 多条，湖泊近 300 个。主要河流除长江、淮河、沂河、沭河外，还有秦淮河、新沭河、苏北灌溉总渠、京杭大运河，湖有太湖、洪泽湖等。这些河流和湖泊组成的稠密的水网，使长江三角洲成为中国著名的河网区。

江苏省交通发达，铁路方面，有京沪、宁铜、陇海、津浦等铁路线；高速公路方面，建有沪宁、宁连高速公路，还有南京至马鞍山、高淳、合肥、南通的高速公路。

江苏省是中国粮、棉、油和淡水鱼的重要产区，还是中国三大蚕桑生产基地。苏南以水稻为主要农产品，苏北以小麦为主要农产品。吕泗、连云港是著名渔港，阳澄湖大闸蟹闻名中外。

江苏省工业基础雄厚，乡镇企业特别发达，工业总产值位于各省市前列。

江苏省省会南京市，是国家历史名城，我国七大古都之一。南京简称宁，别称金陵。秦以后先后有秣陵、建康、江宁、天京、应天之称。三国吴、东晋，以及南朝宋、齐、梁、陈和南唐、明等朝代和太平天国、中华民国均定都于此，故有“六朝古都”和“十朝都会”之称。

名胜古迹：

（1）中山陵

孙中山陵墓，位于南京市紫金山南坡，整座陵园具有中国传统风格。1926 年奠基，1929 年建成祭堂、墓室。同年 6 月 1 日，孙中山灵柩被从北京碧云寺移此安葬。该墓 1933 年全部完工。陵园占地约 8 万平方米，布局严整，规模宏大，傍山而筑，由南向北逐级升高，依次为牌坊、墓道、陵门、碑亭、平台，最后是祭堂、墓室。墓室海拔 158 米。从墓道到墓室有 700 多米，共有石阶 392 级。

祭堂中央为孙中山全身坐像石雕，祭堂四周有孙中山革命事迹浮雕，四壁刻有他的遗作《建国大纲》。祭堂后面是墓室，呈环状结构，正中是圆形大理石圹，中间是长方形墓穴，棺上镌有孙中山长眠卧像。

中山陵前临开阔平原，背靠巍峨山峰，布局严整，气势雄伟。陵园总面积 45000 多亩，其中森林面积就有 32000 亩，苍松翠柏，漫山碧绿。

（2）明孝陵

明孝陵是明开国皇帝朱元璋之墓，在今南京市东郊钟山南麓。

洪武十四年（1381）开始营建，次年葬入马皇后。洪武十六年（1383）建成。朱元璋于洪武三十一年（1398）入葬。

墓地大致分为以下两部分。

第一部分为神道，从下马坊起，建有神烈山碑、大金门、红门、西红门（此两门已毁）、四方城（大明孝陵神功圣德碑）和石刻。石刻有 12 对石兽、1 对石柱、4 对石人和一座棂星门。一座座石刻随着山麓起伏，连绵 800 米左右。

第二部分为墓地的主要建筑，从石桥起，包括正门、碑亭、享殿、大石桥、方城、宝城。

宝城又称“宝顶”，是一个直径约 400 米的圆形土丘，上植松柏，下为朱元璋和马皇后墓穴。宝城围筑高墙——基础由条石建成，墙身由砖砌成。

陵园规模宏大，结构严谨，青山绿水环绕，山势跌宕起伏、浑然天成，是中国现存规模较大的帝王陵墓之一。

（3）苏州园林

“苏州园林”是中国江苏苏州山水园林建筑的统称，又称“苏州古典园林”，以私家园林为主，始于春秋时期吴国建都姑苏时（吴王阖闾时期，前514），形成于五代，成熟于宋代，兴旺鼎盛于明、清，到清末苏州已有各色园林170多处，现保存完整的有60多处，对外开放的园林有19处。苏州园林主要有沧浪亭、狮子林、拙政园、留园、网师园、怡园等。

苏州园林最大的特点是小而精巧，占地面积都不大，有的只占地16亩（沧浪亭）。

1997年，苏州园林作为中国园林的代表被列入《世界遗产名录》，被誉为“咫尺之内再造乾坤”，是中华园林文化的翘楚和骄傲。

（4）寒山寺

寒山寺在苏州阊门外枫桥镇。始建于南朝梁天监年间（502—519），初名“妙利普明塔院”。相传唐代名僧寒山曾居于此，故改名为寒山寺。

该寺屡建屡毁，清咸丰十年（1860）再次毁于战火，现存建筑为清末重建。中华人民共和国成立后，又经两次全面修整，现有大殿、藏经楼、钟楼、枫江楼、碑廊等建筑。

寺内黄楼绿树，庄严幽深，引人入胜。特别是唐代诗人张继途经寒山寺时，写下了著名诗篇《枫桥夜泊》：“月落乌啼霜满天，江枫渔火对愁眠。姑苏城外寒山寺，夜半钟声到客船。”更使寒山寺名声大振。

（5）太湖

太湖古称震泽、具区、笠泽、五湖，在江苏省南部。它是由长江和钱塘江下游泥沙堰塞形成的。它西南纳苕溪、荆溪诸水，东由浏河、吴淞江、黄浦江注入长江，是江南水网中心。太湖海拔 3.14 米，平均水深 3.33 米，水面积约 2425 平方千米，蓄水量 44 亿多立方米，是中国的第三大淡水湖。湖中岛屿 48 个，其中 18 个有人居住，最大岛屿是洞庭西山。

太湖风景优美，连同沿湖山峰和半岛，组成一幅山外有山、湖中有湖的天然图画。

7. 浙江省

浙江省地处我国东海之滨，因境内有钱塘江（旧称浙江）而得名，简称浙。

该地春秋时为越、吴之地，战国时属楚，秦时属会稽，汉时属扬州，唐时属江南东道（后分置浙东、浙西两道），五代十国时建吴越国；北宋、南宋分设浙东、浙西二路，元属江淮行省，后改称江浙行省；清末置浙江省，省会杭州。

本省气候类型属亚热带湿润季风气候，四季分明，光照充足，雨量丰沛，且以春雨、梅雨、台风雨为主，年降雨量 1200 毫米以上，但 7—8 月有伏旱。

全省面积约 10 万平方千米，截至 2018 年末常住人口 5737 万人。

浙江省地势西南高，东北低。北部和沿海有杭嘉湖平原、宁绍平原、温黄平原，约占全省面积的 30%。该地区水网密布，农业发达，为鱼米之乡；西部和南部为丘山地，有天目、仙霞、括苍、会稽、四明、天台、黄茅尖诸山。其中黄茅尖海拔 1929 米，为本省最高山，山上林木葱郁，景色秀丽。浙江省境内主要河流是钱塘江。本省海岸线长 2200 多千米，居我国各省、自治区、直辖市第三位；且岛屿众多，有大小岛屿 2100 多个，居我国各省、自治区、直辖市第一位。其最大岛屿舟山群岛，是中国第四大岛，面积约为 469. 3 平方千米，是中国重要的商品鱼生产基地。

浙江省是中国综合性高产农业区，是著名的鱼米之乡，是产茶大省，西湖龙井即为浙江省特产，闻名天下。

浙江省纺织工业历史悠久，特别发达，尤以丝绸业为盛，生丝产量约占全国总产量的 3/10，绸缎约占 1/5。绍兴酒、金华火腿闻名中外。

中华人民共和国成立后，特别是改革开放后，浙江省的冶金、机械、电力、化工、电子仪表等行业发展迅速。时至今日，浙江省已是中国市场经济发达的省区之一。

浙江省交通发达，有沪杭、浙赣、杭甬、杭长、金温等铁路线，有沪杭、杭甬、甬温等高速公路，港口有宁波港、温州港，机场有杭州机场、宁波机场、萧山机场。

浙江省省会杭州市是历史文化名城，也是我国七大古都之一。隋开皇九年（589）置杭州；五代时吴越国建都于此，称为西府；南宋迁都于此，称为临安府；元设杭州路；明时改为杭州府；自唐以来，杭州一直为东南大府，1927 年设市。因有闻名中外的西湖，杭州成为我国重点风景名胜区和疗养胜地。

名胜古迹：

（1）西湖

西湖在杭州市区西部，三面环山，东面濒临市区，南北长约 3. 3 千米，东西宽约 2. 8 千米，水面面积 5. 66 平方千米，加上湖中岛屿面积 0. 37 平方千米，共计 6. 03 平方千米。湖岸周长约 15 千米，平均水深 1. 5 米左右，最深处有 2. 8 米，最浅处不到 1 米。

西湖原不是湖，而是与杭州湾相通的浅海湾，后由于长年泥沙堰塞隔断而成湖。汉称该湖为明圣湖，唐因湖在杭州市西，始称西湖。

孤山、苏堤和白堤将湖面分成5个部分：里西湖、外西湖、岳湖、后西湖、小南湖。

西湖处处有景，美不胜收。古有“钱塘江十景”“西湖十八景”“西湖十景”之誉。其实何止“十景”“十八景”！在以西湖为中心的49平方千米的地区，就分布着著名风景区40余处，重点文物古迹30多处。宋代大文豪苏轼曾赞西湖：“水光潋滟晴方好，山色空蒙雨亦奇。欲把西湖比西子，淡妆浓抹总相宜。”

1982年，西湖就被确定为国家风景名胜区，1985年被评为“中国十大风景名胜”之一。

（2）南湖

南湖在嘉兴市东南，分东西两湖，相连似鸳鸯交颈，故又称鸳鸯湖。南北长，东西狭，面积约35公顷。湖中有湖心岛，上有烟雨楼，建于五代十国。

南湖见证了1921年中国共产党第一次全国代表大会。这次会议进行到后期时，由上海转移到南湖一艘游船上。1959年，嘉兴南湖革命纪念馆建立。

（3）钱塘潮

钱塘江入海口为喇叭状：海口宽达100千米，向内逐渐收缩，到海宁市盐官镇缩至3千米。所以海水涨潮时，两岸的约束致使潮水涌积，加之湾底沙洲的摩擦阻力而形成潮涌；同时，当潮涌来袭时，在萧山和海宁之间潮波又发生折射、反射，从而形成高高的水墙，潮头耸立，波涛汹涌，犹如万马奔腾；潮头可高达3米，为天下奇观。涌潮全程80千米，历时4小时。每年农历八月十八日，由于地球、太阳、月亮几乎在一条直线上，所以此时钱塘潮特别壮观，为最佳观看时间，而最好的观看处则在盐官镇附近：潮来之时，水天相接，银线横亘，称为“一线潮”；在盐官以东 7 千米处的八堡，可以看到东南两潮相撞，壮观无比；在盐官以西 12 千米处老盐仓可以看到返回潮。

（4）普陀山

普陀山，与山西五台山、四川峨眉山、安徽九华山并称为中国佛教四大名山。它是舟山群岛 1390 个岛屿中的一个小岛，形似苍龙卧海。南北长约 8.6 千米，东西长约 3.5 千米，面积近 12.76 平方千米。它与沈家门隔海相望。其最高峰名曰佛顶山，海拔 291 米。

它四面环海，风光旖旎，被誉为“第一人间清净地”。其间山石林木、寺塔崖刻、梵音涛声，充满神秘色彩。

五代后梁贞明二年（916），日本僧人慧锷自五台山请得观音像乘船回国，在此触礁，遂留居于此，并建寺以供奉观音。后历朝相继兴建寺院，至中华人民共和国成立前，此地寺院、庵堂等建筑曾一度达到 228 个，僧尼 4100 多人。

岛上树木丰茂，古樟遍野，鸟语花香，素有“海岛植物园”之称。全岛共有 100 年以上的树木 66 种 1221 株。除千年古樟外，岛四周金沙绵亘、白浪环绕、渔帆竞发、青峰翠峦，银涛金沙环绕着大批古刹精舍，构成了一幅绚丽多姿的画卷，以其神奇、神圣、神秘，成为驰誉中外的旅游胜地，是首批国家重点风景名胜区。

（5）千岛湖

千岛湖即新安江水库，又名青溪湖，地处淳安县和建德市间、新安江上游。它是 1960 年新安江水电站建成时形成的巨型湖泊。

水库坝高 105 米，长 462 米；水库长约 150 千米，最宽处 10 余千米，最深处 100 余米。在正常水位情况下，湖水面积约 580 平方千米，比西湖约大 102 倍，蓄水量可达 178 亿立方米，比西湖大 3000 多倍。

湖中常见岛屿 398 个，低水位时可见岛屿过千，故名千岛湖，是长江三角洲地区的后花园，是当今世界上岛屿最多的湖之一。

千岛湖，以千岛、秀水为主要特色景观，是中国国家级风景名胜区之一。千岛湖景区总面积约为 982 平方千米，也是中国面积最大的森林公园。

千岛湖水在中国大江大湖中位居优质水之首，不经任何处理即达到饮用水标准，被赞誉为“天下第一秀水”。

8. 安徽省

安徽省位于中国东部，旧以安庆和徽州两地首字而名，而安庆一带古称皖国，故安徽简称皖。春秋时为吴、楚、越地，战国时为楚地，秦时分属九江、衡山、泗水、东海等郡，汉时分属扬、徐、豫等州，唐时分属江南、淮南及河南等道，宋时分属江南东路、淮南东西二路及京西北路，元时分属河南和江浙行中书省，明时直属南京，清康熙六年（1667）置安徽省。

长江、淮河横贯全省。淮河以北为平原，淮河以南多山地丘陵，西有大别山、霍山，南部为皖南丘陵，有黄山、九华山。黄山莲花峰海拔约 1864.8 米，为本省最高峰。长江沿岸及巢湖流域构成皖中平原。巢湖为本省最大湖泊，为中国第五大湖，海拔 8.37 米，面积约 769.5 平方千米，最深处 3.76 米，蓄水量约 20.7 亿立方米。

安徽省地处暖温带与亚热带过渡地区，淮河以北属暖温带半湿润季风气候，淮河以南属亚热带湿润季风气候。总体来说，安徽省四季分明，气候温和，雨量适中，但降雨不均，常有旱涝等自然灾害发生。

安徽省面积约 14 万平方千米，截至 2018 年末常住人口 6324 万人。

淮河流域原本是一块富庶之地，南宋绍熙五年（1194），黄河夺淮，水涝旱灾连年，生产凋零，百姓穷困。中华人民共和国成立后，在“一定要把淮河修好”这一题词精神的指引下，经过多年的治理，情况已根本好转，如今淮河流域已成为中国重要的农业区和商品粮基地。

安徽省是我国重要的煤炭、钢铁生产省份之一。淮南、淮北为煤炭基地，马鞍山是重要的钢铁生产基地，铜陵的炼铜业也在全国占有重要地位。其他行业如电力、机械制造、石油化工等发展也很快。

安徽省交通发达，铁路方面有京九、陇海、京沪等铁路干线通过，还有很多铁路支线，铁路网已基本形成；高速公路也很发达。

省会合肥市，古称庐州，汉设合肥县，因东淝河和西淝河在此合流而得名。唐、宋、元各代为庐江郡治及庐州府治。这里曾是著名的古战场，如东晋“淝水之战”即发生于此。1949 年设市。

合肥有“绿色城市”之称，其环城公园是中国三大环城公园（另两大环城公园在西安和济南）之一。

徽菜是中国著名菜系。

名胜古迹：

（1）黄山

秦称黄山为黟山，唐天宝六年（747），因传黄帝在此修身炼丹，故改称黄山。黄山位于本省南部，由花岗石构成。南北长约 40 千米，东西宽约 30 千米。有三大主峰：莲花峰，海拔约 1864.8 米；光明顶，海拔约 1841 米；天都峰，海拔约 1810 米。

这里山峰劈地摩天，云凝碧汉，气象万千；青松苍郁，刚毅挺拔，千姿百态；烟云翻飞，波澜起伏，浩瀚似海；巧石棋布，千奇百怪，惟妙惟肖；温泉常涌，无色无味，可浴可饮。奇松、怪石、云海、温泉称为“四绝”。明代著名地理学家徐霞客赞道：“五岳归来不看山，黄山归来不看岳。”

黄山有朱砂泉，与陕西华清池、云南碧玉泉并称为中国温泉“三奇”。

黄山是中国著名的风景区之一，也是世界知名的游览胜地。

（2）九华山

九华山地处青阳县西南，与浙江普陀山、山西五台山、四川峨眉山并称为中国佛教四大名山。

该山面积100余平方千米，有99峰，以天台、莲华、天柱、十王等9峰最为雄伟。其中天柱峰海拔约1342米。山中多溪流、瀑布、怪石、古洞、苍松、翠竹，水光山色，独特别致。《太平御览》载："此山奇秀，高出云表，峰峦异状，其数有九，故名九子山。"唐代诗人李白有诗赞道："昔在九江上，遥望九华峰。天河挂绿水，秀出九芙蓉。"从此更名为九华山。

九华山还有一个特点：名胜古迹，遍布山间。从晋隆安年间开始兴建寺院，历经唐、宋、元、明、清不断续建，在鼎盛时期，寺庙有300多座，僧人有4000多人，该山现尚存古寺78座，僧人1500余人，信众很多，所以香烟缭绕，经年不断，被誉为"佛国仙城"。

（3）西递村清代民居村落

西递村清代民居村落位于黟县城南约7千米处，现还保存着清代中叶的民居建筑120多幢。该村落建筑很有特色：层楼叠院，鳞次栉比，青瓦白墙，高大堂皇。每幢民居大门均以平整光滑的黟县青石砌成高大门坊，门坊上布满石雕、砖雕的门罩，石雕上有花纹、人物，千姿百态，无一相同；窗则以雕花的石块组成漏格，也各不相同，疏密得体，繁简相衬。

西递村清代民居村落在民居布局上也很讲究，每户都有一处或多处小庭院。庭院因地制宜，依势而成。院内布有花坛、水池，围以矮墙、漏窗，饰以石雕、砖镂。这些建筑和设置比例和谐，尺度适当，于质朴中见俊秀，富丽中显典雅，令人赏心悦目。

每个居民单元很人性化，均建有水井。水井以青石为圈，古朴无华。水井不但解决了居民饮水的问题，而且客来汲水煮茶，别有一番情趣。

9. 福建省

福建省位于中国东南沿海，古时有福州、建州（今建瓯），故名福建，又因有闽江而简称闽。

该地春秋时为越国地，战国时属楚地，秦时属闽中郡，汉时属扬州会稽。至三国，为吴所控，置建安郡。唐开元二十一年（733）置福建观察使。五代十国时，先属闽国，后分出殷国。宋置福建路，元至元十五年（1278）置福建行省，继改为泉州行省。明立，置福建布政使司。清设福建省。1949 年 8 月，福建省人民政府成立，省会设在福州市。

福建省靠近北回归线，属典型的亚热带海洋性季风气候，冬无严寒，夏无酷暑，雨量丰沛。但灾害天气频繁，夏秋之季多台风暴雨，水灾、旱灾、霜冻历年可见。

全省面积约 12 万平方千米，截至 2018 年末常住人口 3941 万人。

福建省境内多丘陵、山地，占全省总面积 90%以上，故有“东南山国”之称。西北部为武夷山脉，其中黄岗山（福建、江西两省界山）为本省最高峰，海拔约 2157. 8 米；东部由博平岭、戴云山、鹫峰山组成。山脉被闽江、九龙江等大小河流切割，从而形成许多峡谷和山间平地。

福建省海岸线长达 3323. 6 千米，居我国各省、自治区、直辖市第二位，仅次于广东省；有海岛 1404 个，居我国各省、自治区、直辖市第二位，仅次于浙江省。

过去省内交通不够发达，“闽道更比蜀道难”。经过几十年的建设，福建省交通有了很大的发展，鹰厦、峰福、甬台福、温福、福厦铁路贯穿南北，龙厦、漳龙和漳泉等铁路纵横交错，昌福、合福铁路斜穿入境；高速公路以福州、厦门、泉州、南平、永安为中心，104、205、319、316、324等国道深入各省及各市、县。此外，福建省还有过境的高速公路。

福建省自然资源丰富，已发现钨、铁、钼、稀土等各类矿产110多种；水资源也很丰富，河流众多，其密度居全国前列，水力资源蕴藏量近1050万千瓦。

福建省是我国南方重点林区之一。森林覆盖率高达65.95%。野生动植物资源很丰富，有野生动物数千种，野生植物4700多种。福建还是我国重要鱼产区，鱼类资源很丰富，有750多种。

福建省有我国重要的出海口。地理位置的特殊性，使福建省成为我国历史上对外通商较早的省份之一，为“海上丝绸之路”的开辟做出了重要的贡献。

在自然资源丰富的基础上，本省大力发展制糖、制茶、食品、纺织、造纸等轻工业，且在全国占有重要地位。近年来，又优先发展电子、机械和石化三大主导产业，推进海洋经济强省的建设，并取得了很大的进步。

福建省省会福州市。因在宋代遍种榕树，故又称“榕城”；又因多温泉，故又有“温泉城”之称。秦代置闽中郡；汉高祖五年（前202），封无诸为闽越国王，建都东治（今福州）；唐开元十三年（725）设福州，因福山而得名；明、清置福州府。

1842年，福州被开辟为“五口通商口岸”之一。1946年设市。

福州菜是“中国八大菜系”之一闽菜的代表。

名胜古迹：

（1）武夷山

广义的武夷山是指位于武夷山市和建阳、光泽两县交界处的武夷山自然保护区；狭义的武夷山是指崇安镇南约 15 千米处、方圆约 60 千米、海拔 650 米的武夷山风景区。它以丹霞地貌为特征。

武夷山最著名的景点是九曲溪。它全长约 7.5 千米，溪水绕行山间，36 峰沿溪壁而立，丹山碧水，一曲一景，犹如一幅幅美不胜收的画卷。游人乘竹筏从星村出发，顺流而下（也可从武夷宫溯流而上），时而掠过浅滩，急浪飞溅；时而进入碧绿深潭，波平如镜。

此外，天游峰也值得一游。它巍然高耸，独立于群峰，常有云雾弥漫。登其顶，观云海，有如天上游，故称天游峰。山顶有一亭，高踞万仞之巅，四周有诸名峰拱卫，下有九曲溪环绕，武夷山全景尽收眼底。明代徐霞客曾评点说："不临溪而能尽九曲之胜，此峰固应第一也。"

（2）鼓浪屿

鼓浪屿地处厦门市之西，中隔宽约 700 米的厦鼓海峡。全岛面积约 1.84 平方千米。岛上树木葱郁，四季常青；怪石嵯峨，迭成洞壑，洞内海风扑面，涛声如擂鼓，故名鼓浪屿。

岛周长约 7580 米，修有环行路，步行需 40~50 分钟。

岛上有日光岩（又名晃岩），俗称龙头山，海拔约 90 米，是鼓浪屿的最高峰。山麓有日光寺，每当太阳初升，阳光正射到山石和寺内，故名日光寺。

该岛有两个特点：一个是中外风格的建筑比比皆是；另一个是拥有钢琴的居民比例远远高于我国其他地方，有"钢琴之岛"和"钢琴之乡"的美名。

10. 江西省

江西省地处长江中下游南岸。唐时设江南西道，后简化而名江西，又因境内有赣江而简称赣。

该地春秋时分属吴、楚、越诸国，战国时属楚，秦属九江郡。汉属扬州，晋置江州，唐属江南西路，宋初属江南路，后分属江南西路和江南东路。元至元十四年（1277）置隆兴行省，又称江西行省，次年并入福建省，过两年复置江西行省。明洪武九年（1376）改设江西承宣布政使司。清初设江西省，省会南昌府。中华人民共和国成立后改南昌府为南昌市。

江西省属亚热带湿润季风气候，光照充足，雨量丰沛。夏热、秋干、冬阴、春寒；春多梅雨，夏多暴雨，秋季易旱。

全省面积约 17 万平方千米，截至 2018 年末常住人口 4648 万人。

江西省境内东、南、西三面环山，中部为丘陵，北部为平原，山地、丘陵占全省总面积的 80%以上。

东部山地由黄山余脉、怀玉山和武夷山组成。与福建省的界山黄岗山海拔约 2157. 8 米，为本省最高峰；南部有九连山、大庾岭等；西部为罗霄山脉，庐山则耸立在鄱阳湖西侧；北部为鄱阳湖平原（又称豫章平原)，是长江中下游平原的一部分，该平原的大部分在海拔 50 米以下。赣江为省内最大的河流，也是长江的第七大支流。鄱阳湖是我国最大的淡水湖。

江西省交通发达，有京九铁路纵贯全境，还有浙赣铁路横穿北部，并连接皖赣、鹰厦铁路。本省已建成南昌—九江、南昌—樟树、九江—景德镇高速公路。

江西省是我国重要的粮、油、棉花、麻类产区，素有“物华天宝”之誉。鄱阳湖平原是稻谷、油菜、棉花的主产区；省内山区则以油茶、麻类为主要农产品，其中油茶产量仅次于湖南，居全国各省、自治区、直辖市第二位。

江西省矿产资源丰富，铜、银、钽、铷、铯、钪等 11 种有色金属储量居全国首位，钨、锑等 4 种金属储量居全国第三位。铜、钨、钽、铀、稀土被称为江西省的“五朵金花”。德兴的铜矿、大余的钨矿、萍乡的煤矿、会昌的盐矿等驰名中外。

景德镇市的瓷器更是有名。该市历史悠久，早在汉代就已成为我国制陶中心。北宋景德年间，朝廷派官员到此监制贡瓷，将该地所产每件瓷器的底部均刻上“景德年制”，该地遂取名“景德”。

省会南昌市。其城始建于汉代，因赣江支流豫水和章水流经此处，而名豫章。至隋代，南昌成为洪州治所，故又称洪都，唐、宋继之。及元代始称南昌。1926 年设市。1927 年，该市因八一南昌起义而成为英雄城，名闻天下。

名胜古迹：

（1）庐山

相传周朝匡氏七兄弟上此山修路，以草庐为舍，故此山得名庐山，别名匡山，又名匡庐。庐山地处九江市南，雄立长江边，紧傍鄱阳湖。

庐山长约 25 千米，宽 10 余千米，略呈椭圆形，面积约 300 平方千米。最高峰汉阳峰海拔约 1474 米。山中的牯岭镇，海拔约 1167 米，被称为云中山城。

庐山形成于几千万年前。当时地壳断裂下陷，致使庐山突起。庐山东南两侧多断崖峭壁，谷深峰高，雄奇险峻，多险绝胜景。

庐山的主要景点有花径、三叠泉、含鄱口、美庐、仙人洞等，匡庐瀑布更是名扬天下。

庐山还是避暑和旅游胜地。它四季风景如画，夏季气候宜人，7 月平均气温仅 22. 5℃。庐山还有一个特点，就是云雾缥缈，平均年雾日高达 190 天。

庐山自古有名，据传夏禹王曾疏九江，秦始皇南巡曾登庐山。东汉明帝时，庐山成为佛教中心之一，山中有西林、东林、大林三大名寺。庐山历代为文人墨客所向往，如陶渊明、李白、杜甫、白居易、苏轼、陆游、范仲淹等纷纷慕名前来，赋诗填词，其中著名的有唐代李白的《望庐山瀑布》：“日照香炉生紫烟，遥看瀑布挂前川。飞流直下三千尺，疑是银河落九天。”宋代苏轼的《题西林壁》：“横看成岭侧成峰，远近高低各不同。不识庐山真面目，只缘身在此山中。”其他历史名人如岳飞、文天祥、李时珍、徐霞客等也曾到此。

中华人民共和国成立后，建有登山公路，还建了疗养院、休养所等。

（2）井冈山

井冈山地处江西与湖南两省的边界，是一个集风景区和革命圣地于一身的地方。

这里是一个典型的山区，平均海拔约 1000 米，山势雄伟险峻，风景秀丽，青山绿水。这里虽是山区，但也有很多盆地。

1927 年 10 月，毛泽东率领秋收起义部队挺进井冈山，建立了中国第一个农村革命根据地。1928 年 4 月底，朱德、陈毅率领南昌起义保存下来的部队和湘南农民军来到井冈山，和毛泽东率领的部队会师，成立工农红军第四军。这在中国历史上具有非凡的意义。

现在井冈山成了中国著名的风景区，辟有小井龙潭、茨坪南山、黎坪石燕洞、笔架山风景区。

（3）白鹿洞书院

白鹿洞书院在庐山五老峰下的山谷中，距星子县城约 7 千米。

唐贞元元年（785），洛阳人李渤、李涉兄弟隐居庐山。李渤养鹿自乐，人称白鹿先生。宝历元年（825），李渤任江州刺史时，在隐居旧址建台，引水种花，号称白鹿洞。唐末天下大乱，一些文人来此读书。大书法家颜真卿之孙颜翠曾率弟子 30 余人来此授经。南唐将白鹿洞建为庐山国学，宋初扩为书院，与睢阳、石鼓、岳麓同为当时四大书院，后遭兵火被毁。南宋淳熙六年（1179），朱熹为南康（今星子县）军守，重建此书院，并在此讲学。他还奏请赐额及御书，由此书院名声大振。大学问家陆九渊、王守仁等都曾在此讲学。后书院多次被毁，现存书院为清道光年间所修。

白鹿洞四周环山，一水中流，水清石秀，古木参天，环境优美。

11. 山东省

山东省地处黄河下游，渤海和黄海之滨。因位于太行山之东，故称山东。又因春秋时其中的一部分属鲁国，故简称鲁。

该地春秋时分属齐、鲁，战国时属齐，秦在此置齐郡、琅琊郡、薛郡、东郡等郡，至汉时为青、兖、豫等州。至唐代，该地大部分属河南道。元至元元年（1264）设山东行省，后并入中书省；至正二十五年（1365）分出一部分，称胶东行省；明洪武元年（1368），胶东行省回归山东行省。清置山东省，省会济南府；中华人民共和国成立后改称济南市。

山东省气候属暖温带半湿润季风气候，春季少雨多风，夏季炎热多雨，秋季干旱少雨多风沙，冬季寒冷干燥。

全省面积约 16 万平方千米，截至 2018 年末常住人口 10047 万人。

全省平原、洼地面积约占全省面积的 2/3，有鲁西平原、胶莱平原、沿海平原，海拔一般在 50 米以下。鲁中南低山丘陵地区大部分海拔在 200~500 米，而蒙山、沂山、泰山海拔在 1000 米以上，其中泰山玉皇顶海拔约 1532. 7 米（有说 1545 米），为本省最高峰。胶东低山丘陵地处胶东半岛，以崂山最高，海拔约 1133 米。黄河横穿东西流入渤海，大运河纵贯南北，微山湖是省内最大湖泊。

山东省矿产资源分布广、品质优、储量大，全省目前共发现矿产资源约 128 种，其中黄金、石膏、自然硫等储量居全国各省级行政区首位，黄金资源量占全国的 1/4 以上。

山东省经济比较发达。在农业方面，山东省是我国粮食和经济作物主要产区，农业总产值居我国各省级行政区第一位。山东省小麦和花生产量均居全国第二位，还是中国北方三大产棉基地之一。其他如柞蚕、烤烟、瓜果、蔬菜也很有名——烟台苹果、莱阳梨、乐陵小枣、平度葡萄、德州西瓜，以及大葱、大蒜等都驰名中外，是我国最大的“菜篮子”。山东省海洋渔业也很发达，海带、对虾的产量约占我国的一半。

山东省工业比较发达，主要有纺织、食品、采矿、钢铁、机械制造、电力、橡胶、电子、石化、水泥、陶瓷等行业。济南的汽车、棉纺、电子，淄博的石油化工，青岛的机车、轻纺、家用电器，烟台的钟表、酿酒都很有名气，胜利油田规模仅次于大庆油田。本省原盐产量居全国各省级行政区第一，原油产量占全国的1/3，发电量位居全国前列。

山东省交通发达，铁路有京沪、京九、胶济、蓝烟、石德、兖石、新兖等线，高速公路则有济青、济泰、济聊、济德、青烟、潍烟等线。

山东省省会济南市。春秋时属齐国，因地处历山脚下，初名“历下”。秦属齐郡，西汉在此设府，因其位于济水（黄河古称济水）之南，故称济南府。隋、唐均为郡、府、州治。1930 年设市。

济南闻名于世的是泉水，其特点是城中处处有泉水，共有 72 泉，其中最著名的有趵突泉、黑虎泉、珍珠泉和五龙泉，故有“泉城”之称。

名胜古迹：

（1）孔庙

孔子，鲁国陬邑（今山东省曲阜市）人，是儒家的创始人。

儒家学说是中华文化的主根，孔子被尊为圣人，历朝历代都重视与孔子有关的文物的保护和宣传。孔子出生地曲阜市有关孔子的文物最多，保护得也最好。

孔庙在曲阜市城内，东与孔府相邻，是历代祭祀孔子的地方。

孔子死后一年，鲁哀公将其故宅改建为庙，“岁时奉祀”，总面积约327亩。自西汉以来，历代帝王不断对孔庙进行重修、扩建，使其成为一处规模宏大的古建群。孔庙前后有九进院落，共建有殿堂阁庑466间，南北长1000多米。

庙内碑刻多种多样，上自两汉，下至民国各家书体俱备。碑刻有大有小，大者过丈，小不过盈尺，共计2000多块，构成了我国最大的碑林。

（2）孔林

孔林亦称至圣林，在曲阜市城北约1.5千米处。有史书称：孔子葬于鲁城北泗上。当初孔子墓地不过1顷，但几千年来，不断有孔子后裔葬于此，历代帝王也不断赐予墓地，因而面积逐渐扩大，至清代已达3000亩，林墙周长约7千米。

孔林是以孔子墓为中心的家族墓地，有坟冢10万多座，其中有墓碑的约4003座。据称有古树2万余株，以柏、桧、柞榆、雒离、女贞、五味居多，最多的为楷树（也叫黄连木）。孔子死后，其弟子各持其家乡的名贵树种移植至此。之后，其后裔和信徒也是如此，延续至今。另外，历朝历代对孔林倍加爱护，所以此地古木参天，树种繁多。

（3）泰山

泰山古称岱山，又名岱宗，春秋时改称泰山，为中国五岳（泰山、华山、衡山、嵩山、恒山）之一，因地处我国东部，故又称东岳。泰山总面积约426平方千米，主峰在泰安市北，海拔约1532.7米，高度次于华山和恒山，居五岳之三。

泰山为片麻岩构成的断块山地。山势磅礴雄伟，山峦突兀峻拔，景色壮丽。

东方是太阳升起、万物交替、初春发生的地方，而泰山又处于五岳最东，因而古人称之为“五岳之长”“五岳之尊”，所以历代在帝王登基之初，或在太平之年，多来此举行封禅大典。

所谓封禅，一是“封”，即在泰山之顶筑圆台以祭天，将功归之于天；二是“禅”，即在泰山下的小山丘上积土筑坛以祭地，以报地之功。

由于帝王的封禅，泰山名气居五岳之首。加之众多名人的宣传，泰山更加有名。汉武帝曾赞叹：“高矣，极矣，大矣，特矣，壮矣，赫矣，骇矣，惑矣。”西汉文学家东方朔说：“吞西华，压南衡，驾中嵩，轶北恒。”唐代诗人杜甫《望岳》诗云：“会当凌绝顶，一览众山小。”

登山路线分东西两路，至中天门汇合后直达山顶，总路程约 9 千米，台阶约有 6293 级。

中华人民共和国成立后，曾多次整修名胜古迹和游览道路，并在沿途修建多处休息亭和旅馆。1980 年 5 月，泰山游览路正式通车；1983 年 9 月，中天门至南天门的空中索道通车，七八分钟即可到达南天门。

（4）崂山

崂山古称劳山、牢山，也称辅唐山、鳌山。在山东半岛西南、青岛市区东部，绵亘于崂山县境内，面积约为 300 平方千米，主峰名巨峰，海拔约 1133 米。

崂山东临崂山湾，南濒黄海，山海相连，水气弥漫，且变幻无穷。古称：“神仙之山，灵异之府。”所以吸引秦始皇、汉武帝派人前来寻求仙药，唐玄宗也曾派人进山炼药，并将崂山改名为辅唐山。

崂山奇峰凌云，峭壁冲天，树竹繁茂，浓密蔽日，且多清泉、洞穴、危岩、怪石。

崂山因其特殊地位，也吸引了道家的注意，宋、元以来，寺观次第兴建，崂山遂成道教名山，现存有上清宫、下清宫、太平宫、华楼宫。

12. 河南省

河南省地处华中地区，黄河中下游，因位于黄河之南，故名。河南古属豫州，故简称豫；又因居九州的中部，所以有“中原”“中州”之称。

春秋时，该地为周畿（古代靠近国都的地方，又称京畿）内及宋、卫、郑等国之地，战国时为韩、赵、魏等国之地。秦分置三川、颍川、南阳等郡。北宋时属京东、京西路。金时属汴京路及河北路。元时属中书省、湖广行省、河南江北行中书省。明置河南承宣布政使司。清设河南省，省会开封府。中华人民共和国成立后，成立河南省人民政府，省会开封市，1954 年迁至郑州市。

河南省属温带季风气候—亚热带季风气候，四季分明，冬寒少雨雪，春旱多风沙，夏季多暴雨。

全省面积约 17 万平方千米，截至 2018 年末常住人口 9605 万人。

河南省地势东低西高，三面环山：北部为太行山南段；西部为秦岭东延余脉，有太行山、王屋山、崤山、熊耳山、伏牛山、外方山、嵩山等，其中老鸦岔垴最高，海拔 2413. 8 米；南部山地由桐柏山、大别山等组成，是长江与黄河的分水岭；东部是黄淮平原（属华北平原），海拔多在 100 米以下。南阳盆地是该省最大的山间盆地。

黄河从北部横穿本省而过，由于河沙长年沉积，孟津以下的黄河河床高于沿河地面，越往下越高，开封地区竟高出地面 10 米，成为“悬河”。在三门峡、小浪底地段建有大型水电站。南部主要是淮河和汉水的上游。境内有丹江水库的一部分。

河南省交通发达，铁路有京广、京九、陇海、焦柳、宁西、新兖、太焦等线，高速公路有安阳经郑州到漯河、洛阳经郑州到开封、洛阳到三门峡、漯河到周口店等线。

河南省省会郑州市。郑州早在3500年前就是商王朝的都邑，西周时属管国地，春秋时属郑邑，汉、魏、晋、南北朝时为管城，隋为郑州治所。郑州雄踞中原，历来是兵家必争之地，在郊区西北广武山处有楚汉相争的古战场，据说中国象棋中的楚河、汉界即源于此。

河南省自然资源丰富。已发现130多种矿产，其中产量居全国各省级行政区前十位的有50多种；全省森林面积约359万公顷。

河南省农业比较发达，是我国粮、棉花、油、烤烟的重要产区，烟草、芝麻的产量常居全国首位。淮河以北和南阳盆地是小麦的主产区。全省粮食总产量约占全国粮食产量的1/10，油料产量占全国油料产量的1/7，棉花产量占全国棉花产量的1/6。

河南省工业以煤炭、石油、化工、冶金、电力为主，原煤产量居全国各省、自治区、直辖市第二位，原油产量居第五位，中原油田最为有名。氧化铝产量居全国各省、自治区、直辖市的首位，是我国最大的铝工业基地。洛阳的拖拉机、轴承、矿山机械在全国也占有重要地位。

名胜古迹：

（1）龙门石窟

龙门石窟在洛阳市南的伊河两岸。《水经注》载：“两山相对，望之若阙，伊水历其间北流。”因此，龙门又称伊阙。

这里既是山水相连的风景区，又是世界闻名的艺术宝库。

龙门的石窟造像始建于北魏孝文帝迁都洛阳（493）前后，其子宣武帝拓跋恪即位之后，对于龙门石窟的修建更是乐此不疲。龙门石窟历经西魏、东魏、北齐、北周、隋、唐400多年的大规模营造，两山窟龛，密似蜂窝。共计有窟龛2100多个，造像97300余尊，题记和圆顶石碑3600多品，佛塔约39座。其中佛像有的高达17.14米，最小的只有2厘米。石窟中的飞天姿态各异，或在流云中自由翱翔，或手捧果品凌空飞舞，或奏乐高歌，或布撒花雨，其姿态之轻盈，神情之优雅，令人叹为观止。这些古代艺术大师创造的丰富多彩的艺术造像，是研究中国古代历史和艺术的重要资料。

（2）嵩山

嵩山属于伏牛山脉，其主体在登封市西北。古称外方，夏禹时称嵩高、崇山，商汤时称嵩高，西周时称岳山，东周时称中岳，五代始称嵩山，与泰山、华山、衡山、恒山并称五岳。它由太室山（海拔约1440米）和少室山（海拔约1512米）组成，东西绵延60余千米。

嵩山山峦起伏，峻峰奇异。古人根据山峰的方位、形状外貌和名人遗迹，为其72峰分别命名为太阳、少阳、明月、玉柱、万岁、凤凰、卧龙、玉镜、青童、狮子、鸡鸣、松涛、太白、罗汉等。嵩顶名峻极峰，海拔约1492米，古有“嵩高峻极”和“峻极于天下”之说。站立山顶，极目远眺，北望黄河，江水滔滔；鸟瞰山麓，名胜古迹，星罗棋布。

少林寺举世闻名，也为嵩山增色不少。它位于少室山南麓五乳山下，建于北魏太和十九年（495）。孝昌三年（527），印度僧人菩提达摩在此创立禅宗。李世民随其父李渊起义时，少林寺出力不少，从此僧徒常习拳术，少林拳因此而负盛名。

寺内有著名的明代“五百罗汉朝毗卢”壁画300多平方米，有“十三棍僧救唐王（李世民）”的壁画，还保存着唐以来的碑碣石刻300余品。

13. 湖北省

湖北省地处长江中游，因位于洞庭湖之北而得名，又因其古属鄂州，故简称鄂。

春秋战国时为楚地。汉时属荆州。三国时，北部属魏，南属吴，均名荆州。唐时分属淮南、山南东、江南西、黔中等道。宋时大部属荆湖北路。元至元十一年（1274）置荆湖行中书省，后改湖广行中书省。明置湖广承宣布政使司。清康熙三年（1664）置湖北省，省会武昌府。1949 年 5 月湖北省人民政府成立，省会武汉市（汉口、武昌合并）。

湖北省属亚热带湿润季风气候，光照充足，雨量丰沛。其特点是夏湿热，武汉是我国著名的四大火炉之一。

全省面积约 19 万平方千米，截至 2018 年末常住人口 5917 万人。

省内地势西、北、东三面环山：西部有大巴山、巫山、武当山、荆山、七曜山，其中大巴山神农顶海拔约 3106. 2 米，为本省最高峰；北部有大洪山、桐柏山、大别山等；东南部有幕阜山、九宫山等；中南部为江汉平原，与湖南省洞庭湖平原合称两湖平原。

长江从湖北省的南部横贯全省，汉水为长江最大的支流。湖北省湖泊众多，素称“千湖之省”。其中洪湖为省内最大湖泊，正常年份，湖水面积可达 402 平方千米。

湖北省交通发达，有京广、京九、焦柳、汉丹、襄渝等铁路线，高速公路建设发展很快，水运以长江、汉江为两大水运干线，全省有一半的县、市处在水运干线上。

湖北省工业主要有钢铁、机械、电力、建筑、化学、纺织等部门，钢铁、汽车、水电产量居全国前列。武汉钢铁工业基地是我国三大钢铁工业基地之一；十堰市第二汽车制造厂（现东风汽车集团有限公司）是我国最大的汽车工业基地；大冶铁矿历史悠久，是我国十大铁矿之一，大冶钢厂的钢铁产量占全国钢铁产量的 1/3。本省水利资源蕴藏量居全国第 7 位，建有葛洲坝、丹江口、三峡等大型水电站。

湖北省农业也比较发达，是中国粮油、棉花、淡水鱼的重要产区。本省的粮食作物以水稻为主，经济作物主要有棉花、芝麻、苎麻。淡水养殖业发达，盛产莲藕。鄂西山区保有大面积的原始森林。

湖北省省会武汉市，在三国时就以江夏城闻名天下。唐、宋时，武昌成为中原重镇。汉口、汉阳原为一体，明成化年间，汉水改道入长江才成为两个城市。明末清初，汉口成为“四大名镇”（汉口镇、江西景德镇、广东佛山镇、河南朱仙镇）之首。1911 年 10 月武昌爆发辛亥革命，推翻了清王朝。1927 年，国民政府从广州迁都武昌，并将三镇（汉口、汉阳、武昌）合称为武汉。

名胜古迹：

（1）三峡水电站

三峡水电站即长江三峡水利枢纽工程，又称三峡工程、三峡大坝，位于重庆市到湖北省宜昌市之间的长江干流上、宜昌市上游不远处的三斗坪。它和下游的葛洲坝水电站构成梯级电站，是当今世界上规模最大的水电站，也是中国有史以来建设的最大型的工程项目。

三峡水电站具有发电、防洪、航运、养殖等功能。

三峡水电站 1992 年获得全国人民代表大会批准建设，1994 年正式动工兴建，2003 年 6 月 1 日开始蓄水发电，最后一台发电机组于 2012 年 7 月 4 日投产。

三峡水电站大坝高程 185 米，蓄水高程 175 米，水库长 600 余千米，库容量约 400 亿立方米。安装了 32 台单机容量为 70 万千瓦的水电机组，装机容量达到 2240 万千瓦，年发电量约 1000 亿千瓦时，是大亚湾核电站的 5 倍，是葛洲坝水电站的 10 倍，约占全国年发电总量的 3%，占全国水力发电的 20%。

任何人如果来到雄伟的长江三峡大坝，当坝上平静如镜，坝下飞流直下、万马奔腾的情景呈现在眼前时，都会惊奇，会感慨万千，赞叹这伟大的工程！中国人多么了不起！

（2）黄鹤楼

黄鹤楼始建于三国吴黄武二年（223），与岳阳楼、滕王阁并称为江南三大名楼。历代的考证认为，黄鹤楼因为建在黄鹄山（蛇山）上而得名（古代的“鹄”与“鹤”同音）。

该楼至唐时名声始盛，这主要得益于唐代诗人崔颢“昔人已乘黄鹤去，此地空余黄鹤楼”的诗句。

各代屡有修建，但屡建屡毁，仅清代重修、修补就达 8 次之多。根据历代留下的文字和绘画可以看出，其式样或重檐翼舒，或层楼连庑，或独进三层。总之，昔日黄鹤楼，宏伟轩昂，瑰丽辉煌，峥嵘缥缈。

1981 年 10 月，黄鹤楼开始重修，1985 年 6 月落成。主楼以清同治楼为蓝本，但更高大雄伟。楼高 5 层，高度达 51.4 米，建筑面积约 3219 平方米。黄鹤楼内部由 72 根圆柱支撑，外部有 60 个翘角向外伸展，屋面用 10 多万块黄色琉璃瓦覆盖而成。远远望去，整座楼形如黄鹤，展翅欲飞。

整个建筑具有独特的民族风格，与蛇山脚下的武汉长江大桥交相辉映。登楼远眺，武汉三镇的风光尽收眼底。

（3）神农架

神农架横卧于本省西部长江和汉水之间，属大巴山山脉褶皱带，为燕山运动所形成。神农架面积约 3250 平方千米，海拔 1000 米以上，超过 3000 米的山峰达 6 座。它被称为华中屋脊，是中国原始森林的重要林区之一。

“神农架”的名称与上古传说有关。传说远古时代，神农氏上此山采药，因山陡峭，乃搭架而上，故名。

神农架既神奇又多彩。它集奇洞、奇峰和千奇百怪的动植物于一山。远眺：云山茫茫，烟树苍苍，起伏幽远，一片云海。近看：处处古树，遮天蔽日；奇花异草，争奇竞艳；山间瀑布，飞流直下；珍禽飞鸣，异兽出没。其最珍贵的动物是金丝猴。

神农架已被列入联合国教科文组织“人与生物圈”保护网。

（4）武当山

武当山又名太和山，位于丹江口市境内，方圆400千米，中有72峰、24涧、11洞、3潭、9泉、10池、9井、10石、9台。主峰天柱峰海拔1612米。它峰奇谷险，洞室幽深。

武当山是中国唯一的一座纯粹的道教名山，历史上很多道教名流曾到此修炼。早在唐贞观年间，此地就修建了五龙祠；宋、元也都有修建，但都在元末毁于战火。明永乐十年（1412），明成祖命工部侍郎郭琎等人率军夫30余万人，在此大兴土木，建成了庞大的道教建筑群——8宫、2观、36庵堂、72岩庙、39桥、12亭。

金顶金殿是一稀世国宝。它建于永乐十四年（1416），高5.5米、宽5.6米、重405吨，全由铜铸部件铆焊而成，外鎏赤金，内供奉真武大帝鎏金铜像。

14. 湖南省

湖南省地处长江中下游南岸，因位于洞庭湖之南而得名；又因湘江纵贯全境，故简称湘。

战国时，该地属楚国；秦置长沙、黔中二郡；汉属荆州；西晋初，置湘州，治长沙郡；唐置长沙观察使；宋设荆湖南路；元先设荆南行省，继改为湖南行省，后以鄂州行省及广西地并入湖南行省；明属湖广承宣布政使司；清康熙三年（1664）置湖南省。1950年8月，湖南省人民政府成立，省会长沙市。

湖南省属于中亚热带湿润季风气候，光照充足，热量丰富，降雨充沛，冬冷夏热，四季分明。但湿热分配不均，容易产生伏旱、秋旱，夏季时有暴雨、洪涝。

湖南省全省面积约 21 万平方千米，截至 2018 年末常住人口 6899 万人。

湖南省东、西、南三面环山，北部低平。西部由雪峰山、武陵山构成湘西山地，西接贵州高原，其中酃峰海拔约 2115 米，是全省最高峰；南部山系为南岭山脉的一部分，有八面山、阳明山、骑田岭、都庞岭、萌诸岭等，是长江、珠江的分水岭；东部有幕阜山、武功山、九岭等组成的湘东山地；北部偏东为洞庭湖平原。其中山地丘陵约占全省面积的 80%。湘江、资江、沅江、澧水由南向北汇流入洞庭湖，注入长江。洞庭湖是中国第二大淡水湖。

湖南省交通发达，有京广、沪昆、湘桂、焦柳、渝怀等铁路线，高速公路也很发达。

湖南省自然资源丰富，是著名的“有色金属之乡”，不论是矿种还是储量，都在全国占有重要地位。全省目前已发现各类矿产 110 多种，已探明储量居全国各省级行政区前十位的有钨、铋、石墨、锰、钒、锑、铯、锂、砷等 60 多个矿种，其中锑矿储量占世界总储量的 70%。

全省森林覆盖率达 44. 77%，其储量面积约 1011. 94 万公顷。毛竹蓄积量居全国第二。

湖南省经济处于我国中等发展水平，但冶金工业发达，且矿源充足。冷水江锡矿山有“世界锡都”之称，水口山的铅锌矿驰名中外。

就农业来说，本省是中国粮食生产基地之一，素有“湖广熟，天下足”之誉。粮食生产以稻谷为主，产量居全国各省级行政区首位。主要产区在洞庭湖平原和湘江流域。此外，油菜、油茶、桐油、苎麻产量居我国各省级行政区前列。洞庭湖盛产鱼虾。

省会长沙市，春秋时为楚国重镇青阳。秦始皇统一六国后，设立长沙郡；西汉建立长沙国，并开始筑城；三国时，长沙为东吴孙坚所据；西晋以后，隋唐改称潭州，故有“潭城”之别称；之后，长沙为郡、州、府、路、县治所；1903 年被辟为通商口岸；1933 年设市。长沙自古商业繁荣，曾经是我国四大米市之一。

名胜古迹：

（1）毛泽东故居

毛泽东故居在湘潭市松柏葱茏、风景秀丽的韶山冲，距市区西约 40 千米处，与湘乡、宁乡交界。毛泽东故居房屋质量较好，土木结构，砖墙青瓦，是一种农家常见的住房样式。

1893 年 12 月 26 日，毛泽东诞生于此。1910 年，他到外地求学，1925 年回到家乡，开展农民运动，并在此建立中国共产党党支部。1927 年，他再次回到家乡考察农民运动。1929 年，其故居被国民政府没收，遭到破坏。1950 年，湘潭市人民政府按原样修复，并在其中陈列了部分原物和照片。1964 年，修建了韶山毛泽东同志旧居陈列馆。

（2）岳阳楼

岳阳楼位于湘北洞庭湖畔，矗立在岳阳市西门城墙上，是中国著名的三大楼阁（岳阳楼、滕王阁、黄鹤楼）之一，有“洞庭天下水，岳阳天下楼”之美誉。

相传该楼为三国东吴大将鲁肃在洞庭湖训练水军而建立的阅兵台。唐开元四年（716），中书令张说谪守岳阳，在此修楼，正式定名为岳阳楼。唐代著名诗人杜甫在《登岳阳楼》中有“昔闻洞庭水，今上岳阳楼”的著名诗句，由是岳阳楼开始有名；宋庆历五年（1045）滕子京谪守巴陵郡，重修岳阳楼。大文学家范仲淹应约撰写《岳阳楼记》，岳阳楼至此名声大起。后由于战火，几经兴废。清光绪六年（1880）再建。中华人民共和国成立后，也曾多次修葺。

岳阳楼主楼平面呈长方形，宽 17.24 米、深 14.54 米、高 19.72 米，四周环以走廊。建筑精湛，气势雄伟。站在城楼上，既可俯瞰洞庭，也可远望君山。

楼内有清乾隆时书法家张照书写的《岳阳楼记》和毛泽东书写的杜甫所作《登岳阳楼》一诗的大型雕屏。

（3）张家界

张家界在张家界市（原大庸市）、桑植县、慈利县三地交界处，距市区约 34 千米。一般海拔都在 800 米以上，最高处约为 1300 米，总面积约 9653 平方千米。

全境奇峰连绵，怪石高耸，沟壑幽深，溪水潺潺；处处是奇花异草，珍禽异兽，美不胜收。张家界确实是中国独特的风景区。

其中尤以黄狮寨和金鞭岩的自然风光为各地所少见。登上黄狮寨，俯瞰群山，心旷神怡，别有一番滋味在心头；金鞭岩尤为独特，每当夕阳西下时，金光熠熠，璀璨夺目，蔚为奇观。

（4）衡山

衡山古称“南岳”，是中国“五岳”之一。

该山地处本省中部，长约 38 千米、宽约 17 千米，总面积约 640 平方千米。它山势雄伟，盘纡数百里，有大小山峰 72 座，其中以祝融、天柱、芙蓉、紫盖、石廪五峰最为著名。主峰祝融峰海拔约 1290 米，可俯瞰群山，观赏日出。

衡山风景绚丽多彩，古木参天，终年翠绿，奇花异草，四时郁香。

衡山是道教、佛教圣地，环山建有寺、庙、庵、观 200 多处。山中的“忠烈祠”，是为了纪念在抗日战争中牺牲的将士而建。它位于香炉峰下，依山而建，规模宏大。

现在上山交通便利，建有环山公路直通山顶。

15. 广东省

广东省位于中国南部，南临南海，北靠南岭。

宋代时，该地属广南东路，故称广东。又《吕氏春秋》有“百越”之说，《史记》有“南越”之说，《汉书》有“南粤”之说，古“越”与“粤”相通，故广东简称“粤”。

春秋、战国时为百越（粤）地。公元前214年，秦始皇统一岭南，在今广东境设南海郡；汉设交州；西晋置广州；唐属岭南道，后改称岭南东道；宋为广南东路；元属江西、湖广二行省；明置广东承宣布政使司；清设广东省，省会广州市。

广东省地处热带、亚热带地区，地跨北回归线，大部分地区属热带亚热带湿润季风气候，夏季高温多雨，冬季暖和，夏秋季沿海地区时有台风暴雨。

全省面积约18万平方千米，截至2018年末常住人口11346万人。

广东省地势北高南低，大致可分为四个区：一是粤东平行山区和粤东南沿海丘陵平原区；二是粤北山地地区，一般海拔在1000~1500米，其中石坑崆山海拔1902米，为全省最高峰；三是珠江三角洲地区，多平原台地；四是粤西山地和沿海台地地区。丘陵、山地约占全省总面积的60%。大陆海岸线长达3368千米，居我国各省、自治区、直辖市第一位；有大小岛屿759个，居我国各省、自治区、直辖市第三位。本省最重要的河流为珠江（西江、北江、东江汇合而成），是中国四大河流之一，水流量仅次于长江。

广东省自然条件较好，农作物一年三熟，产量高。粮食作物以水稻为主；经济作物中，甘蔗产量占全国一半以上，黄麻占全国产量的1/5。同时本省还是热带、亚热带作物栽培区，主要出产橡胶、油棕、剑麻、香茅、胡椒等。本省还是水果之乡，出产水果有200多种，如香蕉、菠萝、荔枝、龙眼、木瓜等。本省的海洋捕捞和养殖业也很发达。

广东省矿业资源丰富，全国 162 种矿产中，本省占有 116 种。

全省森林面积 1076.44 公顷，森林覆盖率约 51.26%。

广东省的工业发展较早，特别是从 1980 年起，在深圳、珠海、汕头等地设立特区以后，本省凭借地处沿海地区、毗邻港澳、华侨遍天下的得天独厚的优势，抓住中国港澳台地区与东南亚国家劳动密集型产业转移的机遇，大力发展“三来一补”等外向型工业，走出了一条典型的以外源性经济为先导的发展道路，成为中国改革开放的排头兵。

广东省工业门类齐全，轻重比例协调，布局合理。其工业产业市场占有率连续多年居全国各省级行政区的首位，是我国第一出口大省。目前本省正在深入推进产业结构调整，提升产业竞争力。

广东省交通发达，有京广、广九、广深、广茂等铁路线，高速公路尤为发达，白云机场是我国三大机场之一。

省会广州市，别名羊城，简称穗，古称楚庭。三国吴黄武五年（226）置广州，唐开元十二年（724）在此建立“市舶使”，北宋开宝四年（971）在此设立“市舶司”，清康熙二十四年（1685）在此设立“粤海关”。从 1957 年开始，每年春秋两届中国出口商品交易会都在此举行。

粤菜是中国八大菜系之一，而广州菜是粤菜的代表（包括潮州菜、东江菜）。

名胜古迹：

（1）孙中山故居

孙中山故居在距中山市城区约 20 千米的翠亨村。它三面环山，东临珠海。1866 年孙中山诞生于此。

该故居是用红褐色砖建成的二层楼房，为中西结合的建筑风格。左边部分于 1885 年建成，中间和右边部分于 1892 年建成。其费用全由孙中山之兄孙寿屏负担，但楼房和庭院中的水井皆由孙中山亲自设计，庭院左边的酸子树是他于1885年从南洋带回来并亲手栽种的。

中山市于1956年在该故居前建了一个公园；1966年，为纪念孙中山诞辰100周年，在该故居旁修建了一个陈列馆，馆名是宋庆龄所题。

（2）白云山

白云山在广州市北郊。它由30座山峰组成，总面积约28平方千米，主峰摩星岭，海拔约382米。因峰顶常有白云飘绕，故名白云山。

自古以来，白云山就是著名的风景区，被誉为“羊城第一秀”。中华人民共和国成立后，在摩星岭南北两面，分别建了山顶公园和北山公园。

白云山风光无限好。登上摩星岭顶端，远望则城乡云树，莽莽苍苍，广州全景，历历在目；近看群山献翠，流水潺潺，林间飞鸟，尽收眼底。

（3）黄花岗七十二烈士墓

黄花岗七十二烈士墓在广州市先烈路。孙中山领导的同盟会于辛亥年三月二十九日（1911年4月27日），在广州市发动推翻清政府统治的武装起义。起义者进攻两广总督署等军政机关，血战一昼夜而败，牺牲100多人。后经同盟会会员潘达微冒险收殓，收得遗体72具，葬于黄花岗，故名。

1918年修建墓园，面积约3万平方米。墓园庄严雄伟，墓门上有孙中山所题“浩气长存”四字。墓道宽阔，两旁花木繁茂，碑石林立。岗顶为陵墓，墓基为麻石砌成的方形墓地，并绕以铁链栏杆，上接四柱方形钟顶碑亭，亭内竖立着写有“七十二烈士之墓”字样的石碑，亭顶用麻石砌叠成金字塔形。碑后详记起义的经过。

16. 海南省

海南省位于中国南部海域，北隔琼州海峡与广东相望。

该地古称琼崖；汉于此置儋耳、珠崖二郡；唐增设琼州，属岭南道；元于湖广省设琼州；明设琼州府；清设广东省琼州府和崖州。1914年设广东琼崖道。1933年设为广东省第九行政督察区。1950年1月，广东省人民政府成立，设海南行政区。1988年4月撤销海南行政区，设海南省，包括海南岛，西沙、南沙、中沙三个群岛及其海域。

海南省地处热带、亚热带地区，气候类型为热带湿润季风气候，雨量充沛，长夏无冬。受东北和西南季风的影响，台风季节长，热带风暴和台风频繁，东部沿海有“台风走廊”之称。

海南岛面积约3.4万平方千米，仅次于台湾岛，是我国第二大岛。截至2018年末常住人口934万人。海南省是我国黎族集中分布区，也是著名的侨乡。

海南岛的地形犹如一个椭圆形的大雪梨：四周低平，中间高耸；以五指山、黎母岭为核心向四周逐级下降；最高峰为五指山，海拔约1867米。本岛地形以山地和丘陵为主，海岸线长约1528千米。琼州海峡宽约20千米，平均深度60米。附属岛屿中，永兴岛最大，面积达2平方千米；石岛最高，海拔15米。

目前，已在海南省发现各类矿产约70种，其中铁矿石储量最多，且品质高，钛、锆、石英、蓝宝石储量位居全国前列，石油、天然气、油页岩储量也很丰富。

海南省森林覆盖率达55.38%。热带天然林面积大，海南岛面积的17%以上被其覆盖。岛上被国家重点保护的珍稀树木就有20多种。

海南省是我国唯一一个以省为行政单元的经济特区，是我国最大的经济特区，外向型经济得到很大发展。2018 年，党中央决定支持海南省全岛建设自由贸易试验区。

自改革开放以来，海南省橡胶制品、电子、家用电器等工业快速发展。此外，采掘、冶炼、化纤、森工、制糖、制盐、罐头食品等工业发展也较快，其中制糖业是工业经济的主要支柱，橡胶制品工业已成为品种比较齐全的工业部门。本省主要工矿业产品有铁矿石、木材、食糖、原盐、橡胶轮胎、化纤、水泥等。

海南省以热带作物为主要农产品，是热带作物生产基地及全国最大的育种基地，主产橡胶（占全国 80% 以上）、咖啡、椰子、油棕、腰果、剑麻、胡椒、槟榔、可可等经济作物。

海南省的热带海洋渔场广阔，盛产金枪鱼、大红鱼、马鲛鱼、鲳鱼、带鱼、对虾、海参等。

海南岛是我国重点建设的国家热带海滨度假旅游区，它具有阳光充足、海水清澈、空气清新、沙滩细软、四季常青等国际公认的海滨旅游胜地所应有的条件，是天然的休养和旅游胜地。其中，三亚附近的大东海是我国最著名的冬泳胜地；亚龙湾是我国最秀美的热带海滩，被称为“中国的夏威夷”。

海南省建有环岛铁路，公路也四通八达，以高速公路为骨架，以国、省道为干道，配以乡村公路。交通发达。

海南省省会海口市，隔琼州海峡与广东省雷州半岛相望。因地处南渡江入海口，故名海口；又因全城遍种椰树，故有“椰城”之称。海口原为珠崖郡玳瑁县地，宋称海口浦。明代开始筑城，名海口所。清康熙年间辟为对外通商口岸。1926 年，设海口市。1988 年，成为省会。海口是港口城市，具有独特的热带风光，有很好的天然海水浴场。工业以热带加工业为主，且比较发达。

名胜古迹：

（1）五指山

五指山在琼中县境内，与保亭、陵水两县交界。因五峰耸立，形似五指，故名。主峰海拔约 1867 米。

全山为热带林木所覆盖，层层叠叠，逶迤不尽，到处是奇花异草。海南省的主要河流都发源于此，水光山色，交相辉映。

如果来游此山，一路既可觅古道，穷古林，也可攀藤梯，贴壁行。登上五指山，举目四望，犹在天上。眼前时而薄雾缭绕，群山戴冠，时而阳光灿烂，诸峰峥嵘。在此还可体验晨凉、午热、夕暖、夜寒的“一日四季”气候。

（2）天涯海角

天涯海角原名下马岭，在三亚市西约 24 千米处。它斜峙海边，乱石棋布，巨石耸立。清雍正十一年（1733），崖州知州程哲等人在此题刻“天涯”“海角”“海阔天空”“南天一柱”等字，从此人们就称此地为“天涯海角”。

从题字“天涯”到“海角”处，有一曲径可通行。但涨潮时不能通行。

这里海天一色，蔚蓝皎洁，雪浪翻花，极为壮观，令人流连忘返。

17. 四川省

四川省位于我国西南，长江上游。

该地春秋、战国时为巴、蜀等国地，秦置巴、蜀郡于此，汉时属益州，唐时属剑南道，北宋以益州、梓州、利州、夔州四州为四川路，故名。四川简称川，又因春秋时为蜀国地，亦简称蜀。元中统三年（1262），设四川行中书省；明置四川承宣布政使司；清设四川省，省会成都府。中华人民共和国成立后，分设川东、川西、川南、川北四个行署区。1952 年 8 月，四川省人民政府成立，省会成都市。

四川省地跨我国东部季风区和青藏高原区，气候类型多种多样。东部地区属亚热带湿润季风气候，夏闷热且多雨多云雾，少日照；西部高原属温带亚热带高原气候，气候垂直变化明显，从低到高分别属于暖温带、温带、寒温带、亚寒带。

全省总面积约 49 万平方千米，截至 2018 年末常住人口 8341 万人。

四川省地势西高东低，西部为高原山地，有岷山、邛崃山、大雪山、沙鲁里山、小相岭，东部为四川盆地，北部有松潘草地；南部为横断山脉北端，峡谷纵列。

四川盆地因多紫红色砂页岩分布，又被称为“红色盆地”。盆地四周有大凉山、邛崃山、大巴山、巫山、大娄山等。盆地面积约 16. 5 万平方千米，占全省面积的 1/3，是中国各大盆地中最为典型的盆地。

川西高原属青藏高原东麓，其山峰多在海拔 3000 米以上。其中大雪山主峰贡嘎山海拔约 7556 米，为本省最高峰。

目前已在本省发现各类矿产 120 多种，其中钒、钛、硫铁矿、光学萤石、陶瓷用砂岩、水泥配料用黏土等的产量名列全国各省、自治区、直辖市首位。

四川省水力资源极为丰富，流域面积在 500 平方千米以上的河流有 340 多条。它们大多流经峡谷，落差大，形成丰富的水力资源，约占全国的 1/5。

四川省森林资源也很丰富，面积多达 1703. 74 万公顷，是西南林区的主体部分。本省森林覆盖率达 35. 22%。

四川省得益于都江堰，是我国农业开发最早的地区，享有“天府之国”的美誉，现已成为我国农产品供应大省，是全国较大的粮、油、猪生产基地之一，还是五粮液名酒产地。川菜是我国八大菜系之一。

四川省还是我国西部工业门类齐全、优势产业最多的工业基地。

四川省古有“蜀道难，难于上青天”之称，但今日已天堑变通途。铁路有成渝、宝成、成昆、川黔、内昆、达万等线路贯通全省，且西安至成都的高铁已经开通，高速公路也很发达。

四川省省会成都市，是历史名城。周代末年为蜀国地，蜀王提出“一年成邑，二年成都”，因此得名。秦并巴、蜀为蜀郡；至汉代，成都因织锦业很发达而称“锦城”；五代时，成都遍植芙蓉树，故又称“蓉城”，简称“蓉”。1930 年设市。有武侯祠、杜甫草堂等古迹。

名胜古迹：

（1）都江堰

都江堰（原名都安堰）是我国古代秦国蜀守李冰父子修建的一项伟大水利工程，在今都江堰市（原灌县）城西的岷江上，距成都约 59 千米。

岷江（又名汶江）是长江上游的一条支流，发源于岷山南麓，全长约 711 千米，流域面积约 13.57 万平方千米，年平均流量 150 亿立方米。岷江上游两岸山高谷深，水流湍急，及出都江堰市，则一马平川，流速陡降，泥沙淤积，每年约有 4000 万吨沙石冲泻下来。在都江堰市西北有一座玉垒山，矗立在岷江东岸，阻碍江水东流，所以一到雨季，西岸经常泛滥成灾，而东岸又往往因无水而影响收成。“蜀守冰（李冰）凿离碓（即离堆），辟沫水之害，穿二江成都之中。此渠皆可行舟，有余则用于溉浸，百姓飨其利。”（《史记·河渠书》）

都江堰包括“宝瓶口”“分水堰”“飞沙堰”三大工程。

李冰首先在玉垒山开凿一条 20 米宽、80 米长的通道，让河水沿着宝瓶口流经走马河、蒲阳河、柏条河，进入成都平原，起到灌溉兼通航的作用。但河水流入宝瓶口的水量不够大，原因是山东边地势较高。于是李冰巧妙地利用地形，在距玉垒山稍远一点的江心，以竹笼装卵石，筑成一道分水堰，堆砌成鱼嘴状，将江水一分为二：外江和内江。外江为正流，沿原有河道流走；内江则进入宝瓶口。为了确保内江灌溉安全，李冰还在鱼嘴和宝瓶之间修建了平水槽、飞沙堰等工程。飞沙堰是一条长 200 米的堰，全部用竹笼装卵石堆成，一是为了“正面取水，侧面排沙”，二是由于堰顶比堤岸低，使进入内江过多的洪水经由平水槽，漫过飞沙堰而流入外江。这样一来，枯水季节约有六成水量进入内江，约有四成水量流向外江；洪水季节水位升高，水势不再受弯道制约，直冲而下，内、外江进水比例自动颠倒过来，约有四成水量进入内江，约有六成水量流向外江。

这样，既基本上控制了岷江水害，又保证了内江的来水。所以李冰给分水堰取名为“都安堰”，后来改名为“都江堰”。

他还制定了“深淘滩，低作堰”的岁修原则，以确保灌溉区的安全运行。其岁修方法简便易行：用“杩槎”截断水流，以便于淘出河底泥沙。

所谓“杩槎”，是用竹索把大木桩绑成三脚架，用装满卵石的竹笼压住架脚，同时在迎着水势的一面铺上竹席，再敷上黏土。这样，每年霜降时节，水流量少之时，先在外江用“杩槎”截流，使江水全部流入内江，淘出外江泥沙；到立春时节，把“杩槎”移到内江，淘出内江泥沙；到清明时节，内江、外江全部开放。洪水期间，大部分水从外江流走，可以确保灌区安全；枯水季节，大部分水流入内江，保证灌区用水。

从此四川成为“水旱从人，不知饥馑，时无荒年”（《华阳国志》）的粮仓。可见，四川之所以能成为“天府之国”，主要得益于都江堰。都江堰至今还发挥着巨大作用，受益面积增加到八百多万亩。

都江堰工程所体现出的人类智慧令后人赞叹不已，而工程的艰苦程度也令人敬佩不已。该工程在玉垒山开凿了一条 20 米宽、80 米长的通道，即为一例。在坚硬的岩石上开凿一条这样的通道，在技术发达的今天是轻而易举的事，但在 2300 多年前是很难完成的。

这项工程从选址、规划、设计到施工，都闪耀着中华民族的智慧之光。

（2）九寨沟

九寨沟在九寨沟县（原南坪县）境内，是岷山山脉万山丛中纵深 40 余千米的山沟谷地，因山沟周围有九个藏族村寨而得名。

山谷中地僻人稀，景色特异，有如童话世界。四周群山耸峙，有雪峰数十座，高插云霄，终年白雪皑皑。

从山间至河谷，遍布茂密的原始森林。河谷地带有大小湖泊 100 多处，当地人叫“海子”。最小的湖泊仅数平方米，最大的湖泊为“长海”，长达 7 千米。湖水碧蓝，清澈见底。湖底多沉积石，又多水藻，在阳光的照耀下呈现出蓝、黄、橙、绿各种色彩，绚丽夺目。尤其当太阳高照时，蓝天、白云、雪山、森林倒映湖中，水光浮翠，美如画卷。

河谷呈台阶势，湖与湖之间存在落差，最大有 20 多米，因而又出现很多瀑布，飞流直下，飞练腾空，银花四溅，山谷轰鸣，颇为壮观。

九寨沟原始森林面积多达 200 多平方千米。这里不但植物种类繁多，而且稀有和珍贵动物有数十种，大熊猫、小熊猫、金丝猴、羚牛等常在湖畔林间往来。

（3）峨眉山

峨眉山在峨眉山市城西约 7 千米处，雄踞四川盆地西南缘。它与浙江普陀山、山西五台山、安徽九华山并称为中国佛教四大名山。因山势逶迤，“如螓（小蝉）首蛾眉，细而长，美而艳”，故名。峨眉山有大峨、二峨、三峨之分。

山脉峰峦起伏，重峦叠翠，气势磅礴，有“峨眉天下秀”之美誉。

今日游览地即大峨，主峰万佛顶海拔 3099 米。山麓至山顶约 50 千米，石径盘旋，直上云霄。山上寺庙建于东汉，后历代屡有增修。初时流行道教，唐、宋以后，佛教渐盛，至明、清尤盛，有大小寺庙近百座。自晚清以来，寺庙多有破败，至民国，完好者不及半数。中华人民共和国成立后，曾经有过两次大修，主要寺庙和园林已焕然一新。

峨眉山由于地势高低不同，气候差异很大，低山区属亚热带，中山区属温带，高山区属亚寒带，山麓与山顶温差约 15℃，山顶 7~8 月平均温度在 11℃左右。

（4）乐山大佛

乐山大佛在乐山市南，岷江东岸，凌云山西壁，岷江、青衣江和大渡河三江汇合之处。

乐山大佛开凿的发起人和始建者是唐玄宗时的海通和尚，开元元年（713）动工。当大佛修到肩部的时候，海通去世，工程中断。大约过了 10 年，海通的徒弟继续修造。当大佛修到膝盖的时候，再次停工。40 年后，继续修建。经过三代工匠的努力，前后历经 90 年才完工。

乐山大佛佛像非常巨大：头与山同高，脚踏大江，呈坐姿。佛像全高 71 米，头高 14.7 米，头宽 10 米，肩宽 24 米，眼宽 3.3 米，耳长 7 米。耳朵中间可立 2 人，头顶上可放置一个圆桌，脚上可坐 100 余人，是世界最大的石刻弥勒佛坐像，真是“山是一尊佛，佛是一座山”。

18. 贵州省

贵州省位于中国西南地区。因境内有贵山而得名，简称贵；又因该省在秦时属黔中郡，故又简称黔。

春秋时，贵州境内部族林立；战国时，夜郎国是统治今日贵州大部分地区的地方割据政权；秦置黔中郡、象郡；汉时属荆、益两州；唐置黔中道；宋为夔州路；元时分属四川、云南、湖广行省；明永乐十一年（1413），置贵州承宣布政使司；清初设贵州省，省会贵阳府。1949 年 11 月，贵州省人民政府成立，省会贵阳市。

贵州省气候属于亚热带高原湿润季风气候，冬无严寒，夏无酷暑，四季不甚分明，但多阴雨，俗称“天无三日晴”，是我国阴天天数最多的省份。

全省面积约 18 万平方千米，截至 2018 年末常住人口 3600 万人。

贵州省占据云贵高原中的贵州高原，大部海拔在 1000 米以上，地面高低不平，俗称“地无三里平”。

贵州省地势西高东低，落差很大，最高点和最低点相差 2700 米。

全省主要有高原山地、丘陵和山间平坝三种地貌形态，其中以丘陵和山地居多，约占全省面积的 90%，素有“八山一水一分田”之说。喀斯特地貌占全省面积的 70%。

省内山脉众多，山高谷深。北有大娄山，中南部苗岭横亘，东北有武陵山，西部有乌蒙山，韭菜坪中的小韭菜坪，其主山海拔 2900. 6 米，为贵州最高点，有“贵州屋脊”之称。

贵州省的苗岭是长江和珠江水系的分水岭：以南属珠江水系，以北为长江水系。本省主要河流有乌江、赤水河、红水河、北盘江、清水江，其中乌江为省内最大河流。全省地下水系发达，多暗河。

贵州省矿产资源种类多，分布广，储量丰，已发现的有 110 多种，其中磷矿储量居全国各省、自治区、直辖市首位。六盘水市有“西南煤海”之称，是我国十大煤炭基地之一。

贵州省森林资源丰富，森林面积约 653. 35 公顷，森林覆盖率约 37. 09%，是我国杉木主产区之一。本省河流落差大，水力资源丰富。

明清时，本省农业才开始发展。粮食作物以水稻、玉米为主。经济作物以油菜、烟叶为最。本省还是我国四大柞蚕生产省区之一。

贵州省最初的工业基础较差，中华人民共和国成立后，本省工业才有所发展，20 世纪 60 年代时发展较快。重工业以煤炭、冶金、化工、机械制造、电力为主，轻工业以卷烟、纺织、造纸、皮革、丝绸酒业为主。其中酒业最为著名，贵州茅台酒有“中国国酒”之誉，为世界三大名酒之一。

贵州虽然“地无三里平”，但交通比较发达：铁路有川黔、湘黔、黔桂、贵昆、南昆等干线，高速公路也比较发达。

贵州省省会贵阳市，因位于贵山之阳（南面为阳，北面为阴）而得名，又因清代置贵筑县而简称筑。秦代以前，贵州属夜郎国和且兰国。唐置矩州，并开始筑城。明设贵州行省，省会贵阳。1941 年设贵阳市。贵阳地处海拔 1071 米的高原上，气候与昆明相似，冬无严寒，夏无酷暑，因此有“第二春城”之称。

名胜古迹：

（1）黄果树瀑布

黄果树瀑布在贵阳东北约 140 千米处，即镇宁布依族自治县境内的白水河上，是中国最大的瀑布。

这里山峦重叠，白水河自东北奔腾而下，水势汹汹，波浪滔滔，流经黄果树地段时，因河床断落，形成 9 级瀑布。黄果树瀑布是最大的一级，宽约 81 米（枯水季节有所缩小），从高 68 米的悬崖之巅跌落，发出轰然巨响。飞流有如白练悬空，瀑布跌落处浪花四溅，水珠飞扬，如蒙蒙细雨，凉爽宜人。至盛夏，每当太阳高照，瀑布处就会出现长虹一道，五彩缤纷，霞光遍地。

明清两朝在此建有“望水亭”（观瀑亭）。亭下林木茂密，岩高涧深。倚栏眺望，可见飞流喷雾、峡谷回流之景。

（2）梵净山

梵净山在江口、印江、松桃苗族自治县三县交界处，又名“三山谷”“辰山”“思邛山”，是武陵山脉的主峰，海拔约 2493 米，东西宽约 21 千米，南北长约 27 千米，总面积 567 平方千米左右。山多梵宇，故称梵净山；又因山下小上大，俗称饭甑(煮饭用的瓦器)山。

梵净山奇峰峻峭，岩谷幽深，溪流纵横，飞瀑四溅；有原始森林 15 万亩，山中动物种类繁多，珍贵品种有灰金丝猴、娃娃鱼、华南虎；植物有珙桐。自明万历以来，该山就是游览胜地。

1978 年，该山被划为国家重点自然保护区，并被列入联合国教科文组织“人与生物圈”保护区网。

19. 云南省

云南省地处中国西南边疆，南与越南、老挝接壤，西南与缅甸接壤。因位于云岭南，故名云南，简称云。又因战国时为滇国地，亦简称滇。

该地西汉属益州郡，西南部分为哀牢国地；唐为南诏国地；五代十国为大理国地；元至元十三年（1276），设云南行省；明置云南承宣布政使司；清设云南省，省会云南府。1949 年 12 月，云南人民军政委员会成立；1950 年 10 月，云南省人民政府成立，省会昆明市。

云南省气候为亚热带、热带高原型湿润季风气候，冬无严寒，夏无酷暑，多阴雨，四季不分明。

全省总面积约 39 万平方千米，截至 2018 年末常住人口 4830 万人。

云南省地形以元江谷地和云岭山脉南段宽谷为界，分为东西两大地形区。地势西北高，东南低，自北向南呈阶梯状逐级下降。西北部有横断山脉的高山深谷，高山与大河平行。自西向东，有高黎贡山、怒山、云岭、玉龙雪山。全省90%以上为山地高原，海拔6740米的卡瓦格博峰是全省最高峰。

云南省有怒江、澜沧江、金沙江，形成著名的“三江并流”奇景。金沙江虎跳峡是世界较深的峡谷之一，谷深300米。

省内湖泊众多，主要有滇池、洱海、抚仙湖、程海，其中滇池是省内最大的湖泊。

云南省矿产资源种类多，已发现的有150多种，铅、锌、锡储量居全国各省级行政区首位。有色金属是本省最具优势的矿产资源，使本省号称“有色金属之乡”。东川铜、个旧锡、兰坪铅锌、昆明磷均为本省标志性矿产，点苍山的大理石品质优良，花纹独特，储量丰富，深受世人喜爱。工业以冶金、煤炭、光学机械、化工、水泥、轻工业为主。

云南省水力资源丰富，约占全国的1/3。主要集中在怒江、澜沧江、金沙江流域上。

全省森林面积约1914. 19公顷，森林覆盖率约50. 03%，是西南林区重要组成部分。本省有“植物王国”之称，有植物上万种，树种以针叶树为主。

云南省野生动物之多堪称全国之冠，有2860多种。在西双版纳原始森林中生活着野象等珍稀动物。

云南省的粮食作物以水稻为主，其次为玉米。山间盆地盛产橡胶、咖啡豆、油棕、胡椒等热带、亚热带植物。东部还盛产烟叶，所产“云烟”名扬全国。本省的名贵中药材更是有名，如白芍、三七、当归、天麻、茯苓等。普洱茶驰名中外。

交通方面，本省的铁路有成昆、沪昆、内昆、广大、昆河大丽等干线，高速公路也比较发达。

云南省省会昆明市。战国时，楚国起义领袖庄蹻率兵入滇（有说是岷山庄王庄跻的)，在此建立滇王国；隋和唐初为昆州治所，唐永泰元年（765）为南诏东都，后改称鄯阐城；元设昆明二千户所；明、清置云南府。1935 年，设昆明市。

昆明市四季如春，有“春城”之称。其自然风光和气候条件与瑞士日内瓦相近，是中国的重点旅游城市。

名胜古迹：

（1）石林

石林俗称李子箐，在石林彝族自治县（原路南彝族自治县）境内，面积 40 多万亩。它包括大石林、小石林、外石林、芝云洞、奇风洞、黑松岩、藏湖等。

石林形成于古生代，是典型的岩溶地貌。有石灰岩形成的石峰、石柱、石芽、石钟乳、石笋和溶蚀洼地、地下河流、地下溶洞。

这里群峰壁立，奇峰危石，千姿百态，一座座巨大的黑色石峰、石柱高低不一，从几米到几十米不等。

大石林是石林风景区主要游览点。其最抢眼之处是地下暗河的剑峰池，一池碧水像明镜镶嵌于奇峰怪石之间，池水在蜿蜒曲折的岩石中流淌，别有情趣。

（2）滇池

滇池又称昆明湖、昆明池，古称滇南泽，在昆明市西南。湖面海拔 1886 米，南北长约 40 千米，东西平均宽约 8 千米，深 5.5 米，面积约 330 平方千米。湖水来自盘龙江等大小 20 条河流，然后经螳螂川、普渡河流入金沙江。

两岸有金马、碧鸡两山东西夹峙，湖中烟波浩渺，一碧万顷，景致极佳，被誉为“云贵高原上一颗明珠”。

特别值得一提的是，它周围多名山胜景，如大观楼、西山、海埂、观音山、白鱼口、石城、郑和公园等。以大观楼为例，它是文人墨客论文赋诗雅集之地，楼前门柱有清乾隆年间孙髯翁所撰写的 180 字的长联闻名于世。

上联：

五百里滇池，奔来眼底。披襟岸帻，喜茫茫空阔无边！

看：东骧神骏，西翥灵仪，北走蜿蜒，南翔缟素；

高人韵士，何妨选胜登临。

趁蟹屿螺洲，梳裹就风鬟雾鬓；

更蘋天苇地，点缀些翠羽丹霞。

莫孤负：四围香稻，万顷晴沙，九夏芙蓉，三春杨柳。

下联：

数千年往事，注到心头。把酒凌虚，叹滚滚英雄谁在？

想：汉习楼船，唐标铁柱，宋挥玉斧，元跨革囊；

伟烈丰功，费尽移山心力。

尽珠帘画栋，卷不及暮雨朝云；

便断碣残碑，都付与苍烟落照。

只赢得：几杵疏钟，半江渔火，两行秋雁，一枕清霜。

20. 陕西省

陕西省地处我国西北，黄河中游。西周时，因其位于陕原（今河南陕县）以西而得名，简称陕；又因春秋时为秦国地，亦简称秦。

陕西为中华民族发祥地之一。秦始皇统一六国后，其地分属内史、上郡、汉中郡等；继任者又设京兆尹、左冯翊、右扶风（合称“三辅”）。唐初分属关内京畿，山南东、西道。宋淳化五年（994），置陕西路。元中统元年（1260），置陕西四川行省，后分设陕西、四川二行省。明洪武九年（1376），置陕西承宣布政使司。清设陕西省，省会西安府 。1950 年 1 月，陕西省人民政府成立，省会西安市。

以秦岭为界，本省南部为亚热带湿润季风气候，北部为大陆性气候。南北温差明显，陕北冬春干燥少雨，秋夏多雨；陕南雨量充沛，温暖湿润。

全省面积约 21 万平方千米，截至 2018 年末常住人口 3864 万人。

陕西省地形南北长，东西窄；自然条件复杂多样，南北差异很大。

北山和秦岭将陕西分为三大部分：北部是陕北高原，中部是关中平原（又称关中盆地），南部是秦巴山地。

黄土高原海拔 800～1200 米，黄土厚 50～150 米，易受雨水冲刷，是黄河黄沙的主要来源。它具有塬（因流水冲刷而形成的四边陡、顶上平的高原）、梁（中间高起的部分，如山梁）、峁（小山包）、沟等地貌标志。

关中平原亦称渭河平原，西起宝鸡，东至潼关，南临秦岭，北接陕北高原，海拔 325～800 米，东西长约 360 千米，面积约 3. 4 万平方千米。它土地肥沃，农业发达，号称“八百里秦川”。

秦巴山地是指秦岭、巴山和汉水谷地。秦岭是黄河和长江的分水岭，从自然地理上讲是南方与北方的分界线。此地有太白山，主峰拔仙台海拔 3700 多米，是全省最高峰。

陕西是中华民族的重要发祥地之一，中国历朝历代重视农业，所以陕西农业比较发达。关中平原是著名的粮食产区，其粮食总产量占全省粮食产量的 40%，其中小麦产量占全省粮食产量的 80%、棉花占 90%以上，南部汉水及其支流两岸以水稻、油菜为主要农作物，陕北盛产谷子、糜子，而陕北的畜牧业则以养羊为主。

陕西省矿产资源丰富，已发现的有 140 多种。以铜川为中心的渭河北岸，煤田绵延不断，称为“陕西黑腰带”，这里有著名的神府煤田。安康自古以来盛产黄金，有“金都”之称。本省还有我国最早开发的石油矿——延长油矿。

陕西省机械、化工、燃料、电子、纺织等工业门类在全国占有重要地位。咸阳是我国纺织基地之一，陕西彩色显像管总厂是国家大型企业。本省还有传统名产，如西凤酒、耀州青瓷（是我国名瓷之一，北宋时与钧、汝、官、定、哥五大名窑齐名并著）。

陕西旅游资源得天独厚，古代宫殿遗址、古寺庙、古陵墓、古建筑等随处可见。不仅如此，陕西山川秀丽、景色壮观，有“天下第一险山”的西岳华山。

陕西虽地处西北，但交通发达，铁路有陇海、宝成、宝中、阳安、襄渝、侯西、西延等线路，高速公路发展也很快。

省会西安市，是历史名城，是我国七大古都之一，也是与雅典、开罗、罗马齐名的世界四大古都之一。

西安古称长安，自西周建都丰镐以来，已有3100多年的建城史，先后有秦、西汉、西晋、隋、唐等12个王朝在此建都，黄巢、李自成等农民起义军也曾在此建立政权。盛唐时，西安是世界上唯一拥有100万人口的大城市。明、清设西安府治。1943年设市。西安有著名的秦始皇陵；西安的城墙是全世界现存历史最久、规模最大、保护最好最完整的古城墙。

名胜古迹：

（1）秦始皇陵

秦始皇陵规模宏大，陵区占地50多万平方米，其中陵墓南北长500多米，东西宽480多米，高约55米。据史料记载，参加修墓者多达70万人，费时37年。

陵墓富丽堂皇：“穿三泉，下铜而致椁，宫观百官奇器珍怪徙臧满之。令匠作机弩矢，有所穿近者，辄射之。以水银为百川江河大海，机相灌输，上具天文，下具地理。以人鱼膏为烛，度不灭者久之。”

由于条件的限制，秦始皇陵至今尚未被开掘。但1974年，在陵东约1.5千米处发现3个陪葬的兵马俑坑。其中一号坑最大，东西长230米，南北宽62米，深5米，面积达1.426万平方米，内有大大小小陶制兵马俑1万多件，还有金属兵器，铜制车马和铜、石等装饰品7000余件。这一发现震惊了世界，并被认为是“世界第八大奇迹”。

（2）黄帝陵

黄帝陵在黄陵县县城北约1千米处的桥山上，又名桥陵。黄帝陵历史久远，据传为秦代所建，陵高约3.6米，周长约48米。

山上古柏参天，且有6万多株，树龄千年以上的就有3万多株，是全世界最大的古柏群。

山下建有黄帝庙，庙内有一古柏，高19米，下围10米，中围6米，上围2米，为柏树之冠，相传为黄帝轩辕所植。

黄帝陵墓在甘肃、河北、河南等地都有，但据《史记·五帝本纪》所记“黄帝崩，葬桥山”可知，黄陵县桥山的黄帝陵更为真实。

（3）华山

华山古称西岳，是中国“五岳”之一，海拔约2154米，在华阴市城南。它北瞰黄河，南连秦岭。《水经注》说：“远望之如花状。”故名华山（“华”，古同“花”）。

华山以奇拔险峻冠天下，故有“华山自古一条路”之说。其主峰为落雁（南峰）、朝阳（东峰）、莲花（西峰）三峰。此外，华山还有玉女（中峰）、五云（北峰）二峰。玉女、五云二峰之高虽不及三主峰，但也各有其特点。

此外，华山名胜还有很多，自山麓至山顶，庙宇古迹、天然奇景到处可见。在悬崖峭壁上开凿出的千尺幢、百尺峡、老君犁沟即为其中的代表，给人以惊险之感。如千尺幢，上看一线天，下如深井；老君犁沟，东边是陡峭的石壁，西边是深邃莫测的幽壑。

21. 甘肃省

甘肃省地处中国西北地区，黄河上游。因境内古有甘州（今张掖）、肃州（今酒泉），故名甘肃，简称甘。又因秦时置陇西郡于此，又简称陇。

春秋时，该地为羌、月氏、乌孙等少数民族所据有。汉置凉州于此；三国魏、西晋置凉州和秦州；东晋十六国时，今武威、酒泉、张掖曾为北方割据政权之国都；唐于此设甘、肃、沙、兰、凉等州，分属陇右道及关内、山南西道；元中统二年（1261），置西夏中兴行省，至元二十三年（1286）改称甘肃行省；明时属陕西承宣布政使司；清康熙二年（1663）置巩昌省，三年之后改为甘肃省，省会兰州府。1950 年 1 月，甘肃省人民政府成立，省会兰州市。

甘肃省气候属明显温带大陆性季风气候，冬春干旱寒冷，夏季多暴雨，冷暖变化大。全省干旱面积大，东南部冰雹亦常成灾。

全省面积约 43 万平方千米，截至 2018 年末常住人口 2637 万人。

甘肃省地处黄土高原、青藏高原和内蒙古高原交接地区，地形复杂多样，有山地、高原、平川、河谷、沙漠、戈壁等。

甘肃省地形狭长，东西长约 1655 千米，南北最宽处 530 千米，最窄处仅 25 千米；地势自西南向东北倾斜，大致可分为六大区域：陇南山地、陇中黄土高原、甘南高原、河西走廊、祁连山地及河西走廊以北地带。本省最高点祁连山主峰团结峰（海拔约 5828 米）和最低点罐子沟（海拔约 550 米）海拔相差 5000 多米。

甘肃省中部为祁连山脉，高峰终年积雪，且多冰川；东部多属长江、黄河流域；陇东南的白龙江与秦岭、淮河一样，同为地理上的南北分界线。

甘肃有著名的河西走廊，因在黄河之西而得名，亦称甘肃走廊，是西通新疆维吾尔自治区的要道。它东起乌鞘岭，西至玉门关，长约1000千米，宽数千米至100千米。

甘肃省农业具有过渡性气候的特点：东南部多产冬小麦，西北部多产春小麦，西南部产青稞。甘肃高原是我国重要的牧区，白龙江、洮河流域是重要林区。

甘肃省是我国有色金属、石油化工、电力机械、棉纺织和核工业基地之一。矿藏也比较丰富，有多金属共生的金川镍矿、皋兰铜矿等。本省还有许多著名的大型企业，如白银铝厂、兰州石油化工厂、玉门油矿、刘家峡水电站、酒泉卫星发射中心等。本省还有一些特色的工艺品，如酒泉夜光杯、天水雕漆等。

甘肃在古代曾是西达欧洲的“丝绸之路”的重要通道。现在交通很发达，有陇海、包兰、兰青、兰新等铁路干线经过本省，还有兰州到西宁、西安、银川、乌鲁木齐的高速公路。

兰州市为甘肃省省会，相传大禹治水就是从兰州附近开始的。汉武帝时，大将霍去病讨伐匈奴曾在此驻扎。张骞三次出使西域，曾途经此地。闻名于世的“丝绸之路”也是从这里通往西方的。隋初，此地称为金城，后世设兰州总督府于此，“兰州”之名因皋兰山而来。清代为省府。1941年设兰州市。兰州盛产玫瑰花，所产玫瑰花油产量占全国玫瑰花油总产量的80%以上。

名胜古迹：

（1）莫高窟

莫高窟俗称千佛洞，在今敦煌市城东南约25千米处。洞窟开凿于鸣沙山东麓断崖上，是世界上规模最大、保存最完好的佛教艺术宝库。

它始凿于前秦建元二年（366），终于元代。它南北长1600多米，上下五层，高低错落，鳞次栉比。至今尚保存着十六国、北魏、西魏、北周、隋、唐、五代、宋、西夏、元等朝代的洞窟492个，壁画45000平方米，彩塑2415座，佛教经典、文书、铜佛像6万多件。

莫高窟的造像均为泥质彩塑，既有单身像，也有群像。群像中，佛像居中，两侧侍立弟子、菩萨、天王、力士，少则3个，多则11个。

造像中，最大者高33米，最小者仅高10厘米。其造型艺术的特点是：多以夸张的手法表现人物的性格，且人物神态各异。

莫高窟的壁画艺术特别精彩，构图宏伟多变，线条流畅自然，用色浓淡适中，且人物栩栩如生，令人叹为观止。

敦煌文物在世界佛教艺术史上占有非常重要的地位，因而形成了敦煌学。

莫高窟于清光绪二十六年（1900）被发现后，曾遭到帝国主义者严重破坏，其珍贵文物遭到外国不法分子大量盗窃。

（2）嘉峪关

嘉峪关在嘉峪关市西南，是万里长城西端的起点。它建于明洪武五年（1372）。因建于嘉峪山麓，故名。

关之南为祁连山，雪峰如玉，绵亘千里；关之北为龙首山、马鬃山，与祁连山相峙。嘉峪关两侧城墙横穿戈壁，与山相连。城周长约733米，面积约33500平方米，高10米。东西开门，门内建有瓮城。西门上有“嘉峪关”三字，门外165米处有一石碑，上刻“天下雄关”四字。

（3）鸣沙山—月牙泉

鸣沙山和月牙泉在敦煌市城南约6千米处，它们如一对孪生姐妹。

鸣沙山，古称神沙山、沙角山，东西长约40千米，南北最宽处约20千米，平均高度100米，最高处高达170米，海拔约1650米，面积达200平方千米。山中的沙粒有红、黄、蓝、白、黑五种颜色，且晶莹透亮，一尘不染。

登上山顶，一眼望去，沙丘林立。从上往下滑，沙粒随人体下坠，沙鸣声不绝于耳。有史书记载：天气晴朗时，沙丘有丝竹管弦之音，犹如音乐，故有“沙岭晴鸣”之说，也是鸣沙山名称的由来。

月牙泉在鸣沙山北麓，古称沙井，俗称药泉。泉呈月牙形，水草丛生，清澈见底。不知什么原因，水的面积和深度有所变化，但经过治理，已有所好转，今日泉水面积保持在10亩左右，水深在1米左右。

在沙地之中，有泉水存在，且风起沙飞，均绕泉而过，从不落入泉内，即“山泉共处，沙水共生”。这种奇异现象的形成原因成为千古不解之谜。

22. 青海省

青海省地处中国西北，因境内有青海湖而得名，简称青。

该地古为西戎地，汉为羌地，隋设西海、河源等郡，唐、宋时属吐蕃，明朝属朵甘都司等。清设青海办事大臣辖区，治所西宁府；1928年，设青海省；1949年9月，青海省人民军政委员会成立；1950年1月，青海省人民政府成立，省会西宁市。

青海省气候属典型的大陆性季风气候，冬季漫长寒冷，夏季短促凉爽，雨量少，沙暴是本省的主要灾害。

青海省面积约72万平方千米，截至2018年末常住人口603万人。

青海省位于青藏高原东北部，海拔一般在3000米以上。北部是阿尔金山、祁连山山地，祁连山西段多高峰、冰川，是柴达木盆地的重要水源地；西部与新疆维吾尔自治区交界的昆仑山的布喀达坂峰，海拔约6860米，是全省最高峰；中南部为青南高原，主要由昆仑山脉及其支脉可可西里山、巴颜喀拉山、唐古拉山组成，常年积雪的山峰很多；高原东部是长江、黄河、澜沧江等大河的发源地，所以青海省有中国“江河之源”之称。河流还有湟水、大通河、扎曲、通天河、疏勒河等。湖泊众多，有青海湖、扎陵湖、鄂陵湖、达布逊湖、可可西里湖等，其中青海湖是我国最大的咸水湖，扎陵湖、鄂陵湖是境内最大的淡水湖。

青海省以畜牧业为主，是我国五大牧场之一，也是羊毛主要产区之一，且羊毛质量好，人们称之为“西宁毛”，是织造地毯、毛毯的上等原料，是世界优质地毯用毛之一。所产大通马和河曲马是我国著名的良马。

青海省大部分耕地集中在阴山以东各个河谷中，农作物主要有小麦、青稞、谷子等。

青海省矿产资源丰富，柴达木盆地的石油、钾盐在全国占有重要地位，是我国最大的钾盐生产基地。其他如煤炭、机械、化工石油发展得也不错。青海还充分利用黄河上游水资源，采取了一条以水兴电，以电兴工的道路。国家在此兴建了龙羊峡、李家峡、积石峡、公伯峡、拉西瓦、茨哈峡、直岗拉卡、羊曲等大型和特大型水电站。

青海省铁路有兰青、青藏铁路线，公路和高速公路和内地一样，四通八达。

青海省省会西宁市。西宁古称湟中，西汉时在此建西平亭，为西宁建城之始。晋先后置鄯善镇、鄯善州、湟水县；唐置鄯城县、青唐城；北宋复置湟水县，后改为西宁州，意为“西陲安宁”，西宁之名也自此始。明设西宁卫，清为西宁县。1945 年设市。

西宁是通往西藏自治区的南蕃古道和通往西域的古丝绸之路南线必经之路，有“天河锁钥”“青海咽喉”之称，也是青藏高原上最大的工业城市。

以西宁为中心的湟水谷地，称为宗教上的“神灵世界”。此地佛教和伊斯兰教的寺院众多，其中塔尔寺是我国藏传佛教黄教的六大寺院之一，也是西北地区佛教中心。

名胜古迹：

（1）青海湖

青海湖古称西海，蒙语称之为“库库诺尔”，藏语为“错温布”，意为青色的湖。它处于青海省东北部的大通山、日月山、南山之间，是中国最大的内陆咸水湖。湖水面积约4583平方千米，周长约360千米，最长处约106千米，最宽处约63千米，湖水最深处约32.8米，平均深19米，海拔约3196米。上述数据是20世纪90年代测量的，实际上它们经常变动。近年来，由于降水量的增加，湖水有所增加，面积也有所增加。

湖中有海心山、海西山、三块石、沙岛、鸟岛。每年春季约有10万只各种鸟类（包括天鹅、斑头雁）从印度、尼泊尔等国来此停留觅食。

青海湖盛产无鳞湟鱼。它圆滚光滑、肉多细刺、肥嫩味美，深受人们喜爱。

青海湖水源丰富，有50多条短河从四方八面汇入，土壤肥沃，周边有很好的草原。每到春季，处处可以看到牦牛、黄牛漫步，羊群吃草的情景。七八月份尤美，环湖油菜花开，野花竞放，碧波万顷，令人心旷神怡。

（2）三江源头

所谓三江，就是长江、黄河、澜沧江。三江源头总面积约31.6平方千米，海拔约4000米。它是人们探险、考察的胜地。

三江源头景色秀丽，风光宜人，几十米高的冰塔林高耸，绵亘数十里，宛如一座水晶峰峦，千姿百态，湖泊、小溪星罗棋布，甚为壮观。

长江总水量的25%、黄河总水量的49%、澜沧江总水量的15%都来自三江源头，故其被誉为“中华水塔”。

该地区还是世界上高海拔地带生物多样性最为集中的地区，主要植被是高原草甸，并有藏羚羊、藏野驴等野生动物70多种。

23. 台湾省

台湾省位于我国东南海域，隔台湾海峡与福建省相望。它包括台湾岛、澎湖列岛等80多个岛屿，简称“台”。

台湾古有岛夷、夷洲、流求之称。三国时，吴黄武九年（230），孙权曾派将军卫温、诸葛直带领万人船队渡海到此。南宋时，澎湖属福建路晋江县。元置澎湖巡检司。明万历年间始称台湾，明天启四年（1624）被荷兰侵占。1662年，台湾被反清的郑成功收复，设承天府。清康熙二十二年（1683）六月，康熙帝趁郑氏政权内乱之际平定台湾，设台湾府，下设县，另置澎湖厅，府治台湾县（今台南市）。光绪元年（1875）分设2府：北部设台北府，府治淡水县（今台北市）；南部设台湾府，府治台湾县。中日甲午战争后，台湾及其附属岛屿被迫割让给日本。1941年12月，中国政府发布对日宣战布告，废除与日本之间的一切条约、约定等，涉及割让台湾、澎湖列岛的《马关条约》随之也不被承认。1945年日本战败投降，将台湾及其附属岛屿归还中国。

台湾省地跨北回归线，北部属亚热带气候，南部属热带气候。其特点是高温、多雨、多风，属我国多雨地区。台湾省的主要灾害是地震、台风、暴雨。

全省面积约3.6万平方千米（其中台湾岛约3.58万平方千米），截至2018年末台湾户籍登记人口2359万人。

台湾岛是我国第一大岛，岛内大部分为山地、丘陵。

东部有中央山脉、玉山、阿里山、海岸山脉、雪山等山脉，统称为台东山地。中央山脉纵贯南北，海拔3952米的玉山为省内最高峰。

西部有台南、屏东平原，统称台西平原。它北窄南宽，海拔100米以下。

西部和东部之间为台中丘陵，分布着台北、台中、埔里等盆地。

省内河流有淡水河、浊水溪、高屏溪等，独流入海。日月潭是省内最大的湖泊，水面海拔约760米，面积约7.7平方千米，最深处约27米。岛北为日潭，岛南为月潭，故名日月潭。

岛内交通发达。环岛铁路已经建成，基隆到高雄的电气化铁路纵贯南北，还有台东铁路、北回铁路、南回铁路；公路形成了以高速公路、环岛公路、横贯公路、滨海公路为主的公路网。

（三）五自治区

1. 内蒙古自治区

春秋战国时，该地先后为东胡、楼烦、林胡、匈奴和燕、赵之地。至汉，在此置五原、朔方、云中等郡，有的部分曾为匈奴、乌桓、鲜卑所据。唐在此置丰、胜、甘、肃等州。元时属上郡、集宁等路（府）。清康熙十三年（1674），将蒙古分为内扎萨克蒙古和外扎萨克蒙古，内蒙古之名即由此而来。1947年5月1日成立内蒙古自治区，首府王爷庙（同年12月改设为乌兰浩特市）。1952年6月首府迁至归绥市，1954年4月改归绥市为呼和浩特市。

内蒙古自治区气候属温带干旱半干旱大陆性气候，寒暑变化明显，地域差异性大。由于地势平缓，从西伯利亚来的寒流容易进入，因此冬季严寒漫长，但夏季凉爽宜人，阳光充足，降雨量少，且多集中在夏季。主要灾害有春旱和冬季暴风雪、沙尘暴。

内蒙古自治区面积约118万平方千米，截至2018年末常住人口

2534万人。

内蒙古自治区地处中国北部边疆，与蒙古、俄罗斯接壤，地跨“三北”——华北、东北、西北。全区大都在海拔1000米以上的高原上，地势由南向北、由西向东缓缓倾斜。东部为辽阔草原，其边缘为大兴安岭山地；西部为大戈壁，沙漠面积大，古有“瀚海”之称；阴山位于本区中部，北坡平缓，南坡为断层；南部与宁夏回族自治区交界的贺兰山主峰敖包圪垯，海拔3556米，为本区最高峰。本区河流较少，黄河呈门字形流过南境；本区境内也有湖泊，最大的淡水湖为呼伦湖（达赉湖）。

内蒙古自治区矿产资源十分丰富，已发现各类矿产有130多种。煤炭储藏量仅次于山西省，居全国各省级行政区第二位；硫、铁、铌、铂、玛瑙等七种矿储量居全国各省级行政区首位，稀土矿储量领先世界。

本区大致可分为牧区、农业区和半农半牧区。

牧区分为东西两部，东部以牧放牛、马为主，西部以牧放骆驼、羊为主，绵羊毛、山羊绒和驼毛产量居全国各省、自治区、直辖市首位。

农业区在河套地区和东南部丘陵地区。主产小麦、莜麦和胡麻，是全国甜菜生产基地。

包头是我国重要的钢铁基地和稀土工业基地，有“草原钢城”之称。

本区的铁路建设成果辉煌，有包兰、京包、集通、集二、呼准、包神、东乌、京通等铁路连通各地，滨洲、集二为国际铁路。高速公路发展也很快。

内蒙古自治区首府呼和浩特市。16世纪中叶开始建城，明王朝赐名“归化”。清代在归化东北不远处建新城，名曰“绥远城”。民国初两城合并，为绥远省省会驻地，名“归绥”。1950 年，设归绥市。1954 年改名为呼和浩特市（蒙古语意为“青色的城”），通常简称呼市。因市内有众多的寺庙，故又有“召城”之称（“召”，蒙语意为“寺庙”）。

名胜古迹：

（1）呼伦贝尔大草原

呼伦贝尔大草原因地处呼伦湖和贝尔湖之间，故名。它是中国最美丽的草原，也是世界三大草原之一。它面积广大，绿波千里，牛羊遍野，有 3000 条河流蜿蜒流淌，500 个湖泊星罗棋布。

其中呼伦湖尤美，它长约 80 千米，宽约 35 千米，面积约 2315 平方千米，湖面海拔约 539 米。它水量丰富，盛产鱼类；湖畔冈阜起伏，牧草丛生，风光秀丽，素有“呼伦贝尔草原”明珠之称。

（2）成吉思汗陵

成吉思汗陵在鄂尔多斯市伊金霍洛旗东南约 15 千米处，建筑面积 1500 多平方米，平面为“⊥”字形。其主体是中央纪念堂，高 20 多米，是蒙古包式的建筑。每年在此举行公祭。

成吉思汗二十二年（1227）七月，成吉思汗死于六盘山萨里川（在今甘肃省清水县境）。史书记载，葬起辇谷（《辞源》称：在今内蒙古自治区鄂尔多斯右翼中旗、黄河西北阿尔泰山阴，葬地名察罕额尔格，近三音诺颜部界）。

2. 广西壮族自治区

广西壮族自治区地处中国南疆，南临北部湾，西南与越南接壤。宋时为广南西路而得名，秦时属桂林郡，因而简称桂。

该地春秋、战国时为百越（粤）地；秦分置桂林郡、象郡；唐初属岭南道，继属岭南西道；五代十国时分属南汉、楚两国；宋置广南西路，治桂林（今桂林市）；元初属湖广行省，至正二十三年（1363）

析置广西行省；明代为广西承宣布政使司；清代为广西省，首府桂林府。1950 年 2 月，广西壮族自治区人民政府成立，省府南宁市。1958 年 7 月，广西僮族（后改为壮族）自治区成立，首府南宁市。

本区气候为亚热带湿润季风气候，北回归线横跨自治区，夏季高温、多雨、漫长，冬季偶有奇寒。但降雨分布不均，旱涝时有发生。夏季还有强台风暴雨。

全区面积约 24 万平方千米，截至 2018 年末常住人口 4926 万人，其中壮族约占 1/3。

本区地处云贵高原向东南沿海丘陵过渡地带，地势自西北向东南倾斜。区内四面环山，中部为丘陵、平原，称为“广西盆地”。桂东北山地属南岭山地，有海洋山、越城岭，其中越城岭的猫儿山海拔约 2141. 5 米，为区内最高峰；桂南山地有云开大山、大容山、六万大山、十万大山等，且多峡谷急流；桂北山地有九万大山、大苗山等；桂西北诸山属云贵高原边缘，山高谷深；中部山地有大瑶山、大明山、都阳山等，向边缘过渡为丘陵。沿海为丘陵和滨海平原。丘陵和山地占全区面积的 85%。

境内河流大部分属珠江水系，并分段称为南盘江、红水河、黔江、浔江、西江，较大支流有郁江、桂江、柳江。

本区矿产资源丰富，已发现各类矿产 140 多种，储量居全国各省级行政区前 10 位的有 50 多种。锰、锡、锑、砷的储量居全国首位。

本区森林资源也很丰富，森林面积约 1342. 7 公顷，森林覆盖率达 56. 51%，盛产柳杉、银杉等珍贵木材。还有油茶、油桐、八角、肉桂等经济林。容县的沙田柚、玉林的桂圆（龙眼）也很有名。

本区农业较发达，是我国重要的水稻、甘蔗、黄红麻产区之一。本区南部是我国热带、亚热带经济作物主要产区，主要出产橡胶、咖啡豆、胡椒、香茅。北部湾是我国四大渔场之一，盛产石斑鱼、红鱼、鱿鱼、大虾、蚝等。

改革开放以来，本区工业有了很大发展，建起了门类比较齐全的工业体系。机械工业为传统优势产业，汽车工业是本区的支柱产业。本区是我国制糖工业基地之一，其产量占全国一半以上。本区还是我国锡、铝生产基地，南丹县有“锡都”之称，平果县被誉为“铝都”。

本区交通发达。铁路有湘桂、黔桂、南昆、黎湛、焦柳、南防、洛湛等线；公路四通八达，高速公路贯穿全境。

广西壮族自治区首府南宁市。邕江从城南穿城而过，故简称邕。南宁古属百越领地，晋代设晋兴郡，唐贞观六年（632）置邕州，元设南宁路，明改为南宁府。1946 年设市。城市具有南国风光，主要街道两旁种有观赏树木和果树。

名胜古迹：

（1）桂林山水

桂林北起兴安、南到阳朔的 100 多千米间，奇山平地拔起，千姿百态，秀丽天成。

从桂林到阳朔的 80 多千米的漓江上，集中了“山青、水碧、洞奇、石美”所有的美。

一是奇山罗列，犹如玉笋、翠屏、巨象、驼峰，形态各异，景色秀丽。其中独秀峰、叠彩山、伏波山、象鼻山、南溪山等更为奇特秀丽。

二是无山不洞，无洞不奇，洞内遍布石乳、石笋、石柱、石幔、石花，琳琅满目。

三是漓江从桂林至阳朔之间，流水清澈，可见游鱼，有如玉带旋绕城区。沿江群山峻峭，江水迂回，山是青山，水是绿水，正如唐代大诗人韩愈所写的“江作青罗带，山如碧玉簪”那样，构成了一幅美丽的图画。

（2）灵渠

灵渠在兴安县境内，是我国古代著名水利工程之一。

秦始皇为了统一岭南，命史禄于公元前223年修建能沟通湘、漓二水的河渠，以联系长江和珠江两大水系。10年后，全长34千米的运河终于完成。运河初名秦凿渠，后因漓水上游为零水，故又称零渠、澪渠，继又名湘桂运河、兴安运河，唐代改为今名。秦、汉以后，中原地区与岭南地区的交通多取道于此。

灵渠同四川都江堰一样，是一项智慧工程。史禄巧妙地利用地形，在湘江中用长方形的石料砌出铧嘴状，将湘江水一分为二，成为南渠、北渠。南渠注入漓江，北渠注入湘江。南渠占水量的3/10，北渠占水量的7/10，故有“三分漓水七分湘”之说。

对于灵渠，历代屡有疏浚改建，唐代筑斗门18座，宋代改为36座，清代改为32座。斗门依次启闭，增高水位，使船只能越过高地。灵渠斗门是世界船闸的先导。

3. 西藏自治区

西藏自治区地处我国西南边疆，南与缅甸、印度、不丹、尼泊尔交界。

西藏古时为羌、戎之地，唐为吐蕃（古代藏族政权名）地。唐贞观十五年（641），文成公主与吐蕃赞普（王）松赞干布结为姻好。1253年，西藏成为元朝总制院（后改为宣政院）辖地。元亡明继，设乌思藏和朵甘二都指挥使司进行管理。清分设卫（前藏）、藏（后藏）、喀木（康）、阿里四部，总称西藏。西藏之名最早见于清康熙二年（1663）。民国立，西藏仍由中央直管。1951年5月，西藏和平解放。1965年9月9日，西藏自治区正式成立，首府拉萨市。

本区总体上属于旱高原气候，气温偏低，降雨少，空气稀薄，含氧少，气压低，日照时间长，昼夜温差大。本区气候垂直变化明显，自东南向西北，既经过热带、亚热带，又经过高原温带、亚温带。

全区面积 123 万平方千米，截至 2018 年末常住人口 344 万人，其中藏族人口占比超过九成。

本区平均海拔在 4000 米以上，素有“世界屋脊”之称；海拔在 7000 米以上的高峰有 40 多座，其中海拔在 8000 米以上的有 5 座，被称为除南极、北极以外的“地球第三极”。

全区为喜马拉雅山脉、昆仑山脉和唐古拉山脉所环抱。地势由西北向东南倾斜，地形地貌复杂多样，分为藏北高原、藏南谷地、藏东高山峡谷和喜马拉雅山地四个地带。全区最高点珠穆朗玛峰海拔 8844.43 米，最低点雅鲁藏布大峡谷的巴昔卡海拔 155 米，两者相差 8600 多米。雅鲁藏布大峡谷的长度和深度为世界之最。

本区是我国湖泊最多的省区，有 1000 多个，其中纳木错是我国第二大咸水湖。本区主要河流有雅鲁藏布江、怒江、澜沧江和金沙江。

本区矿产资源丰富，已发现各类矿产 100 多种，其中硼砂、铜、锂、砷等 10 多种矿产资源的产量位居全国各省份前 5 位，铬铁矿储量居全国之首。

本区是我国原始森林主要地区之一，森林面积达 1471.56 万公顷，森林覆盖率 11.98%。

本区太阳能资源也十分丰富。大部分地区年日照时间长达 3100～3400 小时。地热蕴藏量居全国首位，地热显示点有 600 多处。其中著名的羊八井全年放出的热量相当于燃烧 470 万吨标准煤，被称为“地热博物馆”，此地建有地热发电站。

青稞是本区的主要粮食作物。本区也是我国五大牧场之一，出产的主要牲畜是藏羊、牦牛，其中牦牛是高原雪山主要运输工具，有

“高原之舟”之称。藏东南是我国重要的天然林区。

本地区自古交通不便，中华人民共和国成立后，在中央的支持下，修建了川藏、青藏、新藏、滇藏公路，还修建了青藏铁路，开辟了航线，使进出西藏的交通越来越便利了。

西藏自治区首府拉萨市是一座历史名城。古称“惹萨”，后演变成“拉萨”。在藏语中，“拉萨”一词意为“圣地”“佛地”。唐贞观七年（633），吐蕃赞普松赞干布把都城迁到这里。1960 年建市，成为世界上海拔最高的城市（3658 米）。拉萨市空气新鲜稀薄，天空碧蓝，阳光强烈，且晴天居多，故有“太阳城”和“日光城”之美誉。市内建有布达拉宫、大昭寺、罗布林寺等寺庙建筑。

名胜古迹：

（1）布达拉宫

布达拉是梵文“普陀罗”的译音，意为“佛教圣地”。它建在拉萨城区西北的玛布日山上，始建于唐贞观中期，是吐蕃赞普松赞干布为迎娶文成公主而建，后成为历代达赖喇嘛的冬宫。达赖五世时，对其进行大规模的扩建，历时 50 年。1989 年，国家拨巨款对其进行大规模的维修，历时 4 年完工。

布达拉宫依山而建，宏伟壮观，宫殿主体 13 层，高 115 米，东西长 400 米，南北宽 350 米，5 层宫顶均覆盖金瓦，宫中有大小房间 1500 多间。按外表颜色，可将布达拉宫分为白宫和红宫。红宫居中，白宫分列两翼。白宫是达赖喇嘛生活起居和进行政治活动的地方，红宫内有 8 座达赖喇嘛的灵塔和经堂，其中五世达赖和十三世达赖的灵塔除用黄金包裹外，还镶嵌了无数珍珠和宝石。

（2）珠穆朗玛峰

珠穆朗玛峰简称珠峰。它位于我国和尼泊尔交界的喜马拉雅山脉之上，是世界第一高峰，有“世界第三极”之称。世界登山者普遍把能登上珠穆朗玛峰作为自己一生的最高理想。

4. 宁夏回族自治区

本区原属羌胡之地，秦时为北地郡，汉时属朔方刺史部，唐时属关内道，宋时为西夏所据。元时，为求夏地安宁，取名宁夏府路，简称宁。明置宁夏卫。清置甘肃宁夏府。1928 年设宁夏省。1949 年 12 月，宁夏省人民政府成立，省会银川市。1954 年 8 月，宁夏并入甘肃省。1958 年 10 月 25 日，宁夏回族自治区成立，首府银川市。

本区气候属温带半干旱、半湿润大陆性气候，干旱少雨，风大沙多，夏少酷暑，冬季漫长。年、日温差大。主要灾害是沙暴和干旱。

全区总面积约 6.6 万平方千米，截至 2018 年末常住人口 688 万人，其中回族约占三分之一。

本区地势南高北低，南北狭长。自北向南，依次为贺兰山地、宁夏平原、鄂尔多斯高原、黄土高原和六盘山地，形成丘陵、平原、山地、台地和沙漠。

南部六盘山又名陇山，耸立在黄土高原之上，山路曲折，盘路六重，故名。

北部为银川平原，长约 320 千米，宽约 40 千米。渠川密布，土地肥沃，物产丰饶，素有“塞上江南”之称。

北部为贺兰山脉，从银川平原西望，山脉犹如奔腾的骏马。其主峰敖包圪垯，海拔 3556 米，为本区最高峰。

黄河斜贯本区西北部，此外本区有黄河支流清水河、苦水河及南部的葫芦河。

本区矿产资源丰富，已发现的有 50 多种。主要有钾盐、石棉、硫、食盐等，尤以煤最多，不但分布广、品种多，而且质量好。石嘴山煤矿是西北地区炼焦煤、动力煤基地之一，“太西煤”居全国无烟煤之冠，号称“煤王”。中卫、贺兰山一带有着丰富的铁矿和石油矿藏。

本区农业比较发达，银川平原素有“塞上谷仓”之称，是我国重要的商品粮基地，主产小麦、稻谷、玉米、油菜等。南部地区盛产莜麦、胡麻、枸杞、甘草。

本区畜牧业很有特色，是国内裘皮羊的重要产区。

本区交通也比较发达。铁路方面，包兰铁路斜贯北部、中部，宝中铁路纵贯南部，并与陇海铁路相连；公路方面，建有高速公路。

宁夏回族自治区首府银川市，是历史文化名城。早在西汉时就置县，后称廉县。县城是银川的最初城池。北周置怀远。北宋时，党项族建立西夏政权，以怀远为都城，后改名为兴州、兴庆。元灭西夏，改为宁夏。至明末清初，文人多以“银川”一词形容黄河、灌溉渠道和平原灌区，“银川”一名才开始出现。1913 年为宁夏县，1942 年改称贺兰县。1945 年由贺兰县析置银川市。现在的银川市城区分为新城和旧城，它们之间由一条长约 10 千米的大道相连。城市建筑具有伊斯兰风格。

名胜古迹：

（1）西夏王陵

西夏王陵在银川市西约 30 千米的贺兰山东麓。此处是西夏历代帝王陵墓所在地。

陵区范围南北约 10 千米，东西约 4 千米，随地势错落建有 8 座西夏陵园和 70 余座陪葬墓。每个陵园都有一个单独的、完整的建筑群体，形制大致相同。每个陵园面积都在 10 万平方米以上。

陵园在明代以前就曾被掘被毁，但仍保留着大量的建筑材料和西夏文化，对研究西夏文化和汉文化的关系有着重大的价值。

(2) 六盘山

六盘山又名陇山，地跨宁夏、陕西、甘肃三省区，主峰在宁夏回族自治区固原和隆德县境内，海拔约 2928 米。其山体大致为南北走向，长约 240 千米。它既是陕西黄土高原与陇西黄土高原的界山，也是渭河与泾河的分水岭。

六盘山曲折险峻，盘道六重才能到山顶，故名。山的东南有老龙潭，是泾河源头之一。

成吉思汗曾在六盘山避过暑。1935 年 10 月 7 日，毛泽东率领红军路过此地，曾登上六盘山，并写下气壮山河的诗篇——《清平乐・六盘山》。

5. 新疆维吾尔自治区

新疆维吾尔自治区位于我国西北边疆，与印度、巴基斯坦、阿富汗、塔吉克斯坦、吉尔吉斯斯坦、哈萨克斯坦、俄罗斯、蒙古多国接壤。此地古称西域，汉置西域都护府；唐设北庭都护府、安西都护府；元设别八里、阿力麻里等省；明于西域东部置哈密卫；清乾隆二十四年（1759），因西域开发较晚，改称新疆，简称新。光绪初，置伊犁将军辖区。光绪十年（1884）设新疆省，省会迪化府（今乌鲁木齐市）。1949 年 12 月，新疆省人民政府成立；1955 年 9 月，成立新疆维吾尔自治区，首府乌鲁木齐市。

本区气候属典型的温带干旱大陆性气候，晴天多，日照强，干燥少雨，风大沙多，昼夜温差大，南、北温差也很大。吐鲁番盆地夏季最高温度可达 48℃，有“火洲”之称。

全区面积约 166 万平方千米，占全国国土面积的 17% 以上；截至 2018 年末常住人口 2487 万人，其中维吾尔族占比约 48%。

本区地形特点突出，简言之，为“三山夹两盆”。所谓“三山”，即阿尔泰山、天山、昆仑山；所谓“两盆”，即准噶尔盆地、塔里木盆地。本区山地和盆地相间。

本区以天山为界，北为北疆，南为南疆。本区东段的吐鲁番盆地艾丁湖海拔约-154.31米，是中国内陆陆地最低点，是世界陆上仅次于西亚死海的第二低点。本区南部边缘喀喇昆仑山乔戈里峰（意为高大雄伟）海拔8611米，是本区最高峰，也是世界第二高峰。

塔里木盆地东西长约1400千米，南北最宽处约520千米。总面积约为56万平方千米，是我国最大的盆地。该盆地东部有我国最大的沙漠——塔克拉玛干沙漠，还有我国最长的内陆河——塔里木河。

本区矿产资源丰富，已发现的有140多种。主要有煤、铁、石油、盐、金等，尤以石油储藏量为高。本区工业以石油加工、煤炭、冶金、毛纺为主。

本区农业以小麦、玉米、棉花、甜菜种植为主。南疆是我国长绒棉生产基地。吐鲁番葡萄、鄯善哈密瓜、库尔勒香梨、伊宁苹果、叶城石榴更是举世闻名。

本区自古畜牧业就很发达，伊犁马、巴里坤马是本区特产中的著名品种。塔城羊、福海大尾羊和三北羔皮羊、新疆细毛羊等亦驰名中外。

本区地域辽阔，往昔交通很不发达，来往很不方便，与内地来往只能靠飞机。1962年兰新铁路修通后，由内地到本区就方便多了。现在本区与内地之间又通了高速公路，后来又修了南疆铁路，交通更方便了。

新疆维吾尔自治区首府乌鲁木齐市。“乌鲁木齐”在蒙语中意为“优美的牧场”。汉代就在此屯垦，并设轮台县。18世纪50年代，清政府平定准噶尔后，派军驻扎于此，并开始筑城。之后相继在此设参赞大臣、都统和直隶州等。到19世纪80年代，新疆改制为省，省会迪化县；1945年设迪化市；1953年改称乌鲁木齐市。本市特点：自然风光优美秀丽、民族风情绚丽多彩、伊斯兰文化色彩浓厚。它还是通往中亚、西亚乃至欧洲的桥头堡，曾是古丝绸之路的重镇。

名胜古迹：

（1）天山天池

天山天池在阜康市境内天山博格达峰北坡山腰，海拔约 1900 米，其水由冰雪融化而成。古称“瑶池”，并有“天山明珠”之誉。

天池面积约 4.9 平方千米，最深处达 105 米。其湖水清澈，绿如碧玉；四周雪山环抱，古树参天，景色十分秀丽。

（2）坎儿井

所谓坎儿井就是井穴。古代新疆人民为解决灌溉问题，在地下开挖引水渠道，将水引出地面。之所以要采取这种办法，是受气候和地理条件所限（水蒸发量太大，不能从地面上走）。

其基本开掘方法是，在高山雪水潜流处选择适合地点开挖，每隔 20~30米打一口竖井（一是便于开挖，二是通风，三是便于沿线人民取水），竖井与地下渠道相连，渠道不断延伸，引水下流，到接近绿洲处筑坝分流，全长 5000 多千米。它为灌溉、饮用提供用水。其优点：结构简单，水量稳定。

坎儿井主要分布于吐鲁番、哈密、库车地区，以吐鲁番居多，有 900 多口。

这种输水方式早在 2000 多年前就有了，它工程浩大，与长城、京杭大运河并称为中华民族三项伟大工程。不仅如此，它还应同都江堰、灵渠并称为中华民族三大智慧工程。

（四）特别行政区

1. 香港特别行政区

香港特别行政区位于珠江口东侧，南临南海，北隔深圳河与广东省深圳市相邻。它包括新界、九龙、香港岛和附近岛屿。

香港特别行政区陆地面积约 1104 平方千米，截至 2018 年末人口 748 万人。

古时，该地因产沉香而名香江。明代，因转运香木始有香港之名。秦属南海郡番禺县；晋属东官郡宝安县；唐属东莞县，置屯门镇；明、清属广东市新安县，设九龙巡检司。

1840 年，英国发动鸦片战争，占领香港。1842 年 8 月，英国政府迫使清政府签订《南京条约》，割让香港岛。1856 年英国发动第二次鸦片战争，又迫使清政府签订《北京条约》，割让九龙半岛南端今界限街以南地区。1895 年，日本发动甲午战争后，英国又乘机于 1898 年再一次迫使清政府签订《展拓香港界址专条》，租借今界限街以北、深圳河以南的九龙半岛大片土地和九龙半岛附近 200 多个岛屿（后统称新界），租期 99 年（从 1898 年起算）。1941 年 12 月，日本占领香港。1945 年 8 月，日本投降，英国重新管辖香港。1997 年 7 月 1 日，中国政府对香港恢复行使主权，香港特区政府正式成立。

本区属亚热带海洋性气候，春季温暖多雾，夏季炎热多雨，冬季干燥晴朗，时有台风暴雨。

本区境内以低山和丘陵为主要地貌，少平地，多石山、岩岛，四面环海，多港湾。新界大雾山（大帽山）海拔约 957 米，为本区最高峰。

本区东北部有船湾淡水湖和万宜水库，但居民饮用水主要来自东江—深圳引水工程。

香港作为世界自由贸易港已有近 170 年的历史了，经济地位十分重要，是远东主要的国际贸易、金融、航运、信息中心，是世界三大银行业务和金融中心之一，是世界四大黄金市场之一。香港还是三大天然良港之一，是世界第三大集装箱运输中心，是世界十大空运中心之一。

本区的经济支柱是对外贸易、加工制造、房地产、旅游。

本区的风景名胜有太平山山顶公园、海洋公园、宋城、香港公园等。

2. 澳门特别行政区

澳门特别行政区位于我国东南沿海，珠江西侧，北与广东省珠海市相连。

本区陆地包括澳门半岛、氹仔岛、路环岛，南北长约 11.9 千米，东西宽约 7 千米，陆地面积约 29.9 平方千米，截至 2018 年末人口 67 万人。

澳门半岛形态如靴，大部分土地来自填海，因而地势低平。海拔约 172 米的塔石塘山（又名叠石塘山）为本区最高点。

本区气候属于亚热带海洋性季风气候，高温多雨，炎热潮湿，夏、秋季常有台风、暴雨。

本区因近海区盛产蚝，故原名蚝镜，又称濠镜、濠镜澳，别称濠江；又因南北夹持的海湾内海水平静，内河外运船只进出频繁并常在此停泊而称澳门（“澳”意为海边弯曲可以停船的地方）。

本区秦时属南海郡，汉时属番禺县，隋时属南海县，唐时属东莞县，南宋时属香山县（今中山市）。

明嘉靖十四年（1535），澳门成为中外互市之地。嘉靖三十二年（1553），葡萄牙人以“晾晒水浸货物”为名，贿赂当地官员得以上岸，最终定居下来。从 1572 年起，葡萄牙人每年向明廷交纳地租白银 500 两，后增至 515 两。明亡，葡萄牙人继续向清廷交纳地租。鸦片战争后的 1845 年，葡萄牙政府宣布澳门为“殖民地自由港”；1848 年，葡萄牙袭击并封锁清政府衙门、海关、税馆，驱逐清政府驻澳官员，拒交地租；1851 年，葡萄牙又陆续占领氹仔岛、路环岛。

光绪十三年（1887），清政府与葡萄牙签订《中葡会议草约》和《中葡和好通商条约》，正式通过外交文书的手续占领澳门。1976 年 4 月改名为“澳门地区”。1986 年，中葡两国政府开始为澳门问题展开四轮谈判，并于 1987 年在北京签订了联合声明，确认澳门地区是中国的领土。1999 年 12 月 20 日，中国政府对澳门恢复行使主权。

从 16 世纪 50 年代到 17 世纪 40 年代，澳门是明朝对外贸易港口广州的外港，是欧洲国家在东方进行国际贸易的重要中继站。鸦片战争后，澳门国际贸易地位逐渐下降，后来经济发展逐渐依赖博彩业，成为“世界三大赌城”（美国的拉斯维加斯、摩纳哥的蒙特卡洛、中国的澳门特别行政区）之一。现在澳门开始经济转型，向多元化发展。

第二篇

文化中国

如果说中国地理是中华民族的身躯，那么中华民族的优秀文化则是中华民族的灵魂，也是中华文化绵延五千多年的根本原因，更是中华民族折不散、分不开、打不垮的根本保证。

中华民族的优秀文化最大的特点，是从来没有被世界上任何一种文化所同化，外来文化反而被中华文化所改造，无论是元朝的建立、清朝的入关，还是佛教、伊斯兰教、基督教的传入，莫不如此。所以，中华文化源远流长，博大精深，具有很强的包容性。

一、中华文化的形成和发展

中华文化产生于神州大地。在绵延几千年的发展过程中，虽然中国不断受到外来文化的影响，但其本质没有发生变化。相反，由于它的吸收能力特别强，在此过程中，中华文化不断壮大自己、发展自己，成为世界上唯一没有中断的文化。

我国殷周以前的文化主要是宗教文化。远古时代的宗教属于自然宗教。它的产生，是因为当时生产力极为低下，科学知识极其缺乏，人们对世界的起源以及诸如雷电地震、日食月食、飓风暴雨等纷繁复杂的自然现象不能做出科学的解释，所以认为宇宙间有一种超自然的力量在起作用，有神论思想便有了萌芽。“龙的传人”的龙，就是原始社会的人崇拜的神。在国外也有类似的情形，如对图腾（原始社会的人用动物、植物或者其他自然物作为氏族血统的标志）的崇拜，即为一例。

及至公元前 17 世纪末，商汤灭夏，强化了奴隶制。奴隶主为了证明其统治的合理性，创造了一个天上和地上的最高主宰——上帝。这个上帝既能管天地自然，也能左右人类的生活；既能呼风唤雨，又能降福祸于人类。

殷商所创造的“上帝”是为殷商统治阶级服务的。正如马克思所说：“一个上帝，如果没有一个君主，就永远不会出现。”（《马克思恩格斯通信集》第一卷，人民出版社 1957 年版，第 53 页）殷王为了巩固自己的统治地位，自称是“上帝”的儿子——天子。“天命玄鸟（神燕），降而生商（商王）。”（《诗经·商颂·玄鸟》）这样一来，人们在无条件服从上帝的同时，也必须无条件地服从殷王。

此时的宗教已不属于自然宗教，而是加入了人为的因素，开始为统治阶级服务。无论是自然宗教，还是加入了人为因素的宗教，都属于宗教文化。

至春秋战国，民众思想空前活跃，各种流派纷纷登上舞台，形成了百家争鸣的局面，逐渐形成完整的、光辉灿烂的中华文化。

因“百家争鸣”而形成的主要思想流派有儒家、道家、阴阳家、法家、名家、墨家、纵横家、杂家和农家，合称为“九流”。

从中国历史的长河中可以看出，如果以一棵树比喻中华文化，那么中华文化就是一棵参天大树，《易经》是种子（中华文化的总源头）。“《周易》是先秦儒家重要经典之一，是关于人类思想和宇宙本质规律的学问，是我国最古老、最有权威、最著名的一部经典，是中华民族聪明智慧的结晶，被尊为‘群经之首，诸子百家之源’。西方文明有《圣经》，东方文明有《周易》。周易文化是中华文化发展的根本与源头，它对中国历朝历代的政治、经济和文化诸多方面都产生了巨大而又深远的影响，中国的建筑、医学、音乐、绘画、日常生活等无不与《周易》有着千丝万缕的联系。”（《周易全书·前言》）

儒家则是中华文化的主根，也就是说，它是中华文化的主流，其他如道家、阴阳家、法家、名家、墨家、纵横家、杂家、农家等或是旁根，或是根须。

儒家思想的主要内容有哪些？“祖述（尊崇、效法）尧舜，宪章（效法）文武（周文王、周武王），宗师仲尼（孔子），以重其言，于道最为高。”（《汉书·艺文志》）概括起来讲，就是崇尚“礼乐”和

“仁义”，提倡“忠恕”和“中庸”之道。儒家思想在政治上主张德治和仁政，重视伦理道德教育和自我修养，其核心内容是“仁”，而“仁”的含义是“爱人”。

孔子死后，儒家地位上升。到战国时，儒、墨两家并称为显学（著名学说），而儒家比墨家更有名，但它在发展过程中遇到的阻力也是很大的。

秦始皇用法家学说统一天下。建立大秦帝国之后，他又用法家思想建立统一的制度，并施行“焚书坑儒”，只准士人学习秦朝的法律制度，使儒学受到了一次严重的打击。秦始皇以为这样就可以整齐学术、统一思想。但事实正好相反，在反秦起义大风暴来临之时，各阶层的人士都参加了，所以秦朝仅存在 15 年即告灭亡。唐人章碣的《焚书坑》说得好：“坑灰未冷山东乱，刘项原来不读书。”

秦亡汉继。建元二年（前 139）——汉武帝即位后第二年，立即召集全国文士，问以古今治国之道，对者百余人。力主兴儒的董仲舒（前 179—前 104）提出“罢黜百家，独尊儒术”之主张，深得武帝赞同，由此确立了儒术在中国的独尊地位，儒家成为中华民族思想文化的主流，绵延了 2000 多年。

佛教在西汉哀帝时（前 2）传入我国，道教是由东汉时期的张道陵所创立，两者都在儒学的主流地位确立之后，成为我国文化的一部分。

因此，儒、佛、道三者斗争是不可避免的。但从中国历史上来看，从大体上，儒家对佛教，排斥多于调和；佛教对儒家，调和多于排斥；儒家对道教，不排斥也不调和。这可能是道教出生在中国这块土地上，受儒家的影响比较大的缘故。佛教和道教则互相排斥。

儒学的发展过程是曲折的，“《诗》《书》、六艺之文，与夫孔、孟之遗言，颠错于秦火，支离于汉儒，幽沉于魏、晋、六朝者，至是

(至宋朱熹之时) 皆焕然而大明。”(《宋史·道学一》) 这就是说，不管是秦始皇焚书坑儒，还是魏、晋时期玄学的影响和盛行于隋唐时期的佛教的冲击，都并未影响儒学从汉至宋的思想文化统治地位。

在五四运动中，产生了打倒“孔家店”的口号，以孔孟为代表的儒家思想受到猛烈的抨击；20 世纪 60—70 年代更是把它批得体无完肤。但在今天，儒家思想“春风吹又生”，不仅我国如此，在世界上也越来越受到重视。

在中国，无论是男人还是女人，无论是老人还是年轻人，无论是识字的还是不识字的，无不深深地打上了儒家文化的烙印，如中国人都知道要爱家、孝敬父母、和睦邻里等。

二、中华优秀文化的方方面面

（一）仁爱

仁爱是儒家的核心思想，也是中华优秀道德文化的核心和基础。

“仁”的含义是什么？孔子有各种回答：“巧言令色（花言巧语，装出一副和颜悦色的样子），鲜（意为少）矣仁”（《论语·学而》）；“能行五者（恭、宽、信、敏、惠）于天下，为仁矣”（《论语·阳货》）；“仁者先难而后获（先做繁难的，后做易得功效的），可谓仁矣”（《论语·雍也》）；“仁者，其言也讱（出语谨慎）”（《论语·颜渊》）；“刚毅木讷（性格刚强有毅力，但不善于说话），近仁”（《论语·子路》）；“克己（克制自己）复礼（礼，泛指奴隶社会和封建社会贵族等级制的社会规范和道德规范）为仁”（《论语·颜渊》）；“泛爱众，而亲仁”（《论语·学而》）。孝悌忠信就是“泛爱众”的具体表现。孝悌忠信的含义是：爱父母叫作孝，爱兄长叫作悌，爱君王叫作忠，爱朋友要守信。孔子之孙子思，根据孔子的思想编的《中庸》中说：“仁者人也，亲亲为大”“力行（意为要去私）近乎仁。”

孔子上述关于“仁”的种种说法，是针对不同情况说的。而通观孔子的所有言论，我认为，“仁”准确的含义应该是“爱人”。面对他的弟子樊迟（又名顺，字子迟，小孔子 36 岁）问“仁”，他的回答，说的就是“爱人”。从孔子的其他言论中也可以看出，“仁”就是“爱人”：“仁者，己欲立而立人，己欲达而达人”（《论语·雍也》）；“己所不欲，勿施于人”（《论语·颜渊》）。

孟子对“仁”的解释，主要强调“爱民”：“庖（厨房）有肥肉，厩有肥马，民有饥色，野有饿莩（饿死的人），此率兽而食人也”（《孟子·梁惠王上》）；“乐民之乐者，民亦乐其乐；忧民之忧者，民亦忧其忧。乐以天下，忧以天下，然而不王（称王）者，未之有也”（《孟子·梁惠王下》）。

由“仁爱”衍生出来的国家之间、邻里之间要睦邻友好的思想，以及人与人之间要友爱的思想，已经绵延了几千年。

（二）和为贵

“和”是中华文化的重要内容。自古以来，我们老祖宗都强调“和为贵”（《论语·学而》），说：“天时不如地利，地利不如人和。”（《孟子·公孙丑下》）

“和”既涉及人与自然的和，也涉及人与人之间的和。人与人之间的和，又包括家庭的和、邻里的和、国家的和，乃至整个社会的和。

东晋大文豪陶渊明在《桃花源记》中所描述的桃花源：“土地平旷，屋舍俨然。有良田美池桑竹之属。阡陌交通，鸡犬相闻。其中往来种作，男女衣着，悉如外人。黄发垂髫，并怡然自乐。”其中呈现出一派田园风光，一个理想的和谐社会。作者在此真实地反映了中国人民数千年来所追求的生活。

特别值得一提的是，在中国传统文化中，特别强调“和”在家庭中的作用，俗语云：“家和万事兴。”西汉经学家、文学家刘向也曾深刻论述过“和”对家庭的重要作用：“父子不和，其世破亡；兄弟不和，不能久同；夫妻不和，家室大凶。”（《说苑·敬慎》）

“和”的重要性天下人都知道。只有“和”，社会才能稳定。社会稳定，人们才能安心地开展经济、文化建设。问题是怎样才能达到“和”？这是一个大问题。

我认为，首先要解决人们活下去的问题，因为经济是基础，否则天下就会大乱。

纵观几千年的中国历史，天下大乱的根本原因是人民活不下去。试看陈胜为什么要冒着生命危险造反？陈胜道出了其中的道理：“天下苦秦久矣。”（《史记·陈涉世家》）一个“苦”字道出了他们造反的原因。陈胜所说的苦，不是一般的苦，而是无法活下去的苦，是无法忍受的苦。

从“和”字的结构上看，我们老祖宗早已经看出了这个问题。“和”字一边是“禾”字，另一边是一个“口”字；“禾”在这里是粮食作物的总称，“口”是代表人，如我们常说“人口”；两边合起来就是人人有饭吃。“稳定”的“稳”字，也是“禾”字旁，这也说明要稳定，首先要解决吃饭问题，即所谓“手中有粮，心里不慌”。

中国共产党人发展了老祖宗“和”的思想，提出了要建设和谐社会，在“和”字上，加上了一个“谐”字。从汉字的结构上看，“谐”字很有意义。“言”字之意是说话，“皆”字之意为都，两边合起来就是人人要有讲话的权利，就是要民主。

什么叫民主？我认为，当然是要让人民讲话、要让人民当家做主，民主制度最终的目的就是让人民在政治上获得平等的权利，在经济上过上富裕的生活。

我们的民主从改革开放以来，有了很大的进步。中国老百姓大多数是通情达理的、是爱国的、是有觉悟的，有什么可怕的呢？

同时也要实现公平。公平是实现“和”的重要条件。

“平”不是平均，更不是绝对平均，而是相对平均。以酬劳为例，按劳分配，按贡献大小来分配，当然要保证最低生活水平。这样，社会才会稳定。

（三）王道

在中国传统文化中，一直反对霸道，提倡王道。

所谓王道，很多学者认为是指以仁义治天下、以德服人的一种统治方法；霸道是指凭借武力、刑罚和权势来威压众人的一种统治政策。

我认为，上述对所谓王道、霸道的含义解释不够全面，也不够准确。应该说，王道从本质上讲是要爱人，要以人民为本。所谓爱人，就是既要爱本国人民，也要与邻国人民友好相处。霸道则与之相反：对内靠严刑苛法进行残酷统治，对外凭借自己的势力，不讲道理，实行“顺我者昌，逆我者亡”的政策。

在中国历史上，很多思想家、政治家力主以王道治天下，很少有人（包括统治者）公开主张以霸道治天下（实际上，很多统治者对内推行的却是霸道）。从思想角度上来讲，王道在中国是有深厚基础的，是深入人心的，为绝大多数中国人所接受、所拥护。

王道之所以能产生并发展，是因为在春秋战国时期，一些思想家目睹了奴隶主的残酷剥削和压迫，并对受压迫的奴隶们深表同情，公开发出“与其有聚敛之臣，宁有盗臣”（《礼记·大学》）的呼喊，并指出：“财聚则民散，财散则民聚。”（《礼记·大学》）而儒家创立者孔子说“苛政猛于虎”（《礼记·檀弓下》），主张“为政以德”，并说“道之以德，齐之以礼，有耻且格（守规矩）”（《论语·为政》）。就是说，要以“德”和“礼”治国。

孔子以“德”和“礼”治国的理念来源于他“仁”的思想。“仁”是什么？“泛爱众，而亲仁”（《论语·学而》），就是孟子讲的“仁者爱人”（《孟子·离娄下》）。具体怎么做？“节用而爱人，使民以时”（《论语·学而》）。“其养民也惠，其使民也义”（《论语·公冶长》）。“子为政，焉用杀”（《论语·颜渊》）等。

战国时的孟子继承并发展了孔子“仁”的思想。从孟子的言行中可以看出，他的爱民思想更为强烈，言辞更为激切：“庖（厨房）有肥肉，厩有肥马，民有饥色，野有饿莩（饿死的人），此率兽而食人也。”（《孟子·梁惠王上》）他认为：“乐民之乐者，民亦乐其乐；忧民之忧者，民亦忧其忧。乐以天下，忧以天下，然而不王（称王）者，未之有也。”（《孟子·梁惠王下》）并认为：“爱人者，人恒爱之。”（《孟子·离娄下》）他还提出一个更为进步的重要论点：“民为贵，社稷（国家）次之，君为轻。”（《孟子·尽心下》）这些都是孟子对孔子“以德治国”思想的重要发展。

战国初，墨子（墨翟，约前468—前376年，相传为宋国人，后居鲁）创立了墨家学派。它虽然是一个与儒家相对立的学派，但也主张以德治国，同情劳动人民，认为“民有三患：饥者不得食，寒者不得衣，劳者不得息”（《墨子·非乐上》），因而提出“兼相爱，交相利”的主张，倡导“视人之国，若视其国；视人之家，若视其家；视人之身，若视其身。是故诸侯相爱，则不野战；家主相爱，则不相篡；人与人相爱，则不相贼”“天下之人皆相爱，强不执弱，众不劫寡，富不侮贫，贵不敖（同傲）贱，诈不欺愚”（《墨子·兼爱中》）。

几千年来，王道思想深入人心，深受大众，特别是劳苦大众的欢迎。以刘邦、项羽为例，项羽之所以失败，是因为他实行的是霸道政策：坑秦士卒20万，引兵屠咸阳；火烧秦宫殿，大火三月不灭，一片焦土；收其宝货、妇女而去，秦人大失所望。与之相反，刘邦进入长安，召诸县父老、豪杰，宣布悉除秦之严刑苛法，与民约法三章：“杀人者死，伤人及盗抵罪。”（《史记·高祖本纪》）秦民大喜，争持酒、肉以献之，刘邦固辞不受，秦民益喜，唯恐刘邦不为秦王。刘邦即位后，铲除异姓王，使中国再一次实现真正统一，老百姓终于免受战争之苦，长期享受着和平生活；又轻徭薄赋，予民休养生息，因而刘邦受到人民的拥护，使得汉朝经过多年的和平发展，终于登上世界的顶峰。

再来看看，中国历史上之所以有“文景之治”“贞观之治”“康乾盛世”等，都是因为当时的统治者实行了某些王道政策。

文景之治的诞生，是因为汉文帝刘恒在位期间实行休养生息的政策，免收全国田赋十二年，提倡农耕，加速农业发展；解放奴婢，免官奴为庶人；废“一人有罪，并坐其家室”之连坐法，去“诽谤、妖言之罪”（《史记·孝文帝本纪》），废除肉刑。汉景帝刘启承文帝节俭之风，继续采取与民休养生息之政策，减少赋税（田赋三十税一），重农抑商，兴修水利，发展农业生产，并进一步减轻刑罚。轻徭役，薄赋税。

贞观之治的诞生，是因为唐太宗李世民从思想上重视人民疾苦。他说：“君依于国，国依于民。刻民以奉君，犹割肉以充腹，腹饱而身毙，君富而国亡。人君之患，不自外来，常由身出。夫欲盛则费广，费广则赋重，赋重则民愁，民愁则国危，国危则君丧矣。朕常以此思之，故不敢纵欲也。”（《资治通鉴·卷一百九十二》）这些话多么深刻！

他不只是说说而已，而且见诸行动。早在攻入洛阳之时，见隋宫殿富丽堂皇，即撤端门楼，焚乾阳殿，毁则天门，废诸道场；城中僧尼，留有名德者各 30 人，余皆遣之。即位后，他先后简出宫女 3000 余人；针对高祖当政时皇室“童孺皆为王”之弊端，他说：“岂可劳百姓以养己之族乎”（《资治通鉴·卷一百九十二》），遂降宗室郡王为县公；又诏罢贡献。新罗国献美女二人，林邑国献五色鹦鹉，皆令使者带回。恐子孙从俗奢靡，乃预作陵墓，因山为陵，容棺而已。在位期间，他整划州县，精简机构，减少官员，节约开支。

他还宽律令。贞观元年（627），吏部尚书长孙无忌等请宽绞刑50条为断右趾，世民犹嫌其惨，遂改为役流。十一年（637），令房玄龄修订律令，变重为轻，仅死刑，就去其大半，天下称之。世民量刑慎重，每决一重囚必令三复五奏。对死囚尤慎重，二日中五复奏；行刑之日，令尚食勿进酒肉，内教坊及太常不举乐。并令门下复查，由是全活甚众，冤案较少。他还亲自查阅死刑案件。贞观六年（632）十二月，在查阅死刑案件时，世民见应死者，悯之，乃令天下死囚三百九十人归家，来年秋至长安就死。翌年九月，无人督帅，死囚皆如期至长安，无一亡匿，皆赦之。

人们往往把霸道同战争等同起来，这是不对的。战争有双重性，即有正义战争和非正义战争之分。在中国历史上，有不少战争是为了推行王道而扫清障碍发起的。

夏朝末代国王桀生活荒淫，为政残暴，任意杀害百姓，破坏农业生产，对外滥施征伐，人民苦不堪言。商汤崛起于东方，发兵讨之。"《书》曰：'汤一征，自葛（在今河南省宁陵县）始。'天下信之，东面而征西夷怨，南面而征北狄怨，曰：'奚为后我？'民望之，若大旱之望云霓也。归市者不止，耕者不变，诛其君而吊其民，若时雨降，民大悦。"（《孟子·梁惠王下》）商汤伐桀是正义之战，是为了打倒暴君、救民于水深火热之中而推行的王道之战。陈胜、吴广领导的农民起义也是属于此类战争。

纵观中国几千年之历史，奴隶社会自不用说，封建社会从总体上讲，对内实行的是霸道政策，不过对外往往是实行王道政策——睦邻为重，不轻易发动战争。

首先是思想家们主张睦邻，反对"以邻为壑"。孟子说："禹以四海为壑，今吾子以邻国为壑。"（《孟子·告子下》）并反对侵略战争，

说："争地以战，杀人盈野；争城以战，杀人盈城。此所谓率土地而食人肉，罪不容于死。"（《孟子·离娄下》）

一些统治者也不轻易发动战争。

长城就是例证。众所周知，长城是一个防御性工程。

秦始皇统一中国后，为防御匈奴南侵，于始皇三十三年（前214）命蒙恬修建长城："蒙恬斥逐匈奴，收河南地为四十四县。筑长城，因地形，用制险塞；起临洮（今甘肃省岷县）至辽东（在今辽宁省辽阳县北），延袤万余里。"（《资治通鉴·卷七》）此后，汉、北魏、北齐、北周、隋各朝都曾在北边与游牧民族接境地带筑过长城。明代为防御鞑靼、瓦剌的侵扰，更是重视长城的修筑，从太祖至神宗200余年间，曾18次修筑长城，截至明代，长城西起嘉峪关，东至山海关，总长6300多千米（据《华商晨报》报道为8851.8千米）。

和亲又是一个例证。汉高祖刘邦首起和亲之策，以宗室女嫁匈奴单于。之后相继有隋、唐与突厥（古族名，曾建国于今阿尔泰山以南）、吐蕃、回鹘（维吾尔族古称）、吐谷浑（古族名，居今青海湖上游布哈河流域）和亲。这种措施促进了民族间的友好关系和经济文化交流，避免了战争，是地地道道的王道政策。

有时即使进行战争，也是为了更好地推行王道。三国蜀汉皇帝刘备死后（223），益州郡豪强雍闿杀太守以叛，从之者有彝族首领孟获。蜀汉宰相诸葛亮于建兴三年（225）三月深入南中（在巴、蜀之南，故名，相当于今四川省大渡河以南和云南、贵州两省）不毛之地以讨之。雍闿被部下所杀，诸葛亮七擒七纵孟获。所平定之地，不留兵，粗定纲纪，仍以其首领领之，孟获口服心服。

中国古代，在处理与邻国、少数民族关系的问题上，做得最好的当数唐太宗李世民。贞观元年（627）十二月，突厥所在地大雪，平地数尺，羊马多死，民大饥，国人离散。鸿胪卿郑元璹从突厥回，说：

"戎狄兴衰，专以羊马为候。今突厥民饥畜瘦，此亡之兆也。"群臣多劝乘机袭击之。世民不同意，说："新与人盟而背之，不信；利人之灾，不仁；乘人之危以取胜，不武。纵使其种落尽叛，六畜无余，朕终不击。"并提出了一个重要原则："必待有罪，然后讨之。"（《资治通鉴》卷一百九十二）虽然采取这样的政策，但突厥数背盟而屡犯唐边境，蹂稼穑，掠子女，夺财物。贞观四年（630）正月，唐大举进行反击，俘颉利可汗。其部落或北附薛延陀，或西奔西域，降唐者十余万人，漠南之地悉平。东突厥既亡，群臣多言："北狄自古为中国患，今幸而破亡，宜悉徙之河南兖、豫之间，分其种落，可以化胡虏为农民，永空塞北之地。"但世民反其道而行之，派人掩埋突厥人尸骨，并命将降者妥善安置于塞下，全其部落，顺其风俗，提拔其贵族至朝廷为官。颉利至长安，世民责之："汝藉父兄之业，纵淫虐以取亡，罪一也。数与我盟而背之，二也。恃强好战，暴骨如莽，三也。蹂我稼穑，掠我子女，四也。我宥汝罪，存汝社稷，而迁延不来，五也。"（《资治通鉴》卷一百九十三）然而又任命颉利为右卫大将军，赏赐大量田宅。贞观八年（634）正月，颉利死，命从其俗，焚尸葬之。

唐朝建立之后，吐谷浑屡犯唐边境，又执唐使者，世民遣使劝说，十返无效，于是决定用兵。贞观九年（635）五月，大败吐谷浑，可汗伏允被其左右所杀。世民命复其国，以伏允之嫡子慕容顺为西平郡王、可汗。

高昌（西域古国名，在今新疆维吾尔自治区吐鲁番盆地一带）王麹文泰屡阻绝西域朝贡，又击焉耆、伊吾。世民致书，示以祸福，希其悔过，文泰不听，自认为："唐去我七千里，沙碛居其二千里，地无水草，寒风如刀，热风如烧，安能致大军乎！往吾入朝，见秦、陇之北，城邑萧条，非复有隋之比。今来伐我，发兵多则粮运不给；三万已下，吾力能制之。当以逸待劳，坐收其弊。若屯兵城下，不过二十日，食尽必走，然后从而虏之。何足忧也。”（《资治通鉴》卷一百九十五）贞观十四年（640）八月，唐军突临碛口（在今哈密市东南），文泰忧惧不知所为，发病而死，子智盛立，开门投降，唐置安西都护府于交河城（在今吐鲁番西）。

中华人民共和国成立后，我国大大发展了与邻国和睦相处的传统，先提出“和平共处五项原则”，后又提出“睦邻、友邻和富邻”的方针。即使被迫进行战争，目的达到了，也会立即撤兵，如“中印自卫反击战”“对越自卫反击战”。

中国人之所以不主张用战争来解决与邻国的分歧，是因为他们清楚地懂得：“以力服人者，非心服也，力不赡（不够）也；以德服人者，中心悦而诚服也。”（《孟子·公孙丑上》）

这个理论不但适用于中国，而且也适用于世界；不但适用于过去，而且适用于现在。法西斯德国元首希特勒挑起第二次世界大战，企图控制欧洲，结果死无葬身之地。日本也是一样，最终也是无条件投降了。

（四）诚信为上

诚信是中国古代道德规范之一，是做人之本、立事之根。诚信是人品质的外在表现。

中国人自古以来就特别崇尚诚信。人们常说：“一言为定”“一言既出，驷马（古代同拉一辆车的四匹马）难追”“一诺千金”。孔子说：“人而无信，不知其可也”（《论语·为政》）；“自古皆有死，民无信不立”（《论语·颜渊》）。这就是说，做人必须真诚、讲信用，否则，就不能立于人世。

所谓诚，即真诚地对待人，真诚地对待社会，真诚地对待国家，真诚地对待工作，真诚地对待每一件事。用一句话来说，就是真心实意、不虚假、不欺诈。

所谓信，就是讲信用，一言九鼎，说到做到，而不是假话连篇、尽放空炮。

真诚与信用，既有区别又有联系。

说它有联系，是因为诚是信的基础，信是诚的外在表现。如果一个人不真诚，就可以肯定地说，他是不会讲信用的。

说它有区别，就是说有人有时没有信守承诺，可能是出于某种客观原因。如朋友间的债务，约定了归还日期，但借贷者因天灾人祸而无力归还。

讲假话也有种种不同的情况，也不能全部归之于不真诚。

有善意的假话。如有的人儿女出了车祸，朋友、亲人暂时不告诉他，有的亲友甚至向他隐瞒一辈子。还有的人得了不治之症，亲朋好友也往往不会马上告诉他。这样做不但不是不真诚，相反，它是一种真情的表现。

有的人为了战胜敌人而说假话，或者以假象示人，这是对人民的忠诚。其实在战争中，敌我双方都难免如此。大军事家孙武说：“兵者，诡道也。故能而示之不能，用而示之不用，近而示之远，远而示之近。利而诱之，乱而取之，实而备之，强而避之，怒而挠之，卑而骄之，佚而劳之，亲而离之。攻其无备，出其不意。”（《孙子兵法·计篇第一》）这些都是以假象迷惑敌人。这方面的成语也不少，如“声东击西”“围魏救赵”“假途伐虢”“明修栈道，暗度陈仓”“欲擒故纵”，还有《三国演义》中所描写的诸葛亮上演的“空城计”，真是“骗”到家了。

中国有一种不好的文化传统，即为了家庭的面子而说假话，“家丑不可外扬”。这可能是受了儒家“父为子隐，子为父隐”（《论语·

子路》）的影响。如当自己家里出了不光彩的事的时候，人们往往闭口不谈，当别人问起的时候，总是顾左右而言他，或者随便敷衍几句。

但我们常听到的假话，大都有不可告人的目的。如有人为了讨好上级、老师、朋友，尽说奉承话，甚至肉麻的话。

奉承话之所以通行，就是因为人们大都爱听奉承话。

三国魏人邯郸淳（又名竺，字子叔）所著《笑林》（原书已佚，现存20余则）中有一则笑话，讲的是一个人要出京去做地方官，去向他的老师（时任大官）告别。这位老师告诫他："外出做官很不容易，千万要谨慎。"学生说："请老师放心，门生已准备好了高帽子一百顶，每人各送一顶，管叫地方官人人高兴。"老师大怒："我们是正人君子，怎么能这样呢？"学生装作无可奈何的样子，说："天下像老师这样不喜欢戴高帽子的人实在太少了。"老师听了很高兴，点点头，说："你讲得不错。"学生出来对人说："我的一百顶高帽子，已经只剩下九十九顶了。"

在中国历史上，这样的事例多得很。

明朝皇帝朱元璋有一次钓鱼钓不着，很不高兴，翰林待诏（掌书写制诏）解缙当场赋诗："数尺丝纶落水中，金钩抛去永无踪。凡鱼不敢朝天子，万岁君王只钓龙。"真是肉麻得很，但朱元璋很高兴。

东晋元兴二年（403）十二月，东晋将领桓玄废安帝，自称为帝，国号楚。九日，玄入建康宫，登御座而床忽然陷塌，群下失色。侍中殷仲文说："圣德深厚，地不能载。"（《资治通鉴·卷一百一十三》）玄大喜。

爱听奉承话的人虽不在少数。但太过头的奉承话，有点儿自知之明之人，听了会全身难受。

中国历史上所有的奸臣都是靠骗而取得信任，靠骗而取得重权的。结果是害国家、害社会、害人民，最终也害了自己。

秦代奸臣赵高就是靠骗取秦始皇及其幼子嬴胡亥的信任，官至丞相，而最终导致秦朝灭亡。

隋炀帝杨广也是靠骗取信任而登上皇帝宝座的。下面我们且看一看他是如何行骗的。

当太子杨勇因奢侈好色而失宠之后，杨广则敬接朝士，礼极卑屈。大臣用事者，皆倾心相交。文帝及皇后左右每至其所，无论贵贱，他皆迎门接引，并为之设美食，送厚礼。因之，往来者无不称其“仁孝”。一次观猎遇雨，左右进雨衣，他坚决予以拒绝，说：“士卒皆沾湿，我独衣此乎！”由是名声冠于诸王。一日，他得知文帝、皇后将幸其第，于是尽匿美姬于别室，唯留老丑者，穿无花纹之衣；屏帐改用素绢；断乐器之弦，不去尘埃。文帝见之，甚为高兴，以为不好声色。返宫之后，以此告侍臣，众皆庆贺。由是文帝爱广，甚于诸子。开皇二十年（600）六月，广为扬州总管，入宫向皇后辞行，伏地流涕，尽言勇之坏话，皇后亦泫然泣下。自此皇后决意废勇立广。同时，广私赂东宫幸臣姬威，察勇之动静，并使之上书告勇。于是内外喧谤，勇之过失日闻。勇终被废，广被立为太子。仁寿四年（604），广杀父自立。

中国历代奸臣也都是靠骗起家的。唐代大奸臣李林甫就是如此，他性狡猾，喜怒不形于色，人莫知其心；他常以甜言蜜语取悦于人，而暗中伤之，世谓其“口有蜜，腹有剑”，虽老奸巨猾，无能逃于其术者。明代大奸臣严嵩也是如此，他之所以能为相二十一年，其办法是：“帝以刚，嵩以柔；帝以骄，嵩以谨；帝以英察，嵩以朴诚；帝以独断，嵩以孤立。”（《明史纪事本末·严嵩用事》）全以假事之。还有那个臭名昭著的大奸臣秦桧，为金人收买纵归；回宋之后，靠说假话和善于逢迎的伎俩，甚得高宗的赏识，两据相位，为时十九年；他应金人要求，残忍杀害战功卓著的岳飞父子。

无数事实告诉我们，由于骗者骗术高明，人们往往上当，古今有之。清代大画家郑板桥（郑燮）为人正派、精明，对阿谀奉承者特别讨厌，但他也上当受骗过。《人民日报》1984年4月6日在第5版上，有一篇文章讲到了这个问题：乾隆年间，郑板桥的诗、书、画有“三绝”之称，世人争相购买。扬州商人甲某为人刁钻、品质低劣，郑板桥非常讨厌他。甲某为了装潢客厅，附庸风雅，出重金向郑板桥购买书画，始终求之不得。有一天，郑板桥带着书童到郊外游玩，遇见一位老者，自称‘怪叟’。他对郑板桥十分殷勤，又是狗肉款待，又是抽剑起舞，大有隐士之遗风。郑板桥觉得与他相见恨晚，自觉自愿为他书写了十多幅书画，分文不取。待到真相大白，郑板桥才连呼上当。原来，那位“怪叟”就是商人甲某装扮的，十多幅书画就这样被他“雅赚”去了。郑板桥是个精明的人，为什么会上当受骗呢？无非是那个商人善于投郑板桥之所好。郑板桥清高，他巧扮成隐士；郑板桥痛恨富人，他宣称家里“富儿绝迹”；郑板桥喜欢吃狗肉，他掌握时机，尽情款待。郑板桥就是在这种既有吃有喝，却又很“清雅”的骗局中丧失了警惕性的。

对此，唐太宗李世民头脑清醒，看得很深很准。李世民曾止于一树下，爱之，殿中监宇文士及乘机誉之不已。李世民正色说：“魏徵常劝我远佞人，我不知佞人是谁，意疑是汝，今果不谬。”（《资治通鉴》卷一百九十六）贞观十九年（645），李世民自辽东归来，过易州境，司马陈元琇使民于地室蓄火种蔬菜而进之。李世民恶其谄，免其官。他曾说：“人主唯有一心，而攻之者甚众。或以勇力，或以辩口，或以谄谀，或以奸诈，或以嗜欲，辐辏攻之，各求自售，以取宠禄。人主少懈，而受其一，则危亡随之。”（《资治通鉴》卷一百九十六）说得多好！这是对历史经验全面而又深刻的总结。

毛泽东说过：“一切狡猾的人，不照科学态度办事的人，自以为得计，自以为很聪明，其实都是最蠢的。”（《整顿党的作风》）这种蠢人，就是最不老实的人。

诚信是中国人的优秀传统文化，是中国人公认要遵守的美德，谁不讲诚信，都会让人嗤之以鼻，为人所不齿。

（五）义气为重

中华民族是一个讲义气的民族。

如果仅从字义来理解，“义”之意，一是正义，孟子说：“舍生而取义者也”（《孟子·告子上》）；二是情义，如我们常说“有情有义”“忘恩负义”。除此之外，还有字义、名义之说，如“望文生义”以及“义父”“义子”等。

从正义角度讲，儒家把义作为五常（仁、义、礼、智、信）之一，是处理人际关系的基本道德。《论语》一书提到“义”字达 24 次，《孟子》一书提到“义”字多达 108 次。其他各家也都重视义，但对它的解释却大不相同。

孔子最早提出义和利是对立的：“君子喻（了解、喜欢）于义，小人喻于利。”（《论语·里仁》）荀子主张先义后利：“先义而后利者荣，先利而后义者辱。”（《荀子·荣辱》）孟子和孔子一样，他也把义和利看作是一对矛盾，强调要贵义贱利。他在答梁惠王时说：“王何必曰利？亦有仁义而已矣。”（《孟子·梁惠王上》）墨子的说法与儒家不同，他认为“义，利也”（《墨子·经说上》），主张义和利是一致的。西汉董仲舒概括孔孟的义利观，提出“正其谊（义）不谋其利，明其道不计其功”（《汉书·董仲舒传》）的论点，强调道义和功利不能并存。他的这个观点对后世影响很大。

在“义”字后面加一个“气”字，就形成了“义气”一词。其意义，《辞源》的解释是：“刚正之气”“忠义之气”。但我们往往用

“讲义气”来形容由于私人关系好而甘愿为对方承担风险或牺牲自己利益的气概，有时也用“讲义气”一词来形容所谓“滴水之恩，涌泉相报”。

为什么关公庙在中国如此之多，香火如此之旺盛，存在时间如此之长（据说在宋代就开始神化关羽）？中国人为什么如此崇拜关羽？这从一个侧面证明了中国人是何等的重视义气。

关公即关羽，字云长，三国时期蜀汉大将。论功绩，他在中国历史上只属一般，可他在百姓中间的名声却是数一数二的。之所以如此，是因为中华民族把义气看得特别重，而关羽又是一个特别重义气的人。“桃园三结义”初期，刘备、关羽、张飞“寝则同床，恩若兄弟。而稠人广坐，（羽）侍立终日，随先主周旋，不避艰险”（《三国志·关羽传》）。关羽一生对刘备忠心耿耿，从无二心。

建安五年（200）正月，关羽在下邳（今江苏省邳州东）被曹操擒获。曹待之甚厚。小宴三日，大宴五日；上马一提金，下马一提银，还送了很多美女。但当关羽得知刘备去向后，决意要走。他对曹操的说客张辽（关羽昔日好友，曹军大将）说：“吾固知曹公待吾甚厚，奈吾受刘皇叔（刘备）厚恩，誓以共死，不可背之。吾终不留此。要必立效以报曹公，然后去耳。”（《三国演义》第二十五回）并斩袁绍大将颜良，留下所赐之物，毅然离去，曹操也放他一马。有诗为证：“挂印封金辞汉相（曹操），寻兄遥望远途还”“忠义慨然冲宇宙，英雄从此震江山”（《三国演义》第二十七回）。但他并没有忘记曹操对他的情谊。建安十三年（208）十一月，曹操兵败赤壁（在今湖北省赤壁市西北），走华容道（在今监利县西北），中关羽埋伏。“云长是个义重如山的人，想起当日曹操许多恩义”“又见曹军惶惶皆欲垂泪，一发心不忍。于是把马头勒回，谓众军曰：‘四散摆开。’”于是曹操得以逃回。后人有诗称赞：“拚将一死酬知己，致令千秋仰义名。”

（《三国演义》第五十回）受《三国演义》的影响，中国人对关羽的这种义气十分推崇。

中国人是讲义气、不忘恩的，不忘白求恩即为一例。他“不远万里来到中国”“把中国人民的解放事业当作他自己的事业”（毛泽东《纪念白求恩》），最后牺牲在河北省唐县。对此，中国人民将其铭记在心，永世不忘。

我们不反对义气，我们反对的是“哥们儿义气”，特别是“江湖义气”。

“哥们儿义气”，重视私人友谊，忠于朋友，信奉“士为知己者死”，因而常常不分是非、不讲原则，甚至同流合污。

“哥们儿义气”进一步发展就会形成“江湖义气”。

“江湖义气”产生于封建社会，由义气演变而来。下层劳动人民为了反抗统治者对他们的残酷统治和剥削，常常利用“江湖义气”而组织起来，如《水浒传》中所描写的 108 条好汉就是一例。因此，它有一定的进步性。

但“江湖义气”有狭隘性、自发性和小团体性的短处。它只讲交情，不讲社会正义，强调为朋友两肋插刀，赴汤蹈火在所不惜；它注重“有福同享，有难同当”“一荣俱荣，一损俱损”，因而渐渐成为帮派等社会组织的一种文化，对社会有一定的破坏性。

（六）家庭至上

古今中外，人人都会有国有家，但在中国，家在社会组织中具有特别重要的地位，在人们心中占有很重的分量。

这是因为，中国社会几千年来一直是农业社会，而且是以家庭为单位的自给自足的农业社会。中华人民共和国成立前，农民之家不但粮食自给自足，副食也是自给自足，而且生老病死全都要依赖于家庭。

卢作孚（1893—1952，重庆市合川区人，曾任全国政协委员、西南军政委员会委员）先生说得好：“人从降生到老死的时候，脱离不了家庭生活，尤其脱离不了家庭的相互依赖。你可以没有职业，然而不可以没有家庭。你的衣食住都供给于家庭当中。你病了，家庭便是医院，家人便是看护。你是家庭培育大的，你老了，只有家庭养你，你死了，只有家庭替你办丧事。家庭亦许倚赖你成功，家庭却亦帮助你成功。你须用尽力量去维持经营你的家庭。你须为它增加财富，你须为它提高地位。不但你的家庭这样仰望于你，社会众人亦是以你的家庭兴败为奖惩。最好是你能兴家；其次是你能管家；最叹息的是不幸而败家。家庭是这样整个包围了你，你万万不能摆脱。”（《中国的建设问题与人的训练》）

事实上，不但农民如此，商人也是如此，外面是商店，里面是家庭；官员也不例外，古时一个衙门同时也是一个家庭，前面是衙门，后面是家庭，连称呼也脱离不了家庭的概念，县太爷被称为“父母官”。

在旧中国，家长居于最高地位，拥有无上权力，包括家庭财产的所有权、对子女的统治权和主婚权。

在家庭上面还有家族。家族系统是由宗祠、支祠、族规和各种刑法构成，有的家族甚至还有死刑。他们还以封建的礼教、伦理道德来约束家族成员，从而形成中国的家族文化。

因为家在中国人心中占有很重的分量，所以古代在外当官的人老了，就要告老还乡死了也要魂归故里。

家的重要性还体现在国家上。国是在家的基础上发展而来的，“国之本在家”（《孟子·离娄上》）。“国家”这一词组是由“国”与“家”组成的，就说明了这一问题。

为什么说国是在家的基础上发展而来的？封建社会统治制度就是

由父系家长制演变而成的。皇帝是大家长，这个大家长为了在全国实行有效的统治，采取分封制。所谓分封制，是将自己的儿子和兄弟分封为诸侯。诸侯必须服从皇命，定期朝贡述职，有出军赋和服役的义务。

诸侯世代掌握着所封地区的统治大权，并将其子分封为卿大夫。如此一分、再分、三分，则全族定位明确，政治经济势力亦随之有别。实际上，封建社会，特别是早期的封建社会就是家族统治。

中华人民共和国成立后，实行了彻底的土地改革，家长制的经济基础已被摧毁，但其思想影响至今在一些地区还存在。

（七）孝为先

中国，特别是汉族，孝敬父母的程度，世界上没有一个国家和民族能超过。

历代君主绝大多数也都力主以孝道来治理天下，中国古籍很多也以孝道为重要内容："孝，天之经，地之义"（《汉书·艺文志》）；"凡为天下，治国家，必务本而后末。所谓本者，非耕耘种植之谓……务本莫贵于孝"（《吕氏春秋·孝行览》）。在刑法上，也强调对不孝者的处罚，规定："刑三百，罪莫重于不孝。"（《吕氏春秋·孝行览》）所以提倡"孝道"名正言顺，站在道德的最高点，能为所有的人接受。

经过几千年的养成，特别是经过儒家的大力推崇，孝道是中国下自家庭，上至民族、国家的灵魂，是中国人的基本道德。

中国人不遗余力推行孝道，因为中国是一个非常重视家庭的国家，并在此基础上形成了中国的家庭文化，其内容："父义，母慈 ，兄友，弟恭，子孝。"（《史记·五帝本纪第一》）五者中又以"孝"为先，以"孝"为重，并在此基础上产生了独特的中国孝文化。

在中国，孝文化历史悠久，可上溯到尧舜时代。

舜非常重视孝道，“年二十以孝闻”“舜父瞽叟顽（顽固不化），母嚣（嚣张放肆），弟傲（桀骜不驯），皆欲杀舜。舜顺适不失子道，兄弟孝慈”。尧也一贯重视孝道，遂以女嫁舜，并以帝位让之。舜继位后，果不负所望，以德治国。尧舜时代“布教于四方，父义，母慈，兄友，弟恭，子孝，内平外成”（《史记·五帝本纪第一》），终致天下太平，人民丰衣足食。

春秋战国，百家争鸣，但诸子百家大都推行孝道。庄子提倡以真正的爱来孝敬父母，说：“以敬孝易（以尊重来行孝容易），以爱孝难（以爱来行孝难）。”（《庄子·天运》）墨子说：“若使天下兼相爱，爱人若爱其身，犹有不孝者乎。”（《墨子·兼爱上》）孔子更重视孝，把孝作为仁的根本，提出“父在观其志，父没观其行。三年无改于父之道，可谓孝矣”（《论语·学而》）；“父母在，不远游，游必有方”（《论语·里仁》）。孟子则把孝具体化，指出有五种不孝：“惰其四肢（四体不勤），不顾父母之养，一不孝也；博弈好饮酒，不顾父母之养，二不孝也；好货财，私妻子，不顾父母之养，三不孝也；从耳目之欲，以为父母戮（让父母受羞辱），四不孝也；好勇斗狠，以危父母，五不孝也。”（《孟子·离娄下》）

以上是一些思想家提倡孝文化的言论，从汉朝开始，朝廷从制度上提倡孝文化。惠帝四年（前 191），置“孝弟力田”官职，它与“三老”同为郡县中掌教化的乡官。高后元年（前 187），“置孝弟力田二千石者（相当于郡守、诸侯相）一人”。汉元光元年（前 134），武帝令“郡国举孝廉各一人”。所谓孝廉，即“孝谓善事父母者，廉谓清洁有廉隅（廉洁有志节）者”（《汉书·武帝纪第六》注）。

汉朝自建立后，史书对“孝子孝女”开始有所记载。例如：东汉时，犍为（属今四川省乐山市）人叔先雄之父“乘船堕湍水物故，尸丧不归。雄感念怨痛，号泣昼夜，心不图存，常有自沉之计”，“家人每防闲之，经百许日后稍懈，雄因乘小船，于父堕处恸哭，遂自投水而死”（《后汉书·卷八十四》）。

北魏时的花木兰代父从军更是闻名天下。有《木兰辞》为证：

> 唧唧复唧唧，木兰当户织。不闻机杼声，唯闻女叹息。……昨夜见军帖，可汗大点兵。军书十二卷，卷卷有爷名。阿爷无大儿，木兰无长兄。愿为市鞍马，从此替爷征。东市买骏马，西市买鞍鞯。南市买辔头，北市买长鞭。旦辞爷娘去，暮宿黄河边。不闻爷娘唤女声，但闻黄河流水鸣溅溅。旦辞黄河去，暮至黑山头。不闻爷娘唤女声，但闻燕山胡骑鸣啾啾。万里赴戎机，关山度若飞。朔气传金柝，寒光照铁衣。将军百战死，壮士十年归。归来见天子，天子坐明堂。策勋十二转，赏赐百千强。可汗问所欲，木兰不用尚书郎。愿驰千里足，送儿还故乡。

《旧唐书》专门立《孝友传》，收录孝友 29 人。所谓孝友，“善父母为孝，善兄弟为友”（《旧唐书》卷一百八十八），儒家还专门著有《孝经》十八篇（传为孔氏后人所著）。

以亲情为基础的孝文化很有感染力，就连外来宗教，如基督教、佛教也不得不接受中国孝文化。

但中国的孝文化有它固有的缺点，如提倡愚孝。愚孝来源于家长制，所以才有孝以顺为先，人们称之为孝顺。所谓“顺”，就是要以父母的意志为意志，不管对错。以婚姻为例，在旧社会，子女无权决定自己的婚事，只能听从父母之命，所以才有诸如新婚夫妇婚前互不相识之类令现代人无法理解的怪事。甚至还有“父要子亡，子不得不亡”的荒唐事。

时代在前进，中华人民共和国成立后，特别是改革开放后，外界影响在增加，中国孝文化的内容也在不断发展变化。什么“三年无改于父之道”“父母在，不远游”就已不合时宜；至于父被淹死，儿子也去跳河殉葬，则是一种愚孝，现代人断然不会这样做了。但父母干涉子女的婚姻、工作的事还广泛存在。不过孝敬父母的根本精神没有改变，为父母养老送终是每个做儿女的天经地义的责任。今日如果有谁对父母不好，就会受到舆论的谴责。

（八）勤俭持家

勤俭持家是中华民族传统美德之一，也是中国家庭文化的亮点。

要做到勤俭持家，一要勤，二要俭。

先来说说勤。先人曾用两条成语来形容中华民族的勤劳精神。一是“精卫填海”。这是《山海经》中的一个神话故事，说的是炎帝的小女儿淹死东海，死后化作精卫鸟，每天衔西山木、石以填东海，从不停息。还有一个家喻户晓的故事“愚公移山”，说的是：“太行、王屋二山，方七百里，高万仞（古代以七尺或八尺为一仞）。”“北山愚公者，年且九十，面山而居，惩山北之塞，出入之迂也”，“遂率子孙荷担者三夫，叩石垦壤（破石挖土），箕畚（以竹编制的筐）运于渤海之尾”。“河曲（在今山西省永济市一带）智叟笑而止之，曰：‘甚矣（太过了），汝之不惠（不聪明）！以残年余力，曾不能毁山之一毛，其如土石何？’”愚公对曰：“虽我之死，有子存焉；子又生孙，孙又生子；子又有子，子又有孙。子子孙孙无穷匮也，而山不加增，何苦而不平？”（《列子》卷五《汤问》）

我国是一个以农业为主要生产方式的国家，农民占全国人口的多数。他们日出而作，日没而息，脸朝黄土，背朝天，是最勤劳最辛苦的。唐代诗人李绅的《悯农》诗就真实地反映了农民这种勤劳辛苦的状况："锄禾日当午，汗滴禾下土。谁知盘中餐，粒粒皆辛苦。"

对此，我深有感受。每年暑假，我都要参加家里拔除稻田杂草的劳动。那种杂草名叫稗草，形状似稻，未结子以前，很难将其与稻子分辨开来；及其结子，其秆同稻秆一样，高约一米多。当太阳高照，我在田间劳作，感觉一是闷，二是热，很难受，我实在不想干。可农民为了自己的家，年年如此，从无怨言，他们确实是神州大地上最勤劳最辛苦的一个群体。

这种勤劳的精神不只农民具有，也是中华民族所共有的。从运河的修建、长城的修筑，都可以看到这种精神。这种精神在今天更是被发扬光大了，如山区人民硬是凭双手，用铁钎铁锤在悬崖峭壁上开凿出一条条挂壁公路，有的挂壁公路用了 30 年才建成。还有闻名中外的红旗渠，是河南林县人民费时 9 年，劈开 1250 座山头，凿通 180 个隧道（全长 31 千米），建渡槽 150 座、中小水库 50 座、塘坝 343 座，才宣告完工的。渠全长 2000 多千米，灌溉面积达 360 平方千米。

说完了勤，再说说俭。俗语云："新三年，旧三年，缝缝补补又三年。"在这个问题上，穷人和富人都一样。穷人节衣缩食，总要挤出一点儿余粮以备将来；富人也不乱花钱。中华人民共和国成立前，在离我们家不远的地方，有一个不大也不小的财主就非常节俭。他每顿饭只炒个青菜，外加一碟自家腌制的小菜，但每餐都要摆上雕刻非常精制的一条木鱼、一只木鸡和一碗木扣肉，用节省下来的钱购置田产、房产。

经过数千年的历史积淀，节俭已成为中华文化的一项重要内容。在"三年困难时期"，吃饭成了大问题，即使这样，人们还是要挤出一点儿饭票以备急需。改革开放后，经济发展了，吃饭不要粮票了，但我们家和很多家庭一样，还存有很多粮票。

为什么中国老百姓老想存点儿钱，有人说这是因为中国保障制度不完善，人们有后顾之忧，我认为这只说对了一半。没有多少钱的人存钱可能由于有后顾之忧，可事实上，更多的存钱者是没有后顾之忧之人。这怎么解释呢？只能说“老想存点儿钱”是中华文化特有的一种现象。

存钱是一件好事，如同积谷是为了防饥一样。大至国家，小至家庭、个人都应该如此。其原则应是：量入为出，略有节余。

存钱虽是一件好事，但什么事都应有一个度，这就是我国古人提倡的中庸之道。所谓中庸之道，就是不偏不倚，不走极端。存钱也是一样，大家都不花钱、不消费，把手中的钱都存起来，国家经济就发展不了。没有消费就没有发展，这是一条经济规律。

吝啬而存钱为中国人所不齿。晋代“竹林七贤”之一王戎官至三公（太尉、司徒、司空，天子以下的最高辅佐官），不但好清谈，而且“性好兴利，广收八方园田水碓（利用水力推动的舂米设备），周遍天下。积实聚钱，不知纪极，每自执牙筹（用象牙或兽骨制作的计算器），昼夜算计，恒若不足”，“家有好李，常出货之，恐人得种，恒钻其核。以此获讥于世”（《晋书·王戎传》）。

（九）中庸之道

“中庸”一词是孔子提出来的。他说：“中庸之为德也，其至矣乎。”（《论语·雍也》）意为中庸是极好的品德。

何谓中庸？孔子说：“喜怒哀乐之未发谓之中，发而皆中节（符合常理）谓之和。”（《礼记·中庸》）但这只解释了“中”，并未解释“庸”。到了北宋，哲学家程颐（1033—1107）说：“不偏之谓中，不易之谓庸。”（《河南程氏遗书》卷七）而南宋哲学家朱熹（1130—1200）则说：“中是不偏，庸是平常。”这个“平常”怎么解释？词典中说：“普通；不特别。”

首先，我认为中庸之道不属于思想道德范围，而是属于思想方法范围，属于哲学范围；其次，我认为“不偏”的说法符合辩证法，而“不易”的说法不符合辩证法。其实，“不易”也不符合程颐“随时变易，乃常道也”（《河南程氏粹言》卷一）的观点。

程颐之所以说“不偏之谓中，不易之谓庸”，是因为他要维护封建伦理。他说：“中者天下之正道，庸者天下之定理。”（《河南程氏遗书》卷七）什么是“正道”？即封建伦理；什么是“定理”？即不变之理。一句话，封建伦理是不变的。

我认为，“中庸”二字不能分开，应该从整体上去理解。也就是说，中庸之道就是“不偏不倚”“无过无不及”之道。一言以蔽之，中庸之道是用来寻找事物发生发展的最佳点的，也是用来实现最好的结果的。

放眼世界，任何事物都有其发生发展的最佳点。

动物孵化、植物生长，都有各自生育生长的最佳温度，低了高了都不行。为什么在冬季要建蔬菜大棚？就是要创造适合蔬菜生长的温度。

以“黄金分割定律”为例，它的最佳点是0.618∶0.382。这个点是工艺美术或日用品的长和宽的最佳比例。这个比例产生美感，偏离这个点就难看。人的高矮也是如此。如果人的上身和下身符合这个比例就好看，反之就难看。特别是那些上身长于下身的，即所谓短腿的人更难看；当然，下身过长也难看。

金属也都有各自的熔点：黄金的熔点1064.43℃，铁的熔点1535℃，铜的熔点1084℃，铅的熔点327℃。熔点就是冶炼的最佳点。温度低于熔点，熔化不了；温度高于熔点，又浪费燃料。只有掌握了这个最佳点，才能节省燃料和时间，才能保证产品的质量。

中庸之道是中国优秀文化遗产之一。中国人历来把它作为处理人与人、人与自然的关系的准则。

以对待自然的态度为例，中国的主流思想既不主张人定胜天，也不赞成对自然界无所作为，而是主张改造自然、利用自然。夏禹治水、李冰父子修建都江堰工程就是改造自然、利用自然的典范。这种既不左也不右的行为，就合乎中庸之道。

治理国家也是一样，光靠德治不行，光靠法治也不行，必须两者兼而有之；法治也有最佳点，既不能宽大无边，也不能严刑峻法，要宽严相济。中国古代很多思想家、政治家都懂这个道理。

军事也是如此。《左传·庄公十年》有“夫战，勇气也。一鼓作气，再而衰，三而竭”之说，“一鼓”就是最佳的进攻时间。

大军事家孙武强调，既不要冒险进攻，也不要畏战，就是说该进攻时要进攻，该防御时要防御，该撤退时要撤退。他说“十则围之，五则攻之，倍则分之，敌则能战之，少则能逃之，不若则能避之”（《孙子兵法·谋攻篇》），这也体现了中庸之道。

在中国历史上，曾有无数由于耐心等待最佳的进攻时间和选对了最佳的进攻地点而取得胜利的战例，如著名的官渡之战和夷陵之战。

官渡之战：东汉末，割据者袁绍自恃强大，于建安五年（200）二月，亲率精兵10万大举南下，企图一举消灭挟天子以令诸侯的曹操。八月，袁军主力抵官渡（在今河南省中牟县东北），欲与曹操决一死战。而曹操一方面令部队坚守不出，耐心等待最佳的进攻时机；另一方面，为了创造最佳的进攻时机，自率精兵五千，奇袭袁绍粮草基地乌巢（在今河南延津县境内），尽烧其粮草。袁绍军的生命线一断，全军上下顿时大乱。曹操主力则乘机出击，袁军大溃，前后被杀者7万余人。袁绍仅带800骑逃走，最后羞愤交加，发病吐血而死。而此战为曹操统一中原、雄踞一方奠定了基础。

夷陵之战：魏黄初三年（222）正月，刘备为报关羽被杀之仇，亲率8万大军大举伐吴，自巫峡建平（今四川省巫山县）至夷陵界，首尾160里，立数十营。吴国大将陆逊率兵5万以拒之。刘备数挑战，吴将帅皆欲击之。逊不允，说："此必有谲（欺诈），且观之。"（《三国志·吴书·陆逊传》）采取以逸待劳之战术，耐心等待时机，拒不出击达半年之久。时至盛夏，蜀军疲惫不堪，逊见时机已到，遂令全面出击，以火攻之。蜀军土崩瓦解，死者数万，尸骸漂流，塞江而下，舟船、军资尽失，刘备狼狈逃回白帝城。

在我军历史上也曾出现过不量力而行的情况，给我党、我军造成重大损失。那是在井冈山艰苦斗争的年代。王明"左倾"冒险主义只讲进攻，只接受阵地战，反对"诱敌深入""慎重初战""集中兵力各个击破"以及"运动战""速决战""歼灭战"等正确的战略战术，从而导致第五次反"围剿"的失败，红军被迫进行长征。此时的"左倾"冒险主义者怕得要死，走向另一个极端，尽力避战，一味退却，一路逃跑。结果，在国民党军围追堵截下，中央红军损失惨重，根据地丧失殆尽。

在道德上，中国人历来提倡勇敢，反对鲁莽和懦弱。"懦弱易夺，似仁而非。悍戆（鲁莽）好斗，似勇而非。"（《荀子·大略》）这也是中庸之道。为什么呢？因为勇敢过了头就是鲁莽，不及就是懦弱。

什么是勇敢？"死而不义，非勇也。"（《左传·文公二年》）"见义不为，无勇也。"（《论语·为政》）就是说为正义而战斗，才是真正意义上的勇敢，否则就不是。

所谓的勇有许多种："有狗彘（猪）之勇者，有贾盗之勇者，有小人之勇者，有士君子之勇者。争饮食，无廉耻，不知是非，不辟（古同避）死伤，不畏众强，恈恈（贪婪）然唯利饮食之见，是狗彘之勇也。为事利，争货财，无辞让，果敢而狠，猛贪而戾（暴戾），恈恈然唯利之见，是贾盗之勇也。轻死而暴（轻于死亡，性情凶暴），是小人之勇也。义之所在，不倾于权，不顾其利，举国而与之不为改视，重死持义而不桡（同‘挠’，屈服），是士君子之勇也。”（《荀子·荣辱》）

有人说，中庸之道是调和主义、折中主义。这是不对的。所谓“调和主义、折中主义”是把各种不同的，甚至根本对立的观点无原则地拼凑在一起的做法。其特点是：模棱两可，混淆是非。而与此相反，中庸之道则是要找出解决问题的最佳办法。有时虽然也会有妥协，但那是为了“退一步海阔天空”，寻找解决问题的最佳方案，与调和主义、折中主义根本不是一回事。

如住楼房，楼上、楼下之间往往容易产生矛盾，解决的办法是：住楼上的注意（妥协）一点——走路轻一点儿，拿放东西轻一点儿，关门轻一点儿；住楼下的谅解（妥协）一点儿，实在有意见也可以提醒楼上一下。这样“互谅互让，相互理解”，才是解决问题的最好办法。它不是调和主义、折中主义，而是真正的中庸之道。

（十）汉字

文字可分为三类，一是表形文字（也叫象形文字，属于原始文字。它是描摹实物形状的文字，代表一定的意义，有一定的读音），二是表意文字（有的人叫它记号文字，它是用一定体系的象征性符号表示词或词素的文字，不直接或不单纯表示语音），三是表音文字（用字母表示语音的文字，也叫拼音文字）。表音文字根据字母所表示的语音单位不同，分为音节文字（如日文）和音位文字（如英文）。目前，世界上大多数民族使用表音文字，如英文、俄文、德文和法文等，我国少数民族，如藏族、蒙古族、维吾尔族和壮族，也使用表音文字。

汉字属于表意文字，虽然古埃及文字、楔形文字（古代西亚所使用文字），也属于表意文字，但它们都消亡了，唯独汉字还放射着光芒。它不但传承着中华文化，而且本身就是中华文化的瑰宝。

汉字产生在中华大地上，但西方中心论者在很长一段时间里并不承认这一事实。1667年德国人祈尔歇的《中国图说》、1716年法国人尤埃的《古代商业与航海史》、1758年法国人德经的《中国人为埃及殖民说》，都说汉字源自埃及。直到1899年考古工作者在河南安阳小屯村发现了甲骨文，才使西方中心论者的说法不攻自破。

汉字的产生，经历了一个漫长的历史过程。我们从汉字产生的过程，可以看出它的伟大。

在没有文字的时期，一旦出现一件需要被记录的事，或者需要传递某种信息的时候，就有人用结绳、编贝、刻木等方法来保留信息，用实物、篝火、烽烟、击鼓等方法来传递信息。后来发展到用图画来记事，要表示鱼，就画一条鱼；要表示日、月，就画一个太阳、一个月亮，继而发展出图画文字。

图画和图画文字不是一回事。图画是以描绘事物为目的，有时也可将图画作为简单的记事工具，要求逼真、惟妙惟肖；而图画文字是以描绘事物为手段来传达某种信息，或用以帮助记忆，要求简单明了，只要画出一个轮廓就行了，但它和语言是脱离的，也就是说它是提示性的而不是记录语言的。但它预示着文字将要产生。因此，我认为，汉字的产生始于图画。

汉字的产生始于图画，从甲骨文、金文中也可以看得出来。对于现在的汉字，我们只要稍加留意，就可以发现，其中还有图画文字的痕迹，如山、日、月等。但图画文字还不是文字，因为它只起到了提示作用，还不是语言的书写符号。

图画文字之后是象形文字（可能产生于夏代），它是从图画文字的基础上发展而来的，但它的诞生不是标志着一般的发展，而是标志着一种质变，是针对图画文字的革命。两相比较，象形文字的特点如下所示。

其一，它脱离了照猫画猫、照虎画虎的原始做法，较之图画文字更抽象。

其二，它开始按照语法关系来安排图形。

其三，它结束了文字脱离语言的历史，把字义和语音结合起来了。

象形文字的出现，是人类的一大飞跃。它为人类由野蛮社会向文明社会过渡创造了条件，也为人类智慧的积累和知识的传播创造了条件。

象形文字的特点是：以图解义，即看图知义、看图知音。但有的字好造，如日、月、羊、牛、山、木等；有的字不好造，如吉、凶、好、坏等概念抽象的字。所以每种象形文字中包含的字很有限，所能表达的意义也很有限。

随着人类社会的发展，人际交往越来越频繁，所要交谈的东西越来越多，所要表达的思想越来越复杂、越来越丰富。为表达所交谈的内容，有的话概括性高，有的话概括性低，有的词有形可象，有的词无形可象。对此，象形文字根本无法满足其需要，所以才出现了表意文字。

表意文字是对象形文字的继承和发展，是象形文字的记号化，是汉字发展的高级阶段，是汉字史上划时代的巨大进步。

所谓表意文字，是象形文字的记号化，是指它以记号（笔画：点、挑、横、竖、撇、捺、折、钩八种基本笔画）和记号的组合来记词、词素或音节的文字，并最终脱离象形文字。但它必须是约定俗成的，同是笔画，约定俗成的就是字，否则就不是字。由这些记号来组成字，构成相对简单，书写相对容易，而且组字能力大，它可以适应语言里的语音、语法、词汇的各种要求。

表意文字中80%以上是形声字。所谓形声字，“形声者，以事为名，取譬相成”（《说文》），就是说，形声字是意符和声符并用的一种造字法。“论，从言，仑声”，“秧，从禾，央声”（《说文》）。就是说，“言”和“禾”是意符，表示“论”同言有关，“秧”同禾有关；“仑”和“央”是声符，表示“论”和“秧”的读音。

怎样评价汉字，这是一个大问题。对此，近一百多年来，众说纷纭，但否定者居多。

从五四运动起，我国一些知名学者对汉字的评价贬多于褒。著名学者傅斯年（1896—1950）即为其一。他曾创建语言历史研究所，担任过北京大学代校长和中国台湾大学校长。就是这样一位学识渊博的著名学者，在《汉字改用拼音文字的初步谈》一书中，也把汉字说得一无是处：“汉字起源是极野蛮，形状是极奇异，认识是极不便，应用是极不经济，真是又笨又粗，牛鬼蛇神的文字，真是天下第一不方便的器具。”他还说汉字“尤其有缺点的地方就是野蛮性太深了，造字的时候原是极野蛮的世代，造出的文字岂有不野蛮之理。一直保持到现代社会里，难道不自惭形秽吗”？著名的语言文字学家钱玄同（1887—1939）也是如此，他说：“汉字的罪恶，如难识、难写、妨碍教育的普及、知识的传播……以及排版的麻烦，打字机无法做得好，处处都足以证明这‘老寿星’的不合时宜。”（《汉字学》，第676页）有人说汉字是“有毒文字”“愚民的工具”，主张不仅要废除汉字，还要废除汉语，改用世界语或英语、法语。甚至近代先进的人们也这样说，鲁迅就是其中之一。他说：“汉字不灭，中国必亡。”（《汉字的故事》，第190页）1951年，毛泽东也曾发出指示：“文字必须改革，要走世界文字共同的拼音方向。”他们之所以这样说，是因为汉字“难于辨，难于记，难于解，难于用，辞难通，音难同，书难音，字难工，特较标音文字之易习易用者，真不可同日语矣”（《清末文字改革论文集》，文字改革出版社，1958 年版，第 88 页）。集中到一个字——难。

汉字难认、难写、难记虽是事实，但无论如何，现在也没有到要废除汉字、废除汉语的地步，更没有到“汉字不灭，中国必亡”的危险境地。

事实上，世界上所有的语言和文字各有其利弊，要学好它们都不容易，如法语、俄语的语法就不好掌握。

辩证唯物主义告诉我们，任何事物都有其规律性，汉字也是一样的。

几千年来，我国的一些学者对汉字结构进行了大量的研究，掌握了汉字的造字规律。我国第一部研究文字结构的书，是东汉文字学家许慎（约 58—147）依据“六书”（造字的六种方法，其说源于西汉目录学家刘歆的《七略》）编著的《说文解字》。该书说：“一曰指事，指事者，视而可识，察而见意，‘上’‘下’是也。二曰象形，象形者，画成其物，随体诘诎（其意为曲折或弯曲），‘日’‘月’是也。三曰形声，形声者，以事为名，取譬相成，‘江’‘河’是也。四曰会意，会意者，比类合谊（‘谊’为古代的‘义’字，此处为字义、文义之意），以见指㧑（指挥），‘武’‘信’是也。五曰转注，转注者，建类一首（此语含糊），同意相受，‘考’‘老’是也。六曰假借，假借者，本无其字，依声托事，‘令’‘长’是也。”（《说文解字》叙）后人在研究“六书”的基础之上，提出“三书”说：象形、象意、形声。我认为这种说法比较恰当，因为汉字不归于形，必归于意，不归于意，必归于声。

现在汉字中的象形字不多了，但象形字是汉字造字的基础，而且现在还在使用的很多汉字，还有象形字的影子，如“口、山、田、日、月、木、爪、网、门、凹、凸”等，了解了它们就有利于认识汉字。

象意字也不多，但很重要，了解了它们，也有利于认识汉字。象意造字分为三类：第一类是纯符号的，如“上”“下”。第二类是在汉字的基础之上加一个符号，如“木”字中间加一个短道，叫“末”字；“木”字下加一道，叫“本”字；“日”字下加一道，叫“旦”字。第三类是两个字相加的，如日、月相加，叫“明”字。

现在使用的汉字中，形声字占 80%还多。所谓形声字，是由形和声两部分组成：“形”的一部分是表意的，“声”的那一部分是表音的。又如“忍”字，“心”是形旁，表示“忍”属于心理活动；“刃”是声旁，表示“忍”的读音。

形声字有两大优点：一是表声部分，即声符，解决了一部分汉字读音的问题；二是表意部分，即意符，表示一个字的大致意义。采用这种方法造字简单。它选择一个同音字或近音字作声旁，再配上个适当的形旁，就可以造出一个新字来，也就是同一个声旁，加上一个不同的形旁。反之，同一个形旁加上一个不同的声旁，就可以造出不同的字。但要注意的一个问题是，不能完全视表音部分来读，因为有很多字并没有遵循这一原则。如“诣”，不能读成“旨”（zhǐ），而是读“易”（yì）；又如“暗”，不能读成“音”（yīn），而是读“按”（àn），此类问题如果不注意，就会闹出笑话。

1958 年，我国推广使用《汉语拼音方案》，解决了读的问题。用它来帮助识字，统一读音，推广普通话，克服各地方言，起了巨大的作用。

我认为，汉字同表音字相比较，有它独特的优势。有人说，汉字是我国第五大发明，此话不无道理。世界上没有任何一种文字像汉字那样饱经沧桑，负载着中华文明，历经五千年，至今仍放射着光芒。它对推进世界文明的进步作用是巨大的。

汉字不但是中华文化的载体，而且其本身就是一种优秀的文化。

汉字一个最大的优点，就是它能表达人们最丰富的感情，这是其他文字望尘莫及的。

以“笑”为例：由汉字构成的形容笑的词就不少，如：笑脸相迎、满面春风、笑口常开、笑得合不拢嘴、眉开眼笑、捧腹大笑、笑弯了腰、笑得肚子痛、笑破肚皮、笑死人、含笑九泉、喷饭满案、回眸一笑、满堂大笑、扑哧一笑、哑然一笑、嘻嘻一笑、巧笑、苦笑、傻笑、憨笑、假笑、赔笑、冷笑、狂笑、奸笑、会心微笑、相视而笑、付之一笑、仰天大笑、不觉失笑、无人自笑、似笑非笑、不笑强笑、皮笑肉不笑、笑面虎、取笑、逗笑、招笑、贻笑、见笑，还有哈哈、咯咯、讪笑、诮笑、哂笑、嗤笑、讥笑等。

用汉字来写诗歌，更有独到之处，略举数例以资说明。

北宋神宗熙宁八年（1075）二月，王安石第二次拜相，从京口（今江苏省镇江市）过长江，抵达瓜洲，写了一首诗，名叫《泊船瓜洲》：“京口瓜洲一水间，钟山只隔数重山。春风又绿江南岸，明月何时照我还？”诗中第三句“春风又绿江南岸”的“绿”字，是经过精心筛选的，极富表现力。初为“到”字，他仔细一想，“春风又到江南岸”，缺乏诗意，于是把“到”字改为“过”字；仍觉不妥，他认为这个“过”字有辞去之意，不符合自己作诗本意，即改为“入”字；吟咏再三，仍觉得“入”字不甚贴切，乃改为“满”字；后觉得“满”字又缺乏春到江南的色彩，诗味不浓，于是又把“满”字抹去。如此反复修改十余次，都不满意。他干脆放下笔来，走出船舱，观赏月下景色。走到船头，极目远眺，精神一爽，突然想到王维《送别》诗句：“春草年年绿，王孙归不归？”觉得“绿”字很好，立刻回到船舱，把诗中第三句改成“春风又绿江南岸”。改了这个字后，全诗顿时生色，整个江南生机勃发、春意盎然的动人景象，以及王安石自己愉悦的心情完美呈现在人们面前。

毛泽东的《蝶恋花·答李淑一》也是一个很好的例子："我失骄杨君失柳，杨柳轻扬直上重霄九，问讯吴刚何所有？吴刚捧出桂花酒。寂寞嫦娥舒广袖，万里长空且为忠魂舞。忽报人间曾伏虎，泪飞顿作倾盆雨。"诗中的"杨"和"柳"既是植物，又是他们两位亲人的姓氏，一语双关。

1940年，汪精卫在南京成立伪国民政府，自任主席。伪警察厅长申省三强逼南京灵谷寺灵谷老人写联祝贺。灵谷老人应声写下了"昔具盖世之德，今有罕见之才"的对联，群奸拍手叫好。但汪精卫的老婆陈璧君看了，大发雷霆，怒道："你好大胆！竟骂先生'该死之德，汉奸之才'。"1941年除夕，汪精卫在家门口贴了一副对联："立民族民权民生之宏愿；开为党为国为民之大业。"当晚，有人在"民"旁加三点，"民"字成了"泯"字，泯者灭也；"为"字旁加单立人，"为"字成了"伪"字，伪者假也。对联因而变成了："立泯族泯权泯生之宏愿；开伪党伪国伪民之大业。"可谓是改得真好！充分发挥了汉字的功能。

从翻译作品中也可以证明汉字的优势。"生命诚可贵，爱情价更高。若为自由故，两者皆可抛。"这首诗是匈牙利诗人裴多菲·山陀尔（1823—1849）写的，据说，欧洲知道这首诗的人很少。但经中国诗人殷夫（1909--1931年，原名徐柏庭、徐祖华，笔名白莽，中国共产党党员）翻译成汉文，就成为中国家喻户晓的诗了。这也从一个侧面证明汉字的优越性。

由上可以看出，汉字在表达各种意境方面的功能是多么强大！这是为什么？一言以蔽之，就是汉字多的缘故。收在《康熙字典》里的汉字就有4万多个，收在《汉语大字典》里的更多，有56000之多，目前使用的字大约有6000个左右，而且多是单音节。这么多的字，可供你任意选用，来表达自己各种各样的情感。表音字能做到这点吗？

我想是做不到的。

汉字除上述优点外，还有占据空间小的优点。这一优点不但能大量节约纸张，提高印刷速度，降低发行成本，还可以节省读者大量的精力和时间。据有人统计，同样的内容，在印刷时，英文本要比汉文本多一倍以上的纸张；俄文本所用纸张更多，竟高出5倍。当然，阅读时间之比也是如此。

汉字另一个独特的优点：它不但是汉语的书写符号，而且写好了，还是一种艺术，表音字是没有这一功能的。

它是不是艺术？请看一看历代书法家的作品就知道了。我国书法，至魏晋时，各种书体已经形成。一千多年来，在神州大地上相继出现了一大批卓有成就的书法家。古代书法家中，我最喜欢的首推东晋王羲之。王羲之的字雄健多变化，同一个字，多种写法，且字字传神，人称“圣”“百代楷模”。我也很喜欢毛泽东的书法，他的书法集古今书法的精华，自成一体。字如行云流水，一气呵成，再看又如龙飞凤舞、气势奔放，越看越想看。他留下的墨迹实为我国书法的瑰宝，光彩夺目，定将流芳千古。

书法之所以能成为艺术，是因为汉字本就来源于图画——它的老祖宗就是图画，所以我们常说书画是一家。

2003年6月30日，《参考消息》报道说，英国韦尔科姆基金会研究机构的科学家发现，讲汉语比讲英语更有利于大脑的开发。他们通过对志愿者进行大脑扫描发现：“讲英语的人理解别人讲话时只有大脑左颞叶是活跃的，而讲汉语的人理解别人讲话时同时使用左右两个颞叶。而右颞叶只有在听音乐和讲话中的抑扬顿挫时才使用。”“在汉语中，说话的语调十分重要。因而讲汉语的人需要用右颞叶解释语调和抑扬顿挫，以便正确理解别人所讲的话。”我认为这种说法是有道理的。

进入电脑时代，中国人最担心的是“汉字怎么办”？现在看来，这种担心是多余的。聪明的中国人已发明多种多样的汉字输入法，除汉语拼音输入法、五笔字型输入法、笔画输入法外，还有电报码输入法和手写输入法、语音输入法等，有人说有1300多种汉字输入法。

那么，汉字好到家了吗？不发展了吗？当然不是。汉字同万事万物一样，都是发展变化的，而且还一定要发展变化下去。需要指出的是，总体上来讲，事物是向好的方面发展——由低级向高级发展。汉字发展方向也是如此，看它的过去，就可以知道它的现在和将来。汉字是按图画文字（甲骨文、金文）——篆书（大篆、小篆）——隶书——楷书——简体字的过程发展的。由此可以看出，它走的是一条由繁到简、由不好写到好写、由不好认到好认的道路，最终必然要走向更好认、更好写的地步。

汉字的发展历史概括来讲就是：个人求简易，社会求统一。个人求简易，因而就产生了“正体”“俗体”之分，“规范体”“手写体”之别；社会求统一，文字的统一是历史的要求，但它必须在群众要求简易和有所创造的基础上来进行。

战国时期，各国“言语异声，文字异形”（《说文解字》）。秦始皇统一六国后，根据国家发展的需要实行“书同文”的政策，下令全国以小篆为统一的字体。小篆较大篆简化，字体也比较匀圆齐整，从此大大地方便了全国人民思想的交流和经验的传播。

历史已经证明，汉字的统一，对一个政治上统一的中国的形成和巩固，意义十分重大。有人说，我们靠汉字统一了中国，这符合中国的历史。我认为，我们的祖先不但靠汉字统一了中国，而且靠汉字巩固了中国。

自从秦始皇统一中国，两千多年来，汉字有变化，但没有根本的变化。要说有变化，只是更加简化，书写更加方便。如隶书（起于秦，成于汉），是由小篆演变而来的，隶书在字形上较小篆大为省改，笔形比小篆简化，笔画由小篆的圆转变为方折，书写更为方便。汉末，出现了楷书。楷书是在隶书的基础上演变而来的。它笔画平直匀称，字体明晰方正，改变了隶书笔画的波磔。汉字从此真正成为“方块”字，受到汉族民众的普遍欢迎，因而取代了各种字体而成为一种通行字体。时至今日，不仅在书写上，而且在书籍的印刷上也均普遍使用这种字体。

楷书虽然成了通行体，而且通行了几千年，但有的字笔画太多，24画的字有356个，有的字笔画竟多达36画（如“齉”）。这对书写者来说是一个沉重的负担，所以自古以来人们就在寻找一条汉字简化的道路。据一些专家考证，汉字的简化现象从魏晋时就已经出现了。“国家重点文物保护区、山东莱州市境内的云峰山上，有距今1400年前的摩崖石刻群，在石刻碑文上，竟有100多个与现在相同的简化汉字。此石刻出自我国南北朝时期大书法家、光州（即莱州市）刺史郑道昭之手。尽管饱经近15个世纪的风雨冰霜，但字迹依然完整无缺，如‘来、乱、与、经、属、弥、将’等简化汉字一目了然。”（《金陵晚报》2010年7月21日）

中华人民共和国成立后，我国对汉字进行了改革，主要内容是汉字简化，它完全符合汉字的发展方向。如繁体字：辦、幾、勸、價、僅、劉、劊、劍、儀、體、豐、個、與、雙、麽、還、遷、聽、幣、頭、廳、龐、蘭、讓、雜、萬、黨、舋、龍、龜、節、盡、龕、鬱、邊、籲，这些字笔画很多，很难写，简化后的办、几、劝、价、仅、刘、刽、剑、仪、体、丰、个、与、双、么、还、迁、听、币、头、厅、庞、兰、让、杂、万、党、衅、龙、龟、节、尽、龛、郁、边、吁，笔画少多了，也好写好记多了。有些汉字简化得很好，更突出了汉字表意的特点，如“塵”简化为“尘”，“滅”简化为“灭”，非常贴切，一目了然。实践证明，汉字简化，方向是正确的，也是卓有成效的。现在有人说汉字简化方向是错的，主张恢复繁体字，若他们的主张得以实施，便是历史的倒退。

汉字今后的发展方向是什么？在可见的将来，它不会进行根本的改革和改变。但应该肯定的是，世界文字必然要走向统一，汉字当然要受到影响，不过这个时间还遥远得很。至于世界将来要统一用哪种文字，这要看社会的发展。

（十一）中医——博大精深

中医包括“医”和“药”两个方面。医和药是相互依存、互为条件的。它是中国独有的一种文化。

有人说，中医是落后的、不科学的。恰恰相反，我认为中医是很科学的。之所以说它是科学的，原因有以下几点。

1. 来源于实践

“实践、认识、再实践、再认识，这种形式，循环往复以至无穷，而实践和认识之每一循环的内容，都比较地进到了高一级程度。”（《毛泽东选集》（第一卷），第285页）凡是按这一原则办的，也就是说，凡是来源于实践，并且经过实践证明正确的东西，就是科学的，中医就是如此。

传说神农尝百草，实际上说的就是在远古时代，我们的祖先在劳动生产和生活中发现某些植物、动物和矿物对疾病的治疗有作用。经过漫长的年代，中国人民逐步积累起用药物治疗疾病的经验。早在秦汉时，我们就有了药物专著《神农本草经》。该书载有药物 365 种。随着时代的前进，药物品种日益增加。到 16 世纪，李时珍在实地考察的基础上，写成了药物巨著——《本草纲目》，收载药物达 1892 种之多。

《黄帝内经》是我国现存最早的一部医书，据专家考证，成书大约在春秋战国时期。它总结了自太古时代至春秋战国时代的中华儿女在治病方面的经验，是反复实践的产物。它不但清晰描述了人体结构、经络运行情况，而且还论述了人体生理学、病理学等，是医学之宗。它与《伏羲八卦》《神农本草经》并列为“上古三坟（古书）”，是中国古代文化宝库中的一部奇书。

还需要说明的是，数千年来，我国老百姓就是靠中医治病和保健的。

2. 中医理论是辩证的，其基础是阴阳学说

“阴阳者，天地之道也，万物之纲纪，变化之父母，生杀之本始。”（《黄帝内经・素问・阴阳应象大论》）“物之生从于化，物之极由乎变，变化之相薄，成败之所由也。”（《黄帝内经・素问・六微旨大论》）这就是说，宇宙间一切事物都是阴阳两个对立面构成的，而一切事物的发生、发展与变化，又都是由阴阳这两个对立面相互斗争的结果。

阴阳代表事物的两个方面，而且是对立的。具体来讲，凡属动的、热的，在上的、向外的、明亮的、亢进的、兴奋的、强壮的等，都属阳；凡属静的、寒的、在下的、向内的、晦暗的、减退的、抑制的、虚弱的等，都属阴。但这种属性又都是相对的，不是固定不变的。如以人体的背部和胸腹部而言，背部为阳，胸腹部为阴；但以属阴的胸腹部而言，则又以胸在膈上属阳，腹在膈下属阴。

中医以此来指导诊断和治疗。“阴胜则阳病，阳胜则阴病。阳胜则热，阴胜则寒。重寒则热，重热则寒。寒伤形，热伤气；气伤痛，形伤肿。故先痛而后肿者，气伤形也；先肿而后痛者，形伤气也。风

胜则动，热胜则肿，燥胜则干，寒胜则浮，湿胜则濡泻。”（《素问·阴阳应象大论》）

阴阳代表事物的两个方面，并不是处于静止不变的状态，而是经常发生此消彼长的变化。“寒极生热，热极生寒。”（同上）

阴阳学说作为中医基础理论常被应用于生理、病理和治疗方面。

（1）生理方面

从人体组织结构来说，外为阳，内为阴，即内部脏腑为阴，外部躯体为阳。然就内部脏腑而言，则脏为阴，腑为阳。肝、心、脾、肺和肾五脏皆为阴；胆、胃、大肠、小肠、膀胱和三焦六腑皆为阳。

从人体生理活动来说，物质为阴，功能为阳。它们既互相对立、互为消长，又互相依赖、互为转化。如人体各个脏器、系统的生理功能，必须依赖各种营养物质来维持，而人体营养物质的制造，又必须依靠各个脏器、系统的生理功能来完成。在物质与功能的互相转化中，功能的活动必然要消耗一定的营养物质，而营养物质的制造，也必然要消减一定的功能。

（2）病理方面

阴阳是不断变化的。如果阴、阳不平衡，任何一方面过于强盛，或过于衰弱，就是病的表现。

阴阳偏盛：

阴偏盛。“阴胜（盛）则阳病，阳胜（盛）则阴病；阳胜则热，阴胜则寒。”（《素问·阴阳应象大论》）如多食生冷之物或受寒凉而引起腹痛、腹泻、四肢发冷和面色苍白，就是因为寒冷之邪（阴胜）损伤了肠胃生理功能（阳病）。

阳偏盛。热度过高消耗了体液（阴病）而出现一系列热盛阴伤的症状，如高热、面红、小便色黄和舌红等症。

阴阳偏衰：

阴偏衰。阴衰则阳有余，而出现一系列的热象——低热、颧红、手足心红、口干和舌红。

阳偏衰。阳衰则阴有余，而出现一系列的寒象——怕冷、面色发白和水肿等，如慢性肾炎。

疾病是不断变化的，并可以互相转化。“寒极生热，热极生寒”（《素问·阴阳应象大论》），也就是说，疾病发展到一定阶段或一定程度时，寒证可以转化为热证（亦即阴证转化为阳证），热证可以转化为寒证（亦即阳证转化为阴证）。如外感寒邪先表现为恶寒甚至战栗，这是寒证，以后出现高热、烦躁、口渴等症，就是转化为热证了。又如败血症，表现高热、面红、皮肤出血点等，这就是热证。再进一步发展到严重程度时，如出现手足冰凉等，就是转化为寒证了。

阴阳学说在治疗方面的应用：在治疗方面也应注意阴阳的变化。药物主要分四种：寒、热、温和凉。热性温性属阳，凉性寒性属阴。热证就应用凉性、寒性的药物来治疗，寒证就应用热性、温性的药物来治疗。如果是阴虚而热的病症，就应用补阴的方法来治疗，阴液也就得到恢复，热象自然消失；如果是阳虚而寒的病症，就应用补阳的方法来治疗，使阳气得到恢复，寒象也就自然消失。

（3）中医强调整体，强调治本

中医和西医在治疗方法上是不同的。

西医是立足于局部的，如得了伤风感冒、神经痛、关节痛、风湿痛、牙痛、腰酸腿痛等病，就用解热止痛片（正痛片、复方阿司匹林片等）；得了肿瘤，就手术或放射治疗。

中医则完全不同。中医强调整体，强调辨证治疗——“治病必求于本”（《素问·阴阳应象大论》）。

①中医是怎样来看整体的。

其一，中医把人本身看作一个整体，大脑、心脏、肾、肺、手、足和耳等，只是整体的一部分，而且是互相联系的一部分；局部又反映了整体，一处有病或有伤，全身难受。

其二，中医认为人与自然是一个整体，自然界任何一点儿变化，都会对人的身体产生影响，如风、寒、暑、湿和燥等。

风一年四季都有，“风者，百病之始也”（《素问·生气通天论》），“风者，百病之长（首）也”（《素问·玉机真脏论》），为外感病之主要原因，如风寒感冒、风热感冒等。

寒为冬季的主气。寒属阴邪，容易损伤人体阳气，如寒邪太盛而伤脾胃，会出现呕吐、腹痛或腹泻等。

暑为夏季的主气。暑属阳邪，容易损伤人体阴气，如周身困倦、胸脘发闷、恶心呕吐、腹胀泄泻等。

湿一年四季都有，如长期阴雨、住处潮湿、水中作业、淋雨，或出汗衣湿未换，对身体都有影响。

其三，自然、社会对人的精神影响很大，而人的精神状况对疾病的发生和发展又有着很大的影响。人的精神状况分为七种，人们称之为“七情”：喜、怒、忧、思、悲、恐、惊。人的七情变化，是受自然和社会环境各种影响而造成的。七情致病主要伤及内脏，使某些内脏功能紊乱。俗称：“怒伤肝，惊、喜伤心，悲、忧伤肺，思伤脾，恐伤肾。”这种说法不一定很准确，但人的情绪确实影响身体。喜、怒、忧、悲、恐、惊过了头，就会出现心悸、烦躁、失眠，甚至精神失常。有的人因失恋而精神失常，有的人由于不得志而跳楼自杀，还有的人因大喜而发疯，《儒林外史》中描写的范进因中举而发疯就属此类。

范进为了求得一官半职，考了二十余次科举，一直到54岁才考中举人。《儒林外史》是这样描写的："范进三两步走进屋里来，见中间报帖已经升挂起来，上写道：'捷报贵府老爷范讳进高中广东乡试第七名亚元。京报连登黄甲。'范进不看便罢，看了一遍，又念一遍，自己把两手拍了一下，笑了一声，道：'噫！好了！我中了！'说着，往后一跤跌倒，牙关咬紧，不省人事。老太太慌了，慌将几口开水灌了过来。他爬将起来，又拍着手大笑道：'噫！好！我中了！'笑着，不由分说，就往门外飞跑，把报录人和邻居都吓了一跳。走出大门不多路，一脚踹（踩）在塘里，挣起来，头发都跌散了，两手黄泥，淋淋漓漓一身的水，众人拉他不住，拍着笑着，一直走到集上去了。众人大眼望小眼，一齐道：'原来新贵人欢喜疯了。'"

②从整体来诊断病情。

主要采用"望、闻、问、切"四种方法。

望诊：但凡病人，外在必有异常表现，因而中医要求要从患者的神、色、形态和舌苔，来了解其病症。其内容包括望神态，观肤色，看舌苔。

闻诊：包括听声音和闻气味。听声音有语音、呼吸、咳嗽；闻气味包括分辨病人病体散发及排泄物的气味。

问诊：通过询问病人或家属、亲友来了解病人病史和症状。询问时必须根据中医理论，从整体出发，有目的地进行。问诊的内容可以概括为："一问寒热二问汗，三问头身四问便，五问饮食六问胸，七聋八渴俱当辨，九问旧病十问因。"

切诊：分脉诊和触诊。

脉诊俗称号脉搏。人体血脉运行与腑脏气血的关系十分密切，因此，脉诊不但可以帮助检查心血管疾病，而且还可以了解患者全身的功能状况。脉分以下几种。

浮脉——脉搏比较浅，主表证，表现在感冒、急性传染病初起。

沉脉——脉搏比较深沉，主里证，在慢性内脏病可常见。

迟脉——脉搏比较慢，一分钟不到60次，主寒证，如受寒、阳虚。

数脉——脉搏频率较快，一分钟超过90次，主热证，在各种热性发热时和甲状腺功能亢进等病中均可见到。

虚脉——脉搏软弱无力，在久病或重病所致的脏腑气血虚弱可现。

实脉——脉搏较强，主实证。

洪脉——脉形粗大，常与数脉、实脉同现，多见于某些传染病高热期。

细脉——脉形细小，小如线，此乃气血不足所致，常与虚脉、沉脉同见，主虚证、里证，如贫血。

滑脉——脉搏流利，圆滑有力，多与实脉同见，主痰盛、食滞、发热等症。

涩脉——脉搏涩而不利，是血行不畅。若与虚脉同见，主贫血、阴虚等虚症；若与实脉同见，主气滞、血淤等症。

弦脉——脉搏硬而有力，如琴弦，多见于高血压、动脉粥样硬化、中风。

濡脉——脉搏紧张度较低，软而浮细，多见于伤寒病。

歇止脉——脉搏不规则，或快或慢，有时中止，多见于血瘀、气滞、气血虚弱。雀啄脉、虾游脉、屋漏脉等，都属于歇止脉。

上述脉象种类虽多达13种，但也是有规律可循的，如从脉搏的强弱以辨别虚脉、实脉；从脉形的大小以辨别洪脉、细脉；从脉波的状态以辨别滑脉、涩脉；从脉搏的紧张度以辨别弦脉、濡脉；从脉搏的节律以辨别歇止脉。

③治疗强调整体、全面，强调治本。

辨证治疗，突出整体观点是中医的一大指导思想。所谓整体观点，就是要依据病人各方面的反应全面诊断，既重视病因，又重视症状，还要注意患者体质的差异，经过综合分析得出正确的结论，然后采取不同的治疗方法。

重视内在因素——扶正。辩证法告诉我们，内因是主要的，外因通过内因而起作用。人之所以生病，还是内因（自身免疫力不强）起主要作用，所以中医强调扶正（增强抵抗力）以战胜疾病。

扶正还需要注意精神因素，强调治病先治心。范进因中举而疯，是他老丈人胡屠户对他嚷道："该死的畜生！你中甚么?"一个嘴巴打将去，范进疯病也就好了。《南史·刘勔传》也记载了这样一件事：刘勔（今江苏省徐州市人，齐明帝时官至散骑常侍、中领军）之子刘瑱是一著名画家，"善画妇人，为当世第一"。其妹为齐鄱阳王萧锵妃，与鄱阳王之间的感情甚好。"王为齐明帝所诛，妃追伤遂成痼疾，医治无效。"瑱请画家殷蒨（善画人面，与真人无别）画鄱阳王"平生所宠姬共照镜状，如欲偶寝"，并密使人以画示妃。妃见鄱阳王与宠姬亲密状，愤而唾之，骂之："宜其早死。"于是昔日恩情全失，病亦痊愈。

医和药虽是相互依存、互为条件的，但又是不同的。治疗首先要查清病因，然后对症下药。对于有的病，中医不用药，而是采用针灸、放血、拔火罐和按摩等方法来治疗。

世上任何事情都是一分为二的，中医药虽长处众多，但也有一些短处。

其一，诊断：中医比较复杂，依靠人的感觉，不好掌握；而西医通过仪器（X光透视机、磁共振、CT、心电图机等）和各种化验，能比较快、比较准地得出结果。

其二，中药配制不易，一是用什么药，二是多少分量，都不好掌握。

我认为，今后中医发展方向应该走与西医相结合的道路。如诊断要尽量采用西医的办法；中医药配方尽量定量化。因为中药药方往往不是一味药，而是由多种药组合而成。这不但有一个配什么药的问题，还有一个剂量的问题。

还有一个问题，同一种草药——家种的、野生的药性也大不一样。为了准确，草药必须定量化。为了能定量，就要对各种草药进行化学分析，为定量化打下基础。

（十二）在科学技术方面对世界也是有贡献的

人们有一种认识，认为中国自古不注重科学技术的发展，所以科学技术一直是落后的。这种看法是不符合事实的。事实上中国古代科技工作者在这方面做得是不错的，17 世纪中叶以前（明代以前），中国的科学技术一直是领先于世界的，成果也是丰硕的。

首先是天文历法。

我国春秋时期（鲁文公十四年，即公元前 613 年），就有对哈雷彗星的确切记录：“七月，有星孛（彗星）入于北斗。”（《春秋》）

我们老祖宗早就创造了中国独有的 24 节气。《尚书·尧典》首有 4 仲（仲春、仲夏、仲秋、仲冬）的记载，即春分、夏至、秋分、冬至 4 个节气；战国末《吕氏春秋》已有 24 节气中的大多数名称；西汉淮南王刘安及其门客所著《淮南子·天文训》已记有 24 节气的全部名称。时至今日，24 节气对我国人民，特别是对农民影响很大。

殷商甲骨文已有 12 个月的名称。殷周至春秋战国，各诸侯国行用不同的历法，计有夏、殷、周、鲁、黄帝、颛顼 6 种，通称古六历，这些历法的年长都是 365 又 1/4 天，故又称古四分历。汉武帝时代，有了“太初历”，它也是一种阴阳历，一回归年为 365 又 385/1539 日，一朔望月等于 29 又 43/81 日，它首次把 24 节气订入历法，以夏历正月为岁首。

世界最早关于太阳黑子的记录出现于我国：西汉成帝河平元年（前28），“三月乙未。日出黄，有黑气大如钱，居日中央”（《汉书·五行志》）。东汉张衡对月食做了最早的科学解释，并发明了地动仪。

其次是四大发明。

1. 造纸术［东汉蔡伦（？—121）发明］

蔡伦，桂阳（治所在今湖南省郴州）人。他总结西汉以来用麻质纤维造纸的经验，创造出用树皮、麻头及破布、旧渔网造纸之法。这种造纸法不但扩大了原料来源，而且在技术上也有很大改进。这种造纸术使纸张的产量和质量都得到了提高。蔡伦曾被封为龙亭侯，故蔡伦所造的纸又被称为“蔡侯纸”。

2. 印刷术

中国古代印刷术有两种：一是雕版印刷，二是活字印刷。雕版印刷始于何时？大多主张在隋唐之际，但我认为应早于隋唐；活字印刷是北宋毕昇（？—1051）发明于北宋仁宗庆历年间。其技术方法：在胶泥片上刻字，一字一印，用火烧硬，即成活字。在排版前，先在置有铁框的铁板上均匀敷上松脂、腊、纸灰等混合黏胶物，然后将活字依次排在上面，继而加温将混合黏胶物熔化，用平板压平字面，冷却后再上墨，即可印书。印完后，再加热熔化。将活字取下，下次再用。毕昇还研究过木活字排版。

3. 火药

唐朝中期已有火药的配方，唐末，火药开始用于军事；北宋设有专门制造火药的作坊。

4. 指南针

指南针古称司南。《韩非子·有度》:“故先王立司南以端朝（东方）夕（西方）。”这说明指南针发明于战国以前。宋代航海时已普遍使用指南针。

除了四大发明以外，中国的古人还有很多重要的科技成就。如商代有独特风格的青铜制造艺术；春秋晚期，我们的祖先就掌握了冶炼生铁的技术；秦汉时期的丝绸制造技术已达到很高的水平。在农业（北魏贾思勰的《齐民要术》是世界上现存最早最完整的农书）、建筑（长城、北京故宫）、水利（都江堰）领域，中国古人都有很大的贡献。

中国在数学方面也是有贡献的，唐代曾出版了一部《算经十书》，这部书中包括《周髀算经》《九章算术》《孙子算经》《五曹算经》《夏侯阳算经》《张丘建算经》《海岛算经》《五经算术》《缀术》《缉古算经》，其中最著名的是《周髀算经》《九章算术》二书。

《周髀算经》使用了相当繁复的分数算法和开方法，并最早应用勾股定理。

《九章算术》“采用问题集的形式，列举了246个数学问题及其答案，并在若干具体问题之后，叙述这类问题的解题方法。全书共分为下列九章:《方田》《粟米》《衰（cuī）分》《少广》《商功》《均输》《盈不足》《方程》《勾股》。《方田》这章是关于土地面积的计算，包括有正方形、矩形、三角形、梯形、圆、环等面积公式”（白寿彝主编《中国通史》，第四卷，第629页）。

当时中国的科学还是经验科学，全世界也是如此。

所谓经验科学，就是通过对事物进行观察而得出结论，如中国的天文学的成果就是长期对日月星辰进行观察而得出的。据《史记·历书》记载：颛顼之时已设有“火正”一官，以观察火星；《尚书·尧典》记载：尧曾派羲仲、羲叔、和仲、和叔四人分驻四方，观察星象，测定季节，制作历法。火药也是在长期炼丹的过程中发明的。医学也是如此，“神农尝百草”，就是老百姓对经验科学最好的说明。国外也不例外，哈维（1578—1657 年，英国医师）的“血液循环”学说，伽利略（1564—1642 年，意大利物理学家）的物理学、动力学，牛顿（1643—1727 年，英国物理学家）的经典力学，都是经验科学的具体成果。

中国古代科技发展的特点：在科技内容方面应用性强，但对事物发展规律的探索不够；在研究方法方面主要采用传统的典籍整理、经验总结，缺少实验，没有发展到理论科学的高度，也不能将科技有效地转化为生产力。

到 19 世纪，西方由经验科学时代进入理论科学时代。

所谓理论科学，是用理论研究的方法系统概括经验知识而达到认识事物本质规律的目的。如能量守恒定律（物质运动的能量不能创生和消灭、它只能在各部分物质之间进行传递，或者从一种形态转换为另一种形态）、细胞学说（一切生物都是由细胞构成的，细胞是生物的结构和功能的基本单位。每个细胞既是生命的独立单位，同时也是机体在生命活动中相互协调，构成统一的整体）、进化论（生物最初是从非生物发展而来的，现代地球上生存的各种生物，有共同的祖先，它们在进化过程中通过变异、遗传和自然选择，由低级到高级，从简单到复杂，种类由少到多）的发现，使自然科学走进了理论科学的领域。

理论科学的诞生，开辟了新的时代，这是人类社会认识的一个大飞跃。从此，西方世界在理论科学的指导下，科技飞速发展，而中国却在原地踏步。其原因是多方面的。

其一，政府腐败无能，导致列强相继入侵，割地赔款，国困民穷，没钱去搞科研，也没有人才。

其二，封建统治者推行的“重农抑商”政策与后期的“闭关锁国”政策，限制了中国科技的发展。

其三，教育制度落后，只教“四书”“五经”，而且是死记硬背。辛亥革命之后才有现代意义上的学校，但数量很少。就算这样的学校，还是强调死读死记，其影响至今还在。

其四，中国人有一种“守成”“守旧”的保守思想，总以为故有的东西好。儒家思想就是这样。孔子说：“周监于二代（夏、商），郁郁乎文哉！吾从周。”（《论语·八佾》）他还说过：“三年无改父之道，可谓孝矣。”（《论语·学而》）反正过去的东西就是好，所以用牛耕地耕了几千年。

中国自改革开放以来，科学技术有了飞速的发展，不但实现了探月计划，而且计算机的运算速度和高铁运行速度已高居世界第一。虽然如此，但我认为，从总体上讲，我们是跟在人家后面，在别人技术的基础上，先模仿，后提高。可喜的是，我们已从跟跑到并跑，有的方面已开始领跑，如墨子通信技术。

经验科学也会有所发现、发明和创造。这也是创新，但只是一般的创新。而理论科学必然会导致新事物的产生，它是更高级的创新，是革命性的创新。如机械表和电子表，其功能都是计时，但它们的工作原理是完全不一样的，且电子表比机械表更先进——更准确、更便宜、更方便（一块电池可用一两年，不必天天上发条）。涡轮发动机与喷气式发动机的工作原理也是如此，喷气式发动机的推力更大，所以喷气式飞机和火箭都使用这种发动机。

中国人如果要称雄于世界，教育制度必须改革。改革的关键是要引导学生，在学习过程中不但要知其然，而且要知其所以然；要融会贯通、举一反三。其目的在于要有利于培养大批有创造性的善于思考的人才。

(十三) 丰富多彩的饮食文化

“民以食为天”，古往今来，没有人不重视饮食，但中国人更重视，平时习惯用语也大都“吃”字当头，或者与吃有关：见面第一句话：“吃饭了没有?”“谋生叫糊口；工作叫饭碗；受雇叫混饭；靠积蓄过日子叫吃老本；混得好的叫吃得开；占女人便宜叫吃豆腐；女人漂亮叫秀色可餐；受人欢迎叫吃香；受偏爱叫吃小灶；不顾他人叫吃独食；没人理会叫吃闭门羹；有苦难言叫吃哑巴亏；嫉妒叫吃醋；理解不透叫囫囵吞枣；理解深刻叫吃透精神；广泛流传叫脍炙人口；收入太少叫吃不饱；负担太重叫吃不消；犹豫不决叫吃不准；不负责任叫吃不了兜着走；胳膊肘向外拐叫吃里爬外；经历点儿事，长点儿见识，叫吃一堑长一智……”（《羊城晚报》2009年7月10日）

中国人重视吃，在经济落后的时代，吃是为了活命。随着经济的发展，开始重视营养，吃是为了养生。后来不但重视营养，而且还重视饮食的色、香、味、形。香是好闻，味是好吃，色、形是好看，是艺术。为了营养、好闻、好吃、好看，所以特别重视各种食物的搭配，从而形成中国独特的饮食文化。而这种饮食文化是经过几千年不断总结、不断发展而形成的。

中国地广人多，各地习俗不同，口味不同，有的偏咸，有的偏甜，有的偏辣，因而形成各地方菜系。据不完全统计，全国约有各式风味的菜5000多种。其中在全国声望较高的是川菜、鲁菜、粤菜、苏菜、浙菜、闽菜、湘菜、徽菜，统称“八大菜系”。其中每个菜系又包括若干流派，如鲁菜有济南、胶东两个流派；粤菜有广州、潮州、东江三个流派。不同的菜系有其不同的特色：鲁菜以醇厚不腻见长；川菜以麻、辣、味浓著称；苏、浙菜长于煮、炖、焖、煨，重用原汤原汁，口味浓淡适宜，略带甜味；粤菜注重煎、炸、烧、烩等技法，着意于鲜、嫩、爽、滑；徽菜系中徽州流派擅长烧、炖，讲究火功。

我是湖南人。湖南菜不但继承了我国传统烹饪技艺，而且具有浓厚的特色。其特点是制作精细，用料广泛，品种繁多，油重色浓，讲究实惠，在操作上讲究原料的入味，在烹调方法上以腊、煨、蒸、炖诸法见称，在品味上注重香鲜、酸辣、软嫩。湖南著名的传统菜，如“腊味合蒸”“东安鸡”“麻辣子鸡”“清蒸甲鱼”“红煨鱼翅”“汤泡肚”“冰糖湘莲”“红烧寒菌”等菜品，在省内外很负盛名。

我国除八大菜系之外，著名的地方菜还有北京菜、上海菜、河南菜、湖北菜等。

综上所述，中国饮食文化具有它独特的优点：

一是中国菜的品种繁多，制作方法多样，而西餐比较单一，无论是品种，还是制作方法，都差不多。中国菜在不同的地方有不同的做法，更为奇特的是，同一种菜也有不同的做法，据说仅豆腐就有上百种做法，还有专门的豆腐宴。

二是中国菜营养丰富。在中国人的餐桌上，大多既有荤也有素，很注意荤素搭配。

三是中国人很注意烹调技术。根据菜的品种和需要制作的菜式，采取不同的制作方法，一是讲究刀功，二是讲究烧制。

四是中国人在饮食上不但注意营养，还注意食物的药用价值。

五是绘画有意境，书法有意境，中国人把饮食看作是一门艺术，也涉及意境的问题。所以在菜的制作上，非常讲究色、形，一盘菜往往就是一盘艺术品，令人赏心悦目，不忍下筷子。

中国饮食文化虽具有很多优点，但也有其难以克服的缺点。

（1）制作方法难以掌握

同样的菜，一个师傅炒出来一个样，甚至一个师傅炒同样的菜，在不同的时候也炒不出同一个味道。在这一点上，确实不如西方的汉堡包、比萨饼，不论在何时何地，都是一个味儿。

（2）食物中盐份含量高

据统计，全国人均吃盐量为每天 10 克以上，其中以东北人最高。吃得过咸会明显增加高血压等慢性疾病的风险。

（3）用餐习惯

中国人的吃饭方式多为集体进餐，又喜欢相互夹菜，这增加了疾病传播的风险。

第三篇

历史中国

了解历史上的中国，对于了解真正的中国大有好处。因为事物只有具有了历史性才能具有真理性、可靠性，进而具有可信性。

一、历史久远

（一）

中国境内的原始人从历史的远处走来，近百万年前就生活在这片土地上。1929 年在北京周口店山洞里发现的“北京人”就是证明。

学界把“北京人”归属于人，是因为他们“知道选取砾石或石英，打击成有棱角的石片，把它们当作武器或生产工具来使用”，“他们用木柴燃火，烧烤食物”，“按照人类漫长的进化过程，‘北京人’已经超过了一般动物的阶段，而且也脱离了人类的‘婴儿期’”（范文澜著《中国通史简编》（修订本），第一编，第 81 页）。

后来进一步发现，在 170 万年前即有人居住在中国境内并发展自己的文化。在古书里记载着不少有关远古的神话和传说：有“构木为巢，以避群害”（《韩非子 · 五蠹篇》）的有巢氏时代；有“钻木取火，教民热食”（《白虎通 · 号篇》）的燧人氏时代；有“男女杂游，不媒不聘”（《列子 · 汤问篇》）的无婚姻时代；有“但知其母，不知其父”（《白虎通 · 号篇》）的母系时代；有“结绳而为网罟，以佃以渔”（《周易 · 系辞传》）的伏羲时代；有“斫木为耜（音 sì，与锹相似），楺（使之弯曲）为耒（形似木叉的农具）”“日中为市”（《周易 · 系辞传》）的神农氏时代。这些记述虽然来源于神话和传说，但它确实反映了原始社会文化的基本情况。

古代，在中国境内居住着许多不同祖先的氏族和部落。他们经过长时间的相互影响和斗争，有些逐渐融合了，渐渐发展起来了。居住在东方的叫“夷”，居住在北方的叫“狄”，居住在西方的叫“羌”，居住在南方的叫“蛮”。

最先进入中原地区的蛮族中最大的部落是九黎族，九黎族是九个部落的联盟，其首领是蚩尤。

居住在中原地区的炎帝（原是西戎羌族的一支）与九黎族发生冲突，败逃涿鹿。而占据涿鹿的黄帝先后打败了九黎族和炎帝族。

之后，黄帝族与炎帝族、黎族、苗族逐渐融合，形成华族。现在中国人普遍认为尧、舜以及夏、商、周三代都是黄帝的后代，黄帝是华夏族的共同祖先，就连后来的匈奴人、鲜卑人，也都自称是黄帝的子孙。时至今日，海内外华人仍以自己是“炎黄子孙”为傲。

之所以这样，是因为他们认为黄帝是中华文明的创造者，认为黄帝创造了诸如房屋、衣服、车船、兵器、阵法、音乐等。

根据现代学者的看法，尧、舜时期的社会性质属于原始社会。关于尧、舜的历史记述相对于黄帝要多一些，虽然可能有传说的成分，但可信度要高一些，因为当时已经有简单的文字了。

（二）

中国的朝代始于夏，在数千年的历史长河中，中国曾出现了像样的、不像样的王朝共计 83 个和 599 个帝王。

约公元前 2070 年，禹继位，建立夏朝，禹是一位大得人心的统治者。当时的神州大地，“洪水横流，泛滥于天下。草木畅茂，禽兽繁殖；五谷不登，禽兽逼人；兽蹄鸟迹之道，交于中国”（《孟子·滕文公上》），“蛇龙居之，民无所定”（《孟子·滕文公下》）。面对这种恶劣的环境，禹心怀天下，决心治水，以救人民于洪水之中。

在治水过程中，他接受其父鲧治水失败的教训，改堵塞为疏导；他亲临工地指挥，栉风沐雨，三过家门而不入。在他的领导下，历时13年，终于战胜洪水，使人民得以安居。因此禹得到大家的爱戴，而被推荐为舜的继承人。及继位，他又严于律己，自奉菲薄；关心人民，注意农时。由于此，他不但得到当时人民的拥护，其美名也流传至今。

夏朝废除禅让制，实行帝位世袭制。这是奴隶社会的开始。它世系分明，形成了一套高居众小邦之上的原始政治机构，并开始建立维护其统治的制度。从社会发展的角度来看，这是一个进步。夏朝是中国历史上的第一个朝代。

约公元前1600年，夏亡于商，亡就亡在桀的手里。桀为夏之第19代君主。他生活极其荒淫，腐败透顶，又为政残暴，滥杀无辜；对外滥施征伐，勒索邻国，天下人恨之入骨，敢怒而不敢言，只能从心底发出："时日曷丧？予及汝皆亡。"（《尚书·汤誓》）老百姓借太阳以骂桀，其意为：你何时被灭亡，我愿跟你一起灭亡！

夏朝历470年而亡，共经历14个朝代、19任君王。

商部族首领成汤顺应民心，高举反桀旗帜，天下响应，百姓急切地盼望他的到来，"东面而征，西夷怨；南面而征，北狄怨，曰：'奚为后我（为什么不先到我们这里来）？'民之望之，若大旱之望雨也"（《孟子·滕文公下》）。在汤军的打击下，桀败于鸣条（在今河南省封丘县东），出奔南巢（在今安徽省巢湖市东南）而死。夏亡，汤有天下。

成汤廉洁一生，又减轻赋税，鼓励生产，安抚民心，因而声威远播，远及黄河上游，僻处西境的氐、羌部落都来朝贡归附。

商王朝最初以游牧为主，后来逐渐从事农业。其显著的特点是有一个权势日益扩大的中央政府，但当时还没有地方政府，天子直接管理各个部落。

商历31个朝代，传至纣而止。纣是中国历史上最著名的暴君，较桀有过之而无不及。他不是个糊涂虫，而是“资辨捷疾，闻见甚敏，材力过人，手格猛兽（史书云：纣倒曳九牛，抚梁易柱）”。他以为自己的才能无人可及，天下人“皆出己之下”；他刚愎自用，“知（古通‘智’）足以距（古通‘拒’）谏，言足以饰非，矜人臣以能”。他生活极其糜烂，为此大修宫馆，“益收狗马奇物，充仞宫室。益广沙丘（在今河北省广宗县西北大平台）苑台，多取野兽蜚（同飞）鸟置其中”；他荒于酒色，“好酒淫乐，嬖（宠爱）于妇人。爱妲己，妲己之言是从”，“以酒为池，悬肉为林，使男女裸相逐其间，为长夜之饮”（《史记·殷本纪第三》）；他残酷剥削人民，刑罚严苛；残害忠良（纣王之叔比干强谏，纣王剖其心），加之黩武好战，陷人民于水深火热之中。结果人心丧尽，众叛亲离。在同周武王会战时，商兵纷纷倒戈，投向周军。纣王陷入非常孤立的境地，走投无路，被迫自焚。

商共历500余年（前1600—前1046）而亡。

周的奠基人姬昌（文王）少时参加农牧，知民间之苦，“积善积德，诸侯皆向之”（《史记·周本纪第四》）。孔子是很欣赏周代的，他说：“周监于二代，郁郁乎文哉！吾从周。”

周朝分西周和东周。

西周“共灭九十九国，降服六百五十二国”。由于疆土广大，必须建立属国，分而治之。为此，“武王、周公、成王先后建立七十一国”，并进行了大规模的分封，“其中兄弟（周公的兄弟）十五人（一说十六人），同姓四十人”［《中国通史简编》（修订本），第一册，第133页］。他还把同姓贵族、异性贵族，乃至炎帝、黄帝、尧、舜、禹之后代分封为大小不同的诸侯。

及13代传至幽王，此人也极为腐败，残酷剥削，刑罚严苛，残害忠良。“烽火戏诸侯”就是他的杰作。相传他为了博得宠妃褒姒一笑，竟拿诸侯开玩笑，失信于诸侯。及犬戎（古族名）来犯，诸侯们认为他在开玩笑，因而无人去救，结果幽王被杀。

幽王被杀后，镐京（今陕西省西安西南）残破，公元前 770 年，周平王东迁洛邑（今河南省洛阳市）。从此，进入春秋时代。

西周时期，各诸侯与王朝的联盟虽然是松散的联盟，但天子还保持着“天下宗主”的权威。及平王东迁，王室衰弱，力量大减，威信下降，也就不再有控制诸侯的能力。至此，各路诸侯不再听王朝的招呼而相互残杀、兼并。兼并的结果，是部落和国家大减：东周初期有 100 多个部落和国家，至东周晚期，仅剩 20 余国。它们中较有名者，有秦、晋、中山、魏、齐、楚、鲁、卫、曹、宋、陈、蔡、郑、吴、越 15 国，尤其强大者，有齐、晋、楚、秦、宋、吴、越 7 国。史书谓此时为“春秋时代”。

春秋时代是奴隶制瓦解的时代，也是文化大大发展的时代，各种思想空前活跃，各种流派纷纷登上舞台，形成百家争鸣的局面，逐渐形成完整的、光辉灿烂的中华文化，奠定了中华文化的基础。

在百家争鸣中形成的主要思想流派，有儒家、道家、阴阳家、法家、名家、墨家、纵横家、杂家、农家，合称为“九流”，百家争鸣还造就了许多伟大的思想家、政治家、军事家。在思想家中首推孔子，在政治家中首推管仲，在军事家中首推孙武。

进入战国（前 475—前 221），兼并战争更加激烈，奴隶制瓦解加速。兼并的结果是，有的诸侯国被消灭了，有的诸侯国强大了，最后形成七国（魏、齐、燕、赵、韩、楚、秦）争雄的局面。

战国是封建制形成的时代。相对于奴隶制来说，封建制下的农民有了一定的人身自由，也有了自己的私有经济，因而农民有了一定程度的生产积极性。

公元前 221 年，秦始皇消灭东方六国，实现了“大一统”，中国从此进入封建时代。

夏之初，仅中原地区就有两千多个部落，历时约2000年，全部统一于秦帝国，中国成为一个真正意义上统一的国家，其意义十分伟大、深远。

秦始皇在位期间，创建了全国统一之中央集权政府，又北逐匈奴，南拓疆土。其领土，东、南至海，西至今甘肃、四川，西南至云南、广西，北至阴山（河套以北、大漠以南诸山），东北至辽东。但由于秦始皇求治过急，刑法严苛，加之建宫殿，修坟墓，求仙药，北逐匈奴，南征百越，筑长城，修驰道等，工程如此之多，用人如此之众，耗资如此之大，致民穷财尽，人民无法承受；继承者嬴胡亥昏庸残暴，人民不堪压迫，纷纷起义。

二世三年（前207），秦朝终于被农民起义军推翻。秦历二帝，凡十五年而亡。

高帝五年（前202）二月，刘邦即皇帝位，是为高祖皇帝，国号汉，都长安。史称前汉（相对于后汉而言）或西汉（长安在后汉都城洛阳之西）。汉在中国历史上具有重要意义，且声威远播，故外国称中国为汉。

西汉可概分为以下三期。

高帝至景帝共62年（前202—前141）为第一期，主要谋求安定内部和富国强兵，有“文景之治”。

武帝至元帝共108年（前140—前33）为第二期，为西汉之全盛时期，主要是“攘外”和扩张，其中，汉匈战争进行了近100年，最终消除了边患。

成帝至更始帝共57年（前32—公元25）为第三期，为西汉之衰落、灭亡时期，其主要特点是腐败。

西汉后期，王莽专权，政治极为腐败，附顺者拔擢，忤恨者诛灭，凡郡国豪杰及忠直之臣不附者皆诬以罪杀之，其叔父红阳侯王立也不能免于狗血门事件，死者数百人，海内震惊。初始元年（8）王莽废汉称帝，改国号为新。

王莽在位期间，徭役繁重，赋敛重数，人民力作所得，不足以给贡税。官制、币制多变，失信于民；法律繁苛，人民摇手触禁。

王莽之残酷统治，促使全国上下群起而攻之。更始元年（23），起义军攻入长安，斩其首，分其身，争相杀者数十人。当其首传至宛（今河南省南阳市）时，百姓共击之，或切食其舌。王莽在位 16 年。

莽死，新朝亡，更始帝刘玄即位，都洛阳。

玄才智平庸，性素懦弱，豪杰失望，多不服，致上下离心，四方怨叛。建武元年（25）九月，赤眉军攻入长安，刘玄被处死。

西汉极盛时期，人口达 5900 多万人。其疆土，东至今之辽、吉、朝鲜，西北至新疆全境，西南至云、贵，南至海南省及越南之大部。

西汉共经 14 主，凡 231 年，其中含项羽统治年代和王莽、刘玄称帝时代。

更始帝刘玄死，西汉亡，刘秀（刘邦 9 世孙）即皇帝位，是为光武帝。定都洛阳，史称东汉；相对于前汉，亦称后汉。东汉是西汉之继续，与西汉统称为汉。

由于战乱，东汉之初，全国人口降至 2100 万人。

东汉可分以下两个时期。

1. 兴盛时期

此时期是光武帝至和帝初期。明、章二帝袭光武之雄风，奋发有为，北破匈奴，西定西域，南通西南诸地。

2. 衰乱时期

此时期长达100年之久。衰弱之由，自和帝刘肇至献帝刘协，凡9帝，继位时皆年幼无知，大者15岁，小者仅1岁，结果大权旁落。待其年长后，又先后有帝与后、外戚与宦官之争，后则演化为外戚联合士大夫与宦官之争。

东汉外戚宦官之祸乱，及桓、灵二帝时尤甚，致政治极为败坏，社会已尽凋残。朝野上下，唯尚权力；各地豪强据地称雄，中国境内之大屠杀，尤以中原地区为烈，民怨沸腾，终于引发黄巾起义，继而群雄割据，连年混战，中原大地遭受空前大破坏，人民深受其害。

经过一系列的兼并战争，最后仅存曹操、刘备和孙权三雄。

建安元年（196），曹操胁迫献帝至许（今河南省许昌市），东汉政权已经名存实亡。

延康元年（220），曹操死，其子曹丕废汉称帝，国号为魏。至此，东汉名实俱亡。东汉历12主，凡196年。

西汉、东汉共历426年。诸葛亮说："亲贤臣，远小人，此先汉所以兴隆也。亲小人，远贤臣，此后汉所以倾颓也。"此乃两汉历史经验之总结。

魏国都洛阳。所有13州，共93郡。今之辽宁、河北、山西、陕西、甘肃、山东、河南等省，以及江苏、安徽、湖北之部分，皆在其统治范围之内。

从此，我国进入三国鼎立时期，史称三国。

魏黄初二年（221）四月，刘备即皇帝位，都成都。他以"兴复汉室"为旗号，故定国号为汉，史称蜀汉，通称蜀。三国中，蜀国最小，所辖之地仅有益、梁两州，共22郡。今之四川全省及陕西南部，湖北、湖南西部，贵州、云南北部，皆在其势力范围之内。炎兴元年

（263），亡于魏。蜀汉经 2 主，凡 43 年。

汉兴平二年（195），豪强孙策削平江东割据势力，据吴、会稽等 6 郡，创建孙氏政权。建安五年（200），孙策死，其弟孙权继承其势力。魏黄初二年（221），孙权受魏命为吴王，都于武昌。吴黄龙元年（229），孙权称帝，国号吴，迁都建业（今江苏省南京市）。辖 4 州、43 郡、313 县，据有今之湘江以东、长江以南和长江北岸之部分地区，以及福建、广东、广西，还有越南北部和中部之地。

魏咸熙二年（265）十二月，魏元帝被迫禅位于晋司马炎。魏历 5 主，共 46 年。

晋太康元年（280），晋灭吴。吴经 4 主，凡 59 年。

至此，三国分治中国的局面，历时 61 年，遂告结束。

晋包括西晋和东晋。

咸熙二年（265），司马炎废魏称帝。因温县（司马氏之原籍）本晋地，故立国号曰晋，都洛阳，史称西晋。

太康元年（280），晋灭吴，统一全国，结束东汉末年以来之混乱局面。时，全国人口由汉永寿三年（157）之 5648 万人降至 1616 万人。西晋之疆域，东、南到海，西到葱岭，西南到云南、广西及越南北、中部，北抵燕山，东北至朝鲜半岛西北部。

西晋后期，历时 16 年之久的“八王之乱”，使晋室诸王势力耗尽，社会生产遭到严重破坏，各少数民族纷纷起兵反晋。自永兴元年（304），匈奴族刘渊称王开始，至南朝宋元嘉十六年（439），北凉降北魏之 136 年间，北方曾出现五胡十六国。

所谓五胡，系指匈奴、鲜卑、羯、氐和羌族。所谓十六国（实际上不止 16 国），系指匈奴族 3 国（前赵、北凉和夏），羯族 1 国（后赵），鲜卑族 5 国（前燕、后燕、南燕、西秦和南凉），氐族 3 国（前秦、后凉和蜀），羌族 1 国（后秦），汉族 3 国（前凉、西凉和北燕）。

当黄河流域陷入大混乱之时，江南较为平静，中原士族和民众纷纷南逃避乱。建兴四年（316），愍帝被俘，西晋实际上已经灭亡，历4帝，凡52年。

五年（317），镇守建康之司马睿称王；翌年三月，称帝，都建康，建立东晋。

东晋版图狭小，北方为他族所占领，其交接之地，大抵在今江苏、安徽和湖北等地。

东晋亡于420年，经11帝，凡104年。

两晋首尾156年。

晋元熙二年（420），东晋被灭亡之后，中国仍分为南北两部分。据南方者，相继有宋、齐、梁和陈4朝，史称南朝。据北方者，先有北魏，后北魏分为东、西魏；东魏为北齐所代，西魏为北周所代，北周又灭北齐，史称北朝。

南朝（420—589）始于宋。

晋元熙二年（420）六月，刘裕即皇帝位，为南朝之始。刘氏世居彭城，彭城乃春秋时之宋地，故国号为宋，都建康（今江苏省南京市），史称刘宋。统治着今之湘、闽、苏、浙、粤、桂、黔、川等地区，以及鄂、豫、皖之一部分，共计22州、274郡、1299县；升明三年（479）被齐所代。经8主，凡60年。

萧道成于升明三年（479），迫宋顺帝刘准禅位，即皇帝位，国号齐。都建康，史称南齐。齐之疆域，有州23、郡290、县1485。其州、郡、县数均较宋多，但有名无实者不少，实际疆土小于宋孝武帝大明时期。中兴二年（502）三月，和帝萧宝融被迫禅位于梁，萧衍即皇帝位于建康。齐经7主，凡24年而亡。

萧衍在齐时，先受封为梁公，后进封为梁王，故国号为梁。史称南梁。衍初据江南，与北魏对峙。534年，北魏分裂为东、西魏，从而形成三足鼎立之势。衍在位时间长达 48 年。衍之失策，导致侯景之乱，使梁奄奄一息，国土失之大半。太平二年（557）十月，敬帝萧方智被迫禅位于陈，陈霸先即皇帝位。梁经 4 主，凡 56 年而亡。

陈霸先有功于梁，因姓陈，故封陈公。即位后，遂以陈为国号，都建康。太建十一年（579），陈江北之地丧失皆尽。自是，陈之国势日益衰弱，国土日益缩小。祯明三年（589），被隋所灭，历 5 主，凡 33 年。

至此，自西晋末年（307）以来，先是中原鼎沸，继之南北朝对立，分裂长达 280 余年之天下复归于统一。南朝前后 170 年。

与南朝相对而立的是北朝（439—581）。

太延五年（439），鲜卑族拓跋焘（太武帝）灭北凉，结束五胡十六国之混乱局面，统一北方，是为北魏，亦称后魏，是北朝之始。太和十九年（495）九月，拓跋宏（孝文帝）迁都洛阳。

拓跋焘是北魏杰出的皇帝，对魏国的建立和巩固有着巨大的贡献。拓跋宏（即元宏孝文帝）贡献更大，他克服重重困难，以汉化为目标，改造鲜卑族落后的文化，对民族融合有着重大的作用。

北魏后期，丞相高欢控制了北魏政权，永熙三年（534），孝武帝被迫西奔长安，投靠关西大都督宇文泰，继而被泰毒死，泰立元宝炬（北魏孝文帝之子）为皇帝，史称西魏，朝政由泰所控制。西魏恭帝三年（556），西魏被迫禅位于北周孝闵帝宇文觉，历 3 主，凡 22 年而亡。

孝武帝被迫西奔长安之后，高欢为了进一步控制政权，遂立元善见为帝（孝静帝），建立东魏。武定八年（550）五月，孝静帝被迫禅位于高欢之子高洋，北齐建立。东魏历 17 年而亡。

北魏从 439 年统一北方，534 年分裂为东魏、西魏，至西魏恭帝三年（556）亡，历 14 帝，凡 117 年。

高洋曾被封为齐王，又因高氏系渤海人，渤海本齐地，故立国号为齐，史称北齐。

北齐的真正创建者是东魏大丞相高欢。高欢，又名贺六浑，世居北边，是鲜卑化汉人。欢靠六镇流民（鲜卑族）之支持，从北魏永熙元年（532）入洛阳，经过16年经营（高欢死于547），创造了灭东魏立北齐之条件。

北齐5主，没有一个好的，不是腐败，就是残暴。承光元年（577），北齐被北周所灭，前后凡28年。

北魏永熙三年（534），北魏孝武帝西奔长安后不久，就被大丞相宇文泰所毒死，孝文帝之孙元宝炬即皇帝位，是为文帝，史称西魏，朝政由宇文泰所控制。西魏历3主，凡22年而亡。恭帝三年（556），恭帝元廓被迫禅位于宇文泰之子孝闵帝宇文觉。宇文觉都长安，定国号为周，史称北周。北周的真正创建者乃西魏大臣宇文泰。在武帝宇文邕治理下，北周曾有很大发展。后由于继任者宣帝宇文赟之腐败，北周经5主，凡25年而亡。

北周相国杨坚于北周大定元年（581），代北周而称帝，是为隋文帝。

坚曾为随国公，遂以“随”为国号；又因“辵”意为“走”也，不祥，故去“辵”为隋。

开皇七年（587）九月，隋并后梁。九年（589），灭陈。至此，自西晋永兴（301）以来，先有五胡十六国之乱，继之以南北朝对立，分裂280余年之天下，复归于统一。南北朝首尾共170年。

文帝统一全国之后，革新朝政，整顿朝风，勤俭治国，因之生产发展，人口增加，国威远播。时有郡190、县1255、人口4601万，国土东西9300里、南北14815里。文帝所创立之隋制，为唐以后各朝所遵循。但由于继承者炀帝杨广穷奢极欲，滥用民力，连年用兵，兵役繁重，偏信佞臣，诛杀勋臣，以致民怨四起，内部矛盾加剧，起义和兵变连续不断。义宁元年（617），隋太原留守李渊攻入长安，立秦王杨侑（炀帝嫡长孙）为帝。翌年，李渊代隋。至此，隋经3帝，凡38年而亡。

李渊祖父是西魏左仆射李虎，以佐周代魏有功，死后追封为唐国公，李渊克长安，进封唐王。义宁二年（618），受隋禅，故国号为唐。

唐立国之初，内忧外患，但经太宗、武则天、玄宗之治理，国势日强，国威远及波斯，将中国封建社会推向顶峰。天宝十三年（754），全国有郡321、县1538，人口从隋末不足300万户（约1000多万人）上升到906万户（5288万人）。全盛时期长达130多年。

安史之乱（755）后，唐逐渐走向衰亡。在长达150多年中，藩镇割据，宦官专权，朋党斗争交织在一起，天祐四年（907），唐终被后梁所代。至此，唐经290年，其中含武则天称帝之周朝16年，凡21主而亡。

中国从此进入最黑暗的年代——五代十国，中国封建社会从顶峰上跌落下来。

五代十国：唐天祐四年（907），朱温（全忠）代唐而有中原，是为后梁。后梁之后，相继有后唐（923—936）、后晋（936—947）、后汉（947—950）、后周（951—960），统称五代。五代更替频繁，各皇朝统治时间短促，长者17年，短者仅4年，凡易8姓13主；东北之契丹（916年建国，937年改国号为大辽），乘机积极参加战争。

与此并立的，在中原以外地区，尚有10国（严格说不止10国），史书称这一历史时期为“五代十国”。所谓10国有：

①前蜀（907—925），都成都。

②后蜀（934—965），都成都。

③吴　（910—937），都扬州。

④南唐（937—975），都金陵（今江苏省南京市）。

⑤闽　（933—945），都福州。

⑥楚　（907—951），都潭州（今湖南省长沙市）。

⑦南汉（917—971），都广州。

⑧荆南（924—963），都江陵。

⑨吴越（907—978），都钱塘（今浙江省杭州市）。

⑩北汉（951—979），都晋阳（今山西省太原市）。

五代十国，乃唐代藩镇割据之延续。五代历 54 年，凡 13 主。

后周显德七年（960）正月，陈桥兵变，赵匡胤代后周而有中原，国号宋，都汴京，史称北宋。

赵匡胤即立后，迅速平定内乱，以“杯酒释兵权”之方式，集兵权于中央，继而采取“先南后北”之策略，逐次消灭荆南、后蜀、南汉、南唐等割据政权。太宗赵匡义继其事业。至太平兴国四年（979），中国除后晋割让给契丹之 16 州外，基本统一于宋皇朝之下。五代十国分裂割据局面始告结束。

北宋之外部威胁，西北有西夏，东北先有辽（契丹），后有金，战争不断。

西夏，属党项族。唐朝时散居于今青海西宁、贵德和大积石山一带。后因受吐谷浑压迫，逐渐向东迁徙至今甘东、陕北，以及河套地区。唐贞观初，有拓跋赤辞者来归，太宗赐姓李氏，安置于静边（在今陕西省米脂县西）等州。唐末（881），平夏酋长、宥州刺史（治所在今靖边县东）拓跋思恭，因镇压黄巢起义军有功于唐，授夏绥节度使（后改为定难节度使），镇夏州（在今横山县西北），统管银（在今米脂县西北）、夏、绥（在今清涧县北）、宥、静 5 州，亦赐姓李氏。至宋初，传至李彝兴。彝兴屡助宋破北汉，有功，太祖赵匡胤甚重之。

乾德五年（967），彝兴死，宋追封其为夏王。又传至李继迁。继迁为反抗宋图夏州，乃北连契丹。从此，宋夏之间，时战时和，长达百年。淳化元年（990），契丹封继迁为夏王。明道元年（1032），继迁孙李元昊继王位。元昊继位后，大力革新朝政，使国势空前强大。宝元元年（1038），称帝，国号大夏。史称西夏。都兴庆府（今宁夏回族自治区银川市）。最盛时期有州 22，据有今之宁夏、陕北、甘肃西北部、青海东北部，以及内蒙古部分地区。有文字。1227 年，为蒙古所灭。传 10 主，凡 190 年。

北宋在与辽、夏的战争中，屡遭失败。幸好在景德元年（1004）辽兵深入之际，宋真宗御驾亲征，获胜。宋乃借机求和，与辽订立澶渊之盟，从此宋辽边境长期处于和平状态。但在澶渊之盟中，宋也被迫接受了一些屈辱条件，例如：宋每年要输岁币银 10 万两、绢 20 万匹给辽。在辽的压力之下，庆历三年（1043），岁币被迫增至银 20 万两、绢 30 万匹。同时，宋又以各种名义，输夏银 7 万两、绢 15 万匹、茶叶 3 万斤。加之朝风日益腐败，赋役繁重，人民不堪其苦，不断爆发起义。

为振兴北宋皇室，仁宗采纳范仲淹的建议实行新政，但不久夭折。神宗即位后，任用王安石进行变法，虽取得一定成效，但新法最终也被废，之后宋廷又陷入长期党争之中。

徽宗即位，重用奸臣蔡京、童贯等人，朝风更加腐败，社会危机更加严重，国家更加贫困。金兵南下，宋军一触即溃。靖康元年（1126），金兵占领汴京，北宋遂亡。

北宋历 9 主，凡 168 年。

靖康元年（1126）闰十一月，金破汴京，并于次年三月，立张邦昌（北宋叛臣）为楚帝，使之为其附庸。继而，金俘徽、钦二帝北去，张邦昌迫于众怒，去帝号，迎元祐皇后垂帘听政，并致书康王赵构，劝即帝位。五月，构即位于南京（今河南省商丘市），后迁都临安（今浙江省杭州市），是为南宋。

构即位之时，宋广大军民同仇敌忾，奋勇抵抗金军之进攻。但赵构为偏安于江南，一味妥协求和，先免主张抗战之李纲宰相之职，继而听任秦桧专权，以“莫须有”之罪名，杀害战功卓著之岳飞。绍兴十一年（1141），以称臣、割地、纳款为条件与金议和，即“绍兴和议”。

“绍兴和议”之后，宋金仍处于对峙状态。绍兴三十一年（1161），金主完颜亮大举南侵，结果身亡军败。次年，宋孝宗起用张浚，乘机北伐，但遭“符离之败”。双方重新议和，宋帝称金帝为叔父，减纳银五万两、绢五万匹，史称“隆兴和议”。

宋宁宗继位，韩侂胄专权。韩侂胄为打击异己，制造“庆元党禁”；为立盖世之功以自固，贸然北伐，招致失败。开禧三年（1207），礼部侍郎史弥远和杨后计杀韩侂胄。次年，与金订立“嘉定和议”，称金帝为伯父，增纳银绢至三十万两银、三十万匹绢，另加犒军银三百万两。

南宋后期，史弥远、丁大全和贾似道又相继专擅朝政，朝风日益腐败，危机四伏。

时北方形势巨变，成吉思汗建立蒙古汗国（忽必烈改称大元），发动西征，灭夏、金，继攻宋。

宋元战争持续45年之久。德祐二年（1276），元陷临安，俘恭帝。文天祥、张世杰、陆秀夫等宋臣先后拥立度宗之子赵昰、赵昺为帝，坚持抗战。

祥兴二年（1279），文天祥战败被俘，陆秀夫被迫负帝（赵昺）投海而死，张世杰亦投海殉国。至此，南宋经9主，凡153年而亡。

与宋并存的有辽（契丹）。

辽属东胡族（因居匈奴之东，故名）之一支。其先为匈奴所破，后又为慕容氏（鲜卑族，东晋末年，先后建立前燕、后燕、南燕等政权）所破，以万口附于北魏，自号契丹，居于今之辽河上游西拉木伦河、老哈河一带。至北齐，文宣帝大破之。后又为突厥（原居阿尔泰山一带的游牧民族，后分为东西二部）所逼，部落离散，有寄处高丽者，有臣于突厥者，有附隋者。其后，在辽西之契丹族，人口渐众，分为10部，有地500余里，各部兵多者3000，少者1000余，仍以游牧渔猎为生。兴兵侵伐，10部共议；游牧渔猎，各部自行。

唐贞观二年（628）内属于唐，唐于此置府，以其酋长为都督。至唐末，其地北至黑龙江上游，东临今辽宁新宾县，西接今张家口地区，南抵今辽宁朝阳县。其部落之最大者为大贺氏，下分8部，有兵43000人。

后梁开平元年（907），大部长阿保机诱杀诸部酋长，统一契丹。贞明二年（916），阿保机称帝，以其所居之地（在今内蒙古自治区巴林左旗南）为上京。

阿保机采取远交近攻之策略，先通好于后梁而击晋。既而和晋王李克用约为兄弟，复又背之。之后，集中力量一举消灭渤海国。

阿保机死，耶律德光继其事业，积极谋取中原。天显十一年（936），灭后唐，立石敬瑭为晋帝，尽有燕云十六州之地（约今北京、天津北部、河北、山西两省北部之地）。及至此时，契丹国土广大，幅员万里，巍然屹立于东亚北部。

天显十二年（937），改国号为大辽。

晋石敬瑭死后，石重贵继位，辽、晋矛盾日益加深，战争不断。会同九年（946），辽灭晋。由于连年战争，中原人民深受其苦，而辽亦损失惨重。

大同元年（947），耶律阮即位，是为世宗。阮乃一中才之主，无所作为。继位者耶律璟暴虐无道，结果被近侍所杀。

应历十九年（969），耶律贤即位于危难之时，但其才智平庸，在位14年，国势无根本好转。

接下来即位的耶律隆绪（圣宗）是一有作为之皇帝。他在位长达50年，将辽国推向全盛时期，其中有其母萧绰之功劳。

隆绪即位初（983），复国号为大契丹。统和二十二年（1004），与宋签订和约，史称“澶渊之盟”。此一和约维持了宋、辽间和平状态，凡116年。

及耶律洪基（道宗）即位，奸臣当道，朝风败坏，国势日衰，反叛纷起，传至耶律延禧（天祚帝），辽之国势更是每况愈下。

保大五年（1125），被金（女真）灭亡。辽历9帝，凡210年。

辽之后有金。金之先，商、周时称肃慎，亦称息慎、稷慎，居于长白山之北，其地东濒大海，北至黑龙江中下游。汉、三国时，肃慎改称挹娄，南北朝时称勿吉，分为7部，向北魏纳贡。隋时称靺鞨，7部犹存。至唐初，有黑水靺鞨、粟末靺鞨，其余5部无闻。黑水部分布于黑龙江中下游，发展较慢，分为16部；粟末部居今松花江流域，较先进。

粟末部始附高丽，姓大氏。唐万岁通天元年（697），其酋长大祚荣大败来讨唐军。圣历元年（698），祚荣建国，自称振（亦称震）国王，附于突厥。时奚、契丹皆叛唐，武后不能讨。中宗（李显）即位，遣使招之，祚荣遣子入朝。开元元年（713）二月，玄宗以祚荣为左骁卫大将军、渤海郡王；以其所部为忽汗州（治所在今黑龙江省宁安市西南东京城），令祚荣兼都督。自此时起，祚荣之国改称渤海国。辽天显元年（926），为阿保机所灭。历15主，立国228年。

黑水部，亦附于高丽，曾以兵15万助高丽拒唐太宗。开元十年（722），其酋长倪属利稽入朝，玄宗命其为勃利（伯力）州刺史。十四年（726），置黑水府，以其首领为都督、刺史，唐派长史监领之。其后渤海强盛，黑水部遂附渤海，而断唐贡。五代时，黑水部改称为女真。辽天显元年（926），阿保机灭渤海，黑水部遂附属于契丹（后改称为辽）。其在南者，号熟女真，在北者，号生女真。

金之始祖函普，初从高丽来，定居完颜部（生女真之一部），故姓完颜氏。其六世孙完颜旻（阿骨打）于辽天庆三年（1113）十二月为完颜部首领，迅速统一女真各部，举兵反辽。五年（1115），旻称皇帝，国号大金，建都会宁（今黑龙江省阿城区）。天辅七年（1123）八月，死，其弟完颜晟继位，是为太宗。

晟在位13年，先灭辽，继灭北宋，立张邦昌为楚帝。旋楚为南宋赵构（高宗）所代，张邦昌亦被杀。金曾3次追捕赵构，但均未达到目的，始知南宋不易消灭，乃立刘豫为齐帝，从而确立对中原之统治。对内采用汉制，建立各种典章制度。天会十三年（1135），太宗死，完颜亶继位，是为熙宗。

亶即位初期，外制宋、齐，内平叛乱，政尚清明。及皇后干预朝政，亶纵酒杀人，其政渐衰。皇统九年（1149），亶被平章政事完颜亮所杀，亮遂称帝。亮更加残暴，而又荒淫奢侈，并轻率发动南伐，结果被部下所杀。

继位者完颜雍（世宗）为一有作为之皇帝，号称“小尧舜”。在位期间，对外迫宋签订“隆兴和议”，对内大修政治，国内大治，将金推向全盛时期。

雍之后为完颜璟（章宗）即位。璟即位初，锐意求治，不久，大权落入佞臣胥持国之手，朝风日坏。璟在位期间曾迫宋签订“嘉定和议”。

其后之完颜永济（卫绍王）、完颜珣（宣宗）、完颜守绪（哀宗），虽有图治之志，但无挽狂澜于既倒之才。病入膏肓之金皇朝，于天兴三年（1234）被蒙宋联军所消灭。历9主，凡120年。

元为蒙古族所建。辽、金时，蒙古族的先祖游牧于今西伯利亚贝加尔湖及今蒙古国东部地区。它有尼伦、都尔鲁斤两大部，皆附属辽、金。

金时，尼伦部有25个部落。其中孛儿只斤部落（成吉思汗所在之部落）世居克鲁伦河发源地不儿罕山（今蒙古人民共和国之肯特山）附近。

1140年，孛儿只斤酋长合不勒夺取金克鲁河以北地区，号大蒙古国，始以“蒙古”为其称号。合不勒死后，诸部分立。1206年，铁木真统一各部，称成吉思汗，建立蒙古汗国，制定各种制度。

成吉思汗在位期间，曾发动西征，灭花剌子模（中亚阿姆河下游古国），占领中亚细亚和南俄罗斯草原，以其地分封长子术赤、次子察合台、三子窝阔台。

1227年，成吉思汗在灭西夏前夕病死，窝阔台继位，是为太宗。1234年，太宗灭金，统一中国北方；次年建都和林（故址在今蒙古人民共和国哈尔和林）；1236年，命拔都（术赤次子）西征（史称蒙古人第二次西征），先后击败钦察（突厥分支）等部及俄罗斯各公国，进入波兰、匈牙利、奥地利。

1251年，宪宗蒙哥即位。1253年，宪宗灭大理，降吐蕃，继又命其弟旭烈兀西征（史称蒙古人第三次西征），灭波斯（今伊朗）、报达（今伊拉克之巴格达）等国。

中统元年（1260），世祖忽必烈即位。至元八年（1271），改国号为元，是为元朝之始。次年，迁都大都（今北京市）。十六年（1279），灭宋，使唐末以来分裂割据之中国复归于统一。

成吉思汗及其子孙，在占领地建立四大汗国：钦察汗国（辖地东自吉尔吉斯草原，西至匈牙利）、窝阔台汗国（辖地阿尔泰山一带及新疆北）、察合台汗国（辖地阿姆河以东至天山一带）、伊利汗国（辖地阿姆河以西，今之伊朗、伊拉克之地）。

元皇朝在皇位继承问题上，既无家法，又无国法，故忽必烈死后，骨肉之间，为争夺帝位而互相残杀，而权臣操纵于其间，致使皇室大权旁落，朝廷纲纪败坏。及至顺帝，更加腐败，终于引起农民大起义。

至正二十八年（1368），朱元璋攻入大都。元（含蒙古汗国）经14帝，凡163年而亡。

元至正二十八年（1368）正月，朱元璋即皇帝位于应天府（今江苏省南京市），国号大明，年号洪武，建都应天。八月，攻占大都（今北京市）。明自江南北伐，完成统一大业，实开中国数千年历史之先例。

朱元璋在位期间，改革旧制，废中书省及丞相制度；严刑律，整肃吏治；兴修水利，奖励垦荒；清丈土地，防豪猾兼并；禁宦官参政。因而社会迅速安定，生产迅速发展。

惠帝即位，实行削藩，燕王朱棣则以“靖难”为名，起兵于北平，攻破南京。惠帝不知所终。朱棣即位。朱棣即位后，继续削藩，又5次亲征漠北，派郑和下西洋，迁都北京，成绩卓著。但重用宦官，贻害匪浅。

“仁宣之治”后，至英宗之世，宦官专权，国事日非，国防空虚。“土木之变”，英宗被俘。宪宗即位，政治更加腐败，民不聊生。孝宗颇有仁宣之遗风，其在位时，号称“中兴”。武宗继位，不理朝政，委政宦官，局面更坏。神宗之后，形势更是每况愈下，危机四伏，内有农民起义，外有后金南下。崇祯十七年（1644），明终于被起义军推翻。

明经16帝，凡276年。之后流亡于江南之福王、唐王、鲁王和桂王等，先后建立政权，但为时仅18年。

清（含后金）为女真族所建。1115年，阿骨打统一女真各部，建立金政权。之后，女真人部分迁入中原，部分留居东北。1234年，金为南宋、蒙古联军所灭，其遗族散居于混同江（今黑龙江同江县以东地区），延其旧俗，从事射猎。元设合兰府、水达达等路管辖之。明有天下，女真内附。

时女真分三部：建州、海西、野人。正统年间，野人女真移居于长白山，建州、海西南迁。明在当地设都指挥使司、卫、所以治之。而女真诸部仍以射猎为业，并筑城而守，各据一方，互相攻伐。

明万历十一年（1583），建州女真族人爱新觉罗·努尔哈赤起兵，历时30余年，统一女真各部，并创建军政合一之“八旗制度”。万历四十四年（1616），在赫图阿拉（今辽宁省新宾老城）即汗位，国号大金，史称后金。

万历四十六年（1618），努尔哈赤以“七大恨”兴师，反抗明皇朝。次年，在“萨尔浒之役”中重创明军。明天启元年（1621），后金连克沈阳、辽阳等辽东70余城镇。五年（1625），后金迁都沈阳（后改为盛京）。次年，努尔哈赤在宁远战中战败负伤，未几死，其第8子皇太极继汗位。

崇祯九年（1636），皇太极改称皇帝，改国号为大清，改女真为满洲。

皇太极在位期间，曾5次突破长城，进入内地，主要从事抢劫和破坏；又东攻朝鲜，西服蒙古。死后，由其第9子、年仅6岁的福临即位，多尔衮以皇叔辅政。清顺治元年（1644），多尔衮在明降将吴三桂支持下，领兵入关，迎福临入北京，并定都于此。

康熙二十年（1681），三藩悉平，台湾在握，海内统一。

自此时起，至乾隆末年100余年为清全盛时期，先后平定西藏、青海、准噶尔、回疆之乱；又与沙俄签订《尼布楚条约》，使其尽撤黑龙江畔之堡寨，从此，外兴安岭以南之地尽归中国。其疆域西至今巴尔喀什湖、楚河、塔拉斯河流域和帕米尔高原，北至戈尔诺-阿尔泰、萨彦岭，东北至外兴安岭、鄂霍次克海，东至于海，包括台湾，南至南海诸岛，西南至广西、云南、西藏。

其文治亦斐然称盛，清廷主持编修了《明史》《古今图书集成》《全唐诗》《康熙字典》等图书。人口从明天启六年（1626）的一亿人左右，至嘉庆十七年（1812）发展至36169万人，186年间，人口增加了将近4倍，巍然而成为东亚第一大国。

自嘉庆初年至清灭亡的100余年间，内有白莲教、苗族之乱，而太平天国曾占有中国之半，清朝几至灭亡。外则列强入侵，犹自鸦片战争起，清军每战必败，败则丧权辱国，中国自此沦为半殖民地，备受欺凌。

宣统三年（辛亥年，1911），清朝为革命党人所推翻。历12帝，凡298年而亡。历时2000余年之中国封建帝制，至此，亦告结束。

清朝灭亡之后，宣布独立的各省于1912年1月1日在南京成立临时政府，推举孙中山为临时大总统，国号为中华民国。不久，政权落入北洋军阀手中，迁都北京。袁世凯于1915年12月宣布恢复帝制，准备登基做皇帝，由于遭到全国反对，被迫于1916年3月22日宣布取消帝制。之后北洋军阀的黎元洪、冯国璋、徐世昌、曹锟等人相继为总统。在他们统治期间，帝国主义列强加紧侵略中国，且军阀连年混战，中国再一次陷入混乱，人民苦不堪言。

1921年，中国共产党成立后，推动孙中山改组国民党，实行“联俄、联共、扶助工农”三大政策，进行北伐战争，推翻了北洋军阀统治。但1927年，蒋介石发动“四一二”反革命政变，夺取革命胜利果实，在南京建立国民政府。抗日战争期间，蒋介石以重庆为陪都，进行抗日。抗日胜利后，仍实行残酷统治，1949年被中国共产党领导的人民军队推翻。1949年10月1日，中华人民共和国成立。

二、伟大工程

人们常说："中华民族是一个勤劳的民族，也是一个智慧的民族。"这话没有错，我们的祖先在神州大地上兴建的一些伟大工程就是证据。

以长城为例，筑长城所用的砖每块大约重30斤，要将如此沉重的砖一块一块地背上山，在崇山峻岭中劳作，这是一项多么艰苦的工作！而筑长城所用的砖的数量是海量的，仅制作这些砖就要付出多少劳动！还有长城所用的条石据说其重量大都在1000—1500公斤，这又是怎么运上去的？在长达2000多年的时间里，中国人付出多少！只有天知道。我想，中国人勤劳的性格就是这样磨出来的。放眼全世界，除了中华民族以外，还有哪个民族能有这样勤劳的性格？可以肯定地说：没有，绝对没有！

还有一些伟大工程也证明中华民族是一个很有智慧的民族，都江堰就是一个很有说服力的事例。李冰父子是何等的聪明！当然，这么大的工程，可以肯定地说，不是李冰父子等少数人所能完成的，它一定是集合了众人之智和众人之力，这也反映了中国人民的智慧。

（一）长城

长城修建历史久远。早在春秋战国时，各诸侯为了自保，纷纷在各自领地的形势险要之处修筑城墙，有的长达数百里。

关于长城最早的记载，见于《左传》僖公四年（前656）“楚国方城以为城”。所谓“方城”就是长城（北起今河南省方城县北，南至今泌阳县东北）。至战国时此长城又有所延长。

秦始皇统一中国后，为防匈奴南侵，于始皇三十三年（前214）修筑长城：“蒙恬斥逐匈奴，收河南地为四十四县。筑长城，因地形，用制险塞；起临洮（今甘肃省岷县）至辽东（在辽宁省辽阳县北），延袤万余里”（《资治通鉴·卷七》）。这就是蒙恬斥逐匈奴之后，在原晋、燕等国原有长城的基础之上加以修缮、连通，所完成的浩大工程。它西起临洮，北傍阴山，东至辽东，俗称“万里长城”。在其后的1000多年中，汉、北魏、北齐、北周和隋各朝都曾在中国北部的农牧分界地带修筑长城。明代更重视修筑长城，目的是防御鞑靼、瓦剌的侵扰。从明太祖至神宗的200年间，朝廷曾18次修筑长城。截至明代，长城西起嘉峪关，东至山海关，总长度达6300多千米，此时的长城真可谓是“万里长城”。

中国长城工程十分巨大。居庸关一带墙高8.5米，底部厚6.5米，顶部厚5.7米，女墙高1米，就此一处看，工程就非常之大。要知道长城跨越9省、市、自治区的100多个县，而且它所经之地，不是崇山峻岭，就是荒漠无人之地，施工条件异常艰苦，施工难度十分大，背一块砖就很不易。2000多年来，所消耗的人力和物力肯定是一个天文数字。

长城的修筑，首先反映了中国人爱好和平的思想。中国人这种爱好和平的思想在很多地方都有所表现，院有院墙，城有城墙，国有长城；院墙防盗，城墙防匪，长城防敌。其次反映了中国人吃苦耐劳的精神。

（二）京杭大运河

京杭大运河是从北京直通杭州的一条运河，全长1700多千米。它不但是我国古代最伟大的水利工程，也是世界历史上最伟大的水利工程。

京杭大运河是将天然河道和人工开凿的运河连通而成。全程分为7段：北京市区到通州称通惠河；通州到天津段称北运河；天津到山东临清称南运河；临清到台儿庄段称鲁运河；台儿庄到淮阴段称中运河；淮阴到扬州段称里运河；镇江到杭州段称江南运河。

一提起京杭大运河，人们自然会想到隋炀帝，认为他是首先开凿京杭大运河的人。其实这条运河中一部分开凿始于春秋末期。公元前486年，吴王夫差为了能从海上攻入齐国（国都临淄——今山东省淄博市），开凿邗沟（后名里运河，自今江苏省扬州市南引长江水北上，至淮安市北，入淮河，全长169千米）；战国时，魏惠王十年（前360），开鸿沟（自今河南省荥阳市北引黄河水，经中牟县北和开封市北，转而南向，经通许县东、太康县西，至淮阳市东南入颍水）。汉武帝元光六年（前129），开漕渠，渠起长安（今陕西省西安市），傍南山（秦岭），东至黄河。东汉建安九年（204），曹操开白沟（引淇水入白沟）。

当然，隋炀帝不但开挖了一些运河，关键是将这些运河连通了。他主要是组织开挖了通济渠。

通济渠分东西两段。

西段起自东都洛阳（今河南省洛阳市）西苑，引谷、洛水穿过洛阳城东出，循阳渠故道，至偃师入洛，由洛水入黄河。

东段起板渚（在今河南省荥阳市北），引黄河水东行汴水故道，经开封，东南流，经杞县、睢县、宁陵至商丘。又东南流，行蕲水故道，流经夏邑、永城市、安徽省宿州市、灵璧、泗县。江苏省泗洪至盱眙对岸注入淮河，这是隋炀帝时所开凿运河中的最后一条。为隋炀帝南巡所用，俗称御河，唐改名为广济渠。

唐宋时，通称西段为漕渠或洛水，东段为汴河或汴渠。

京杭大运河除了用于隋炀帝方便游江南作用外，还有灌溉、航运的作用。

（三）坎儿井

所谓坎儿井就是井穴。古代新疆人民为了解决灌溉问题，在地下开挖引水渠道，最后引出地面。之所以采取这种办法，是因为气候和地理条件所限（水分蒸发太大），水不能从地面上走。

其基本开掘方法，在高山雪水潜流处，选择适合地点开挖，每隔20—30米打一口竖井（一是便于开挖，二是为了通风，三是便于检查、维修，四是便于沿线人民取水），竖井与地下渠道相连，渠道不断延伸，引水下流，到接近绿洲处筑坝分流，全长共5000多千米。它为灌溉、饮用提供用水。其优点是结构简单，水量稳定。

坎儿井主要分布于吐鲁番、哈密、库车地区，以吐鲁番居多，多达900多口。

这种输水方式，早在2000多年前就有了。它工程浩大，与长城、京杭大运河并称为中华民族三项伟大工程。

（四）都江堰

都江堰古称都安堰，是2300多年前秦蜀郡守李冰父子在四川岷江上主持修建的一项极其伟大的水利工程。

这项工程，从选址、规划和设计到施工都闪耀着中华民族智慧之光。

岷江是长江上游的一条支流。它发源于岷山南麓，流经今四川省松潘县、汶川县、都江堰市、乐山市、至宜宾市入长江。全长约 793 千米，流域面积约为 13.35 万平方千米。

岷江水流量大，是成都平原主要的水源。但由于其上游两岸山高谷深，水流湍急，及出都江堰市，一马平川，流速陡降，泥沙淤积，所以经常泛滥成灾。

李冰上任后，为除民害，不辞劳苦，跋山涉水，实地考察了岷江情况，决定建堰于今都江堰市西北的岷江上。

这一选址反映了李冰的非凡才智。我们现在来看都江堰堰址，好像自然界早就为他安排好了似的，只等他去发现。

果然，李冰发现了它，并天才地利用地形建堰。他在江心，以竹笼装卵石，堆砌成鱼嘴状，将江水一分为二：外江和内江。

外江沿原有河道流走；内江则沿着宝瓶口通道（在玉垒山开凿的一条 20 米宽的通道）进入成都平原。

为确保内江灌溉安全，在鱼嘴和宝瓶口之间还修建了平水槽、飞沙堰等工程，使进入内江过多的水经由平水槽漫过飞沙堰而流入外江。

他为了确保灌溉区顺利运行和永久安全，还制定了“深淘滩，低作堰”的岁修原则。

都江堰的建成，彻底改变了川西平原的农业生产状况，成为“水旱从人，不知饥馑，沃野千里”的粮仓。四川之所以能成为“天府之国”，主要得益于都江堰。

（五）灵渠

灵渠，又名湘桂运河、兴安运河。在广西壮族自治区兴安县境内，是我国古代著名水利工程之一。

秦始皇为了统一岭南，命史禄于前223年修建能沟通湘、漓二水的河渠，以连通长江和珠江两大水系。史禄巧妙地利用地形，在湘江中用长方形的石料砌成铧嘴状，将湘江水一分为二，分成南、北两渠，南渠注入漓江，北渠汇入湘江。北渠占水量的7/10,南渠占水量的3/10，故有“三分漓水七分湘”之说。

此水利工程，为时10年才告完成，全长约34千米。初名秦凿渠，后因漓水上游为零水，故又称零渠、澪渠，唐代改为今名。

历代屡有疏浚和改建。唐代筑斗门18座、宋代将斗门改为36座，清代将斗门改为32座，斗门顺次启闭，增高水位，使船只越过高地，又利灌溉。

灵渠所建斗门，是世界上最早的通航措施。秦、汉以后，中原地区与岭南交通，多取道于此。近代由于公路、铁路的相继修筑，其航运的作用逐渐消失。

中华人民共和国成立后，沿途新建了许多水渠、水库和大小水电站。它是全国重点文物保护单位。

灵渠同四川都江堰一样也是一个智慧工程。

（六）长江上最早的一座浮桥

长江是中国第一大河。其下游江宽、流急，要在此架一座浮桥，即使在科学技术非常发达的今天，也绝非易事，更何况古代呢！可历史告诉我们，早在1000多年前的宋代就曾有人成功架浮桥于采石（在今安徽省当涂县采石矶）。此人就是池州（治所在今池州市）的樊若水（后更名樊知古）。

樊若水在南唐不得志，遂谋归于宋。时宋正谋灭唐，以统一天下，樊遂谋献架浮桥于长江之上之策，以利宋军渡江。

为了能准确地将浮桥架于长江之上，他伪装钓鱼，用小船载丝带系于南岸，然后将小船划至北岸，以测量长江的宽度。如此凡数次往返，最终得出长江准确的宽度。

宋开宝七年（974）七月，他带着设计草图，北上汴京（今河南省开封市），向宋朝廷建议渡江之策。

宋太祖赵匡胤召而问之。樊若水陈述架浮桥于长江之上的意见，认为长江并非天险，可建浮桥以渡大军，并详细讲述造桥方法及其长度。赵匡胤对此很有兴趣，即令他负责此事。

但是，赵匡胤这一决定，遭到枢密院（主管军事）诸臣的反对，他们一致认为不可行，说："长江江阔水深，自古以来，未有浮桥以济者。"（《续资治通鉴长编·册一》）赵匡胤不听，且授樊若水舒州团练推官、右赞善大夫，并许攻下池州后，使知池州；还遣使至荆、湖、蜀等地，令各地按照樊若水的设计，建造大舰及其他船只数千艘，以及联结船只用的粗索等物，作架浮桥之用。

九月，赵匡胤下令宣徽使曹彬统军南伐。曹彬在水陆并进的同时，令八作使（掌管京城缮修）郝守浚率战船和大舰，载巨竹、绳索、丁匠（为官府服役的工匠）东下，这些都是在为架桥做准备。

闰十月，宋攻克池州，曹彬令樊若水用郝守浚所带架桥之物，试架桥于石碑口（在今怀宁县）。及破采石矶，曹彬令移预制浮桥于采石，三日而成，不差分寸，大军过之，如履平地。此乃我国历史上首次架浮桥于长江之上，能在如此宽阔、流急的江上架桥，在世界架浮桥史上可能也是首次。

南唐初闻宋军将架浮桥于长江，根本不相信，认为："载籍（有史书）以来，无有此事，此必不成。"南唐主李煜甚至认为："此儿戏耳。"（《续资治通鉴·卷八》）及闻浮桥成，宋军过江，乃急调兵攻之，但为时已晚，南唐也就很快灭亡了。

三、中华伟人

中华民族历史悠久，上下 5000 年，不但在 2000 多年前就建立了一个统一的幅员辽阔的伟大国家，并一直延续至今，而且还创造了灿烂的文化，这在世界上是绝无仅有的。

中华 5000 年的文化之所以源远流长，这是与绝大多数中华儿女的努力分不开的。当然，每个人的贡献有大有小。翻开中国历史就可以知道，为中华文明做过贡献的人是很多的。需要说明的是，本书所要写的不是有一般贡献的人，而是有过特殊贡献的伟人，即他们的思想和行为是有开创性的，他们的影响是深刻的、广泛的、长久的。他们不但影响当时，而且影响到现在；不但影响着中国，而且影响着世界。

了解这些伟人，对认识中国也是很有帮助的，因为他们是中华文化的奠基人和开创者。

（一）大政治家管仲

从中外历史和当今世界上的情况来看，政治人物是各色各样的。

有政治骗子型的，他们为了一己之私利，什么手段都敢用；有政客型的，他们善于玩弄权术和投机取巧；有政治家型的，他们有政治眼光，善于和勇于处理国际、国内各类矛盾；还有的是属于大政治家型的，他们才智卓越、高瞻远瞩，处理国家政事的方法有开拓性、创造性，管仲就属于此类型。

管仲（？—前645），名夷吾，字仲，或称敬仲，颍上（在今安徽省颍上县南）人。他少时贫贱，早年曾与好友鲍叔牙做小买卖为生。

管仲是春秋初年的大政治家，也是我国历史上出现的第一位大政治家。

俗话说，时势造英雄。西周末年，关中地区因受战争和自然灾害的破坏而变得十分萧条，周王室的力量已很微弱，无法在镐京（今陕西省西安市西南）立足，公元前700年，被迫东迁洛邑（今河南省洛阳市），史称东周。当时，王室所能控制的范围仅限于洛邑四周，完全失去了号令诸侯的能力，各路诸侯也不再向王室述职和纳贡，相反，王室还经常向诸侯求车、求赙（财货）、求金，完全失去了昔日的尊严。

由于周王室的衰败，新、旧两种势力斗争更加激烈。斗争的结果是：周王朝分裂成160多个诸侯国。这些诸侯国并未停止争斗，继续互相攻伐，混战不休。有些诸侯国想通过战争扩大自己的势力范围，有些诸侯国则通过战争谋求自保。无论是为了扩大自己的势力范围，还是为了自保，都必须自强。要想自强，就必须富国强兵。在富国强兵之后，就能掠夺和兼并。这样一来，掠夺和兼并就成了春秋时期的一大特点。

一些弱小的国家因掠夺和兼并逐渐被消灭，后仅剩20余国，其中较有名者，有秦、晋、魏、齐、楚、鲁、卫、燕、曹、宋、陈、蔡、郑、吴、越15国。这些强国之间不但没有停止争斗，反而争斗得更加激烈，战争的规模也更大。

这种争斗对百姓伤害最大，因而神州大地呼唤着和平。要实现和平，只有大统一。在当时的情况下，要实现大统一是不可能的。但如果出一个霸主来制约各路诸侯，这无疑也是一件好事。因为各路诸侯受到制约，就可以减少战争，百姓就能少遭殃、少受罪。

历史已经证明，我国统一之路，走的是春秋初期 100 多国—春秋后期 20 余国—战国七雄—秦王政统一全国之路。从以上可以看出，春秋时期各国争霸是过渡到全国统一的一个必然阶段。

谁能成为霸主？就当时的情况而言，齐国最有条件，但道路非常曲折，走得很艰难。

齐国为太公望姜尚（又称吕尚，名望，字尚父，一说字子牙）始封之国，“太公至国，修政，因其俗，简其礼，通商工之业，便鱼盐之利，而人民多归齐，齐为大国”（《史记·齐太公世家》）。

及传至襄公，他“高台广池，湛乐（沉溺于音乐）饮酒，田猎毕（打猎用的长柄网）弋（用带绳的箭来射鸟），不听国政。卑圣侮士，唯女是崇，九妃六嫔，陈妾数千。食必粱肉，衣必文绣；而戎士冻饥。戎马待游车之弊，戎士待陈妾之余。倡优（古代以乐舞戏谑的人）侏儒（身材矮小者）在前，而贤大夫在后”（《管子·小匡篇》）。又“醉杀鲁桓公，通其夫人，杀诛数不当，淫于妇人，数欺大臣，群弟恐祸及，故次弟纠奔鲁（其地在今山东省西南部，都曲阜）。其母鲁女也；管仲、召忽傅之。次弟小白奔莒（其地在今莒县一带），鲍叔（鲍叔牙）傅之”（《史记·齐太公世家》）。纠、小白兄弟二人在国外静观事态的发展。

公元前 686 年冬，齐内乱终于爆发，襄公被杀。大夫高傒立即派人迎小白回国继位。鲁国得知襄公已死，亦发兵送公子纠回齐以争夺君位，并派管仲领军拦截小白。管仲果然截住了小白，并射了一箭。小白中箭，装死，管仲不疑，立即报鲁。鲁国闻讯，信以为真，情绪松懈，行动迟缓，及至，小白已当上国君，这就是齐桓公。

鲁庄公立即发兵攻齐，齐桓公也不示弱，双方战于乾时（今山东省博兴县南），鲁兵败走，齐兵断其归道，并遗书于鲁："子纠兄弟，弗忍诛，请鲁自杀之。召忽、管仲仇也，请得而甘心醢（古代一种酷刑，把人杀死后剁成肉酱）之。不然，将围鲁。"（《史记·齐太公世家》）鲁人恐惧，遂杀公子纠于笙渎（其地在今山东省菏泽市北），召忽自杀，管仲被囚。

齐桓公决心先杀管仲，后发兵攻鲁。鲍叔牙说于桓公："臣幸得从君，君竟以立。君之尊，臣无以增君。君将治齐，即高傒与叔牙足也。君且欲霸王，非管夷吾不可。夷吾所居国国重，不可失也。"（《史记·齐太公世家》）尽管齐桓公难忘一箭之仇，但为了齐国能称霸诸侯，用人心切，终于采纳了鲍叔牙的意见，召管仲。鲁人施伯谓鲁庄公说："齐欲得管仲，非杀之也，将用之，用之则为鲁患。不如杀，以其尸与之。"（《史记·鲁周公世家》）庄公不听。管仲归，齐桓公果以之为相。

管仲主政后，一是采取了一系列行之有效的治国措施，齐国因此很快富强起来，为称霸诸侯打下了坚实的基础；二是针对各诸侯国的情况，制定了正确的对外策略。

管仲的治国理念都反映在《管子》一书中。有古代学者认为，《管子》一书不是管仲所写，而是后人摘录管仲言行汇编而成的。不管是谁写的，我都认为该书是管仲思想的反映。

1. 确立以富民为治国之本的方针，大力发展经济

他说："仓廪实而知礼节，衣食足而知荣辱。"（《史记·管晏列传》）他把"仓廪实""衣食足"放在第一位，也就是把人们的生存放在第一位。这就是我们今天所说的经济是基础，意义十分重大。《管子》一书说得更明白："凡治国之道，必先富民。民富则易治也，民贫则难治也。奚以知其然也？民富则安乡重家，安乡重家则敬上畏

罪，敬上畏罪则易治也。民贫则危乡轻家，危乡轻家则敢陵上犯禁，陵上犯禁则难治也。故治国常富，而乱国常贫。是以善为国者，必先富民，然后治之。”（《管子·治国》）历史证明，这是对治国经验最精辟的总结，是绝对真理，具有普遍意义，适用于古今中外任何类型的国家。

管仲基于这种对富民的深刻认识，积极建议齐桓公利用地处东海之滨的有利条件，大力发展经济。

他首先把农业作为发展的重点。

他以历史的经验来说明农业的重要性。他说：“昔者，七十九代君（从盘古开天地到周宣王），法制不一，号令不同，然俱王天下者，何也？必国富而粟多也。夫富国多粟生于农，故先王贵之。凡为国之急者（急事、要事），必先禁末作（古代以农业为本，以他业为末）文巧（指奢侈品生产）。末作文巧禁则民无所游食（游手好闲、不劳而食者），民无所游食则必农。民事农则田垦，田垦则粟多，粟多则国富。国富者兵强，兵强者战胜，战胜者地广。是以先王知众民、强兵、广地、富国之必生于粟也，故禁末作，止奇巧，而利农事。”（《管子·治国》）并进一步指出：“务五谷，则食足；养桑麻育六畜，则民富。”（《管子·牧民》）

重农的具体措施如下。

（1）重新分配土地

当时的情况是，西周由于实行井田制度，将已开发的肥沃土地全都分配给贵族、武士，而新生之民则无土地可种。管仲认识到这一问题的严重性，说：“一农不耕，民或为之饥；一女不织，民或为之寒。”（《管子·轻重甲》）于是废除井田制，实行土地私有化，并实行兵民结合，使农民平时耕田，战时打仗，将农民固定在自己的土地上。

（2）讲求耕作技术，务求地尽其利

他说："行其田野，视其耕耘，计其农事，而饥饱之国可以知也。其耕之不深，芸之不谨（耕作不细），地宜不任（不加以利用），草田多秽，耕者不必肥，荒者不必垅（地坚硬贫瘠），以人猥计（总计）其野，草田多而辟田少者，虽不水旱，饥国之野也……故曰有地君国而不务耕耘，寄生之君也。"（《管子·八观》）

（3）重视兴修水利

他说："决水潦（雨大、积水），通沟渎，修障防，安水藏，使时水虽过度，无害于五谷；岁虽凶旱，有所粉获（粉音 fēn，意为收割）。"（《管子·立政》）

（4）节制消费

他说："国侈则用费，用费则民贫……侈之所生，生于毋度。故曰：'审度量，节衣服，俭财用，禁侈泰，为国之急也。'"（《管子·八观》）他特别强调君主要节用，如在阐述明君的注意事项时，他把"节用"放在第一位，说："故圣人之制事也，能节宫室，通（节）车舆以实藏，则国必富、位必尊；能适衣服、去玩好以奉本，而用必赡（富足）、身必安矣。"（《管子·禁藏》）

（5）轻徭薄税

他在回答桓公关于治国的提问时，说："公轻其税敛，则人不忧饥。"桓公点头称是，下令行之。"行此数年，而民归之如流水。"（《管子·霸形》）

管仲还订立了合理的税收制度，从而缓和了社会矛盾，使生产力得到了解放。

在注重发展农业的同时，他也注重发展工商业。

工商业范围很广，它包括鱼、盐、铁矿以及铁器制造等。齐自太公始，即有鱼盐之利和发达的工商业。管仲为相，对工商业更加重视。

此时，齐设盐官煮盐，设铁官以制农具，且令世代守业，使祖孙代代相传，以求各业之专精。因而齐之鱼、盐及工艺制品行销各国，齐国也就很快达到了“通货积财，富国强兵”（《史记·管晏列传》）的目的。

为了发展工商业，管仲采取了另一项重要的经济措施——制造金币为通用货币，以之为商品流通的媒介。夏、商、西周时之贸易，多是以货易货，而辅以贝币。而管仲以金币为贸易之媒介，并以金币来定各种物品的价格，这是对以货易货的革命。

以金币为贸易之媒介好处很多，一是携带方便，二是可以利用金融手段来平衡物价。如在农收季节，粮多价贱时，由政府统一收购余粮，至粮少而价贵时再出售。这一措施既不伤农，也不会损害工商业者的利益。

2. 建立强有力的政权管理机构

历史告诉我们，一个强有力的政权管理机构，是发展经济、保持社会稳定、巩固政权的基本条件。

在中国建立起一个强有力的政权管理机构，需要经历漫长的历史过程。

在原始社会的早期，也有组织、管理者和指挥者，否则就没有集体狩猎的可能，当然就更谈不上国家式的管理机构。随着社会的发展，部落为了对外争夺土地而发动战争，为了防范洪水而修建大的水利工程，而无论是进行战争，还是修建大的水利工程，没有严密的组织和有效的管理机构是无法进行的。因为无组织的人群就像一盘散沙，是乌合之众，是没有战斗力的，是干不成任何事情的。

夏、商、周三朝的国家机构是一种什么样的形式？是通过以分封制为基础的国家机构来实现的。《尚书·酒诰》：“越在外服（分封贵族管辖之区），侯、甸、男、卫、邦伯；越在内服（商王直接统治地区），百僚、庶尹、惟亚、惟服、宗工。”这就是说，在国都地区，由以国王为中心组成的百官来进行管理；在国都以外地区，则由分封的贵族来进行管理。

中国上古人民以畜牧狩猎为主要生产方式，居无定处；随着农业的发展，人们才开始定居，但人口稀少，古时有“十室之邑”之说，就是证据。所以，诸侯各国都无固定的国土，因而周初所封功臣子弟于各地所建都城，实际上都是军营。其社会结构也都是无组织的。及进入春秋时代，由于战争，需要集齐大量的人力物力，没有强有力的国家机器是完不成这一任务的。因而一种强而有力的新型国家也就应运而生，逐渐取代春秋初期诸侯国那种组织不严密且无固定疆土的原始国家形式。这种新型国家的建设始于管仲。其具体做法如下。

（1）强化中央政府组织及权力

管仲初登相位，即以其非凡的政治才能从事于“内阁制度”的建立。中央设五官，“上有五官以牧其民”（《管子·君臣上》）。五官即大行（掌接待宾客）、大司田（掌农业）、大司马（掌军事）、大司理（掌刑狱之官）、大谏官（谏官）。这五官的设置，从《管子·小匡》中可以得到佐证：“升降揖让，进退闲习（熟悉礼节），辨辞之刚柔，臣不如隰朋（齐之大夫），请立为大行；垦草入邑，辟土聚粟多众，尽地之利，臣不如宁戚（齐之大夫），请立为大司田；平原广牧（广野），车不结辙（兵车无序、混乱），士不旋踵（后退），鼓之而三军之士视死如归，臣不如王子城父，请立为大司马；决狱折中，不杀不辜（无辜），不诬无罪，臣不如宾胥无（齐之大臣），请立为大司理；犯君颜色，进谏必忠，不辟死亡，不挠（不屈服）富贵，臣不如东郭牙（齐之大臣），请立以为大谏之官。”从这段话可以看出，他建议引用贤智之士，因才任职，分工各司其事，充分发挥了中央政府的作用，因而终于建立起一个强有力的中央政府。其后晋文公（姬重耳）之治晋、楚令尹子文（斗穀於菟）之治楚、百里奚和蹇叔之治秦、子产（公孙桥）之治郑、伍员（伍子胥）之治吴、范蠡和文种之治越，莫不如此。

（2）严密的地方政府机构及社会组织

光有强有力的中央政府，没有严密的地方政府机构是不行的。有鉴于此，管仲以过人的勇气，对当时的宗法制度进行改革，把血缘宗族的“国”变成国家行政区划。将全国分为 21 乡，其中工商乡 6 个，士乡 15 个。工商专心本业，免服兵役。士乡即农乡，在士乡实行兵民结合，平时耕田，战时打仗。士乡五家为一轨，十轨为一里，四里为一连，十连为一乡，并设轨、里、连、乡各级行政组织。自是，将散漫无组织的人民全部纳入政府管理之中。

改革的结果，使政治、生产、军事组织集于一体。在如此结构之下，不仅中央政令可以贯彻于全国，而且可以全民皆兵，形成强大的武装力量。这是齐桓公能称霸的重要原因。所以春秋诸国莫不纷起效之，以达到强国的目的。

管仲创造性地建立起一个集权政府与各级地方组织，开中国历史之先河，意义重大，影响深远。

（3）力主以法治国

法治不同于礼治、德治，更不同于人治，是一个全新的理念。春秋以前，尚未有人谈到以法治国的问题。

据我所知，在我国，管仲是第一个谈以法治国问题的政治家。他说：“古者未有君臣上下之别，未有夫妇妃匹（配偶）之合，兽处群居，以力相征。于是智者诈愚，强者凌弱，老幼孤独不得其所。故智者假（借）众力以禁强虐，而暴人止。为民兴利除害，正民之德，而民师（跟从）之”，“上下设（上下设有法规），民生体（民生有了根本的保证)，而国都立矣。是故国之所以为国者，民体以为国。君之所以为君者，赏罚以为君”（《管子·君臣下》）。他还说过：“民者，服于威杀然后从，见利然后用，被治然后正，得所安然后静者也。夫盗贼不胜，邪乱不止，强劫弱，众暴寡，此天下之所忧，万民之所患也。忧患不除，则民不安其居；民不安其居，则民望绝于上矣。”（《管子·正世》）

如何才能禁强除暴？管仲提出一个“法”字。

管仲提出这个“法”字，其意不同于古代礼法的“法”。古代礼法主要是祭祀的规章制度，管仲这个“法”字已上升到国家统治各方面的法规，是至高无上的。“法者，民之父母也。”（《管子·法法》）“夫不法（不法之徒），法则治（对不法之徒造成的混乱，只有用法才能制止）。法者，天下之仪（准则）也，所以决疑而明是非也，百姓所县命也。”（《管子·禁藏》）

3. 制定“尊王攘夷”的策略

“尊王攘夷”这句话并不是管仲说的，而是后人概括的。所谓“尊王”就是要尊周王为共主，所谓“攘夷”就是要抵抗夷狄的入侵。

“尊王攘夷”虽不是管仲说的，但这一策略思想源于管仲。

齐桓公以管仲为相后，经过 5 年的治理，社会稳定，国富兵强。在此基础上，齐桓公决心伸手国外，以求称霸天下。为了实现这一理想，桓公问计于管仲，管仲回答说：“加兵无道诸侯，以事周室。”（《管子·小匡》）其意是强调要“尊王”。之所以要这样做，是因为周王还有利用的价值。

西周统治靠的是分封制度。分封的主要是其宗亲、功臣。这是西周统治赖以生存的政治基础，但怎么才能把百姓拢在一起？

初期，靠的是其原始游猎民族诚信质朴之民风，后来发展到以

“礼治”（即君敬臣忠，父慈子孝，兄友弟恭，夫妻有义，朋友有信）来维系，由是周室中枢很坚强，保持着“天下宗主”的权威，各地诸侯也唯命是从，中原地区呈现盛治景象。这一制度受到孔子的高度赞扬：“周监于二代（监是借鉴之意，全句意思是周礼是从夏、商二代发展而来的），郁郁乎（丰富、繁盛）文哉！吾从周。”（《论语·八佾》）

随着时间的推移，周王室之统治逐渐松弛，加之铁器之采用，人口的增长，土地不敷耕种，于是各路诸侯互相兼并，宗亲骨肉自相残杀，以争夺土地。由于此，周初1200余国，至西周末，只剩160余国。剩余诸国继续争斗，大国陆续出现，打破诸侯并列、王室独尊的局面。

由于各路诸侯互相兼并，宗亲骨肉自相残杀，外患也趁机而来：西北有戎狄族的入侵，南有荆楚之患。外患给中原人民带来深重的灾难。这样一来，只有攘夷才能得到人民的支持，才有可能称霸诸侯。

戎狄族散布于今陕西、山西、河北部分地区。商周时又称鬼方、混夷、犬戎、犬夷等；战国以后又称胡、匈奴。荆楚散居于江汉流域，为苗族集团的后裔，古称蛮族或南蛮。在这两者中，戎狄族危害最大。管仲曾对齐桓公说：“戎狄豺狼，不可厌（顺从）也。诸夏亲昵，不可弃也。”（《左传·闵公元年》）

管仲深知，要抗击戎狄、荆楚的入侵，非齐国一国之力所能胜任，必须联合各路诸侯才能完成。

那么，怎样才能联合各路诸侯？除了崇尚信义、免关税以通货物、厚币以贺诸侯之善者和遣使以结好邻国、优待各国使者之外，特别重要的一点是“尊王”，就是尊东周王以令诸侯，这有点类似三国时曹操“挟天子以令诸侯”的味道，曹操可能就是从这里学来的。

由于齐国有了强大的国力，加上采取“尊王”这一策略，所以才有了“九合诸侯”的伟大行动。

据史料称，齐桓公的盟主地位不是周王授的，而是“诸侯自相推戴，以为盟主”（《春秋三传（上）·庄公十三年》）。

及齐桓公霸主地位已定，乃决心讨伐戎狄，以消除后患。公元前663年，山戎（戎狄之一支）入侵燕国，燕告急于齐。桓公即兴师伐山戎。师还，燕庄公送桓公入于齐境。齐桓公止之，说：“非天子，诸侯相送不出境，吾不可无礼于燕。”（《史记·齐太公世家》）为示友好于燕，遂割庄公所至之地与燕，并命燕君纳贡于周室。诸侯闻之，皆称桓公之贤，遂从于齐。

公元前661年，戎狄侵入邢国（在今河北省邢台县西南），邢师败。次年，戎狄又入侵卫国，杀卫懿公，卫亡。齐桓公乃率宋、曹之师以伐戎狄，大败戎狄于后故（地名，无考）。继以盟主的身份，筑夷仪城（在今山东省聊城市西）使邢居之；又筑丘城（在今河南省滑县东）以存卫，并派兵助其守备。

齐桓公既破戎狄，北方局势大定，后顾之忧得解，于是转而发动对楚的战争。

战争的直接原因是，正当齐桓公北伐戎狄之际，楚成王乘中原空虚，入侵郑国，俘郑大夫聃伯以归。

为此，齐桓公与管仲处心积虑20年，从经济、军事、外交等方面做了大量的准备工作，决心与楚一战。

公元前656年春，齐率鲁、宋、陈、卫、郑、曹、许8国之师伐楚。双方针锋相对，但楚国深知以齐为核心的联军力量的强大，不敢扩大战争；而齐桓公亦知楚国疆土广大，也不想进一步打下去，只想震慑一下楚国，所以齐、楚两国遂盟之，暂时挡住了楚国北进的势头。事实上，楚国也承认了齐国在中原的霸主地位，因而中原复呈安定之象。

此时之齐桓公，北服戎狄，南威楚国，又定襄王之位，威风八面，是其霸业的鼎盛时期。

公元前 645 年，管仲死。史谓："管仲卒，齐国遵其政，常强于诸侯。"（《史记·管晏列传》）

齐桓公之所以能首开春秋时代大国争霸的局面，最终成为霸主，主要是管仲的功劳。孔子说："管仲相桓公，霸诸侯，一匡天下，民到于今受其赐。微（意为无）管仲，吾其被（意为披）发左衽（衣襟向左开，全句意思是我会变成野蛮人）矣。"（《论语·宪问》）孔子是说，如果没有管仲，我们就会回到原始社会。我认为孔子这句话虽有点言过其实，但突出管仲的功劳是没有错的。当然，从历史唯物主义的观点来看，没有管仲，还会有别人来推动历史的前进。

由上可以看出，管仲确实是一位伟大的政治家。他的伟大之处在于，无论是在经济政策上、在政权建设上，还是在法制建设上和外交策略上，都表现出他的远见卓识，表现出他的创新精神。一句话，他开启了中国一个新的时代，很了不起。

（二）大思想家孔丘

社会存在决定人们的思想，而思想形成之后，又具有相对的独立性，对社会具有反作用；正确的思想一旦为群众所掌握，就会变成巨大的物质力量。思想家就是正确思想的总结者，至于大思想家所总结而形成的思想体系，其影响力更强，影响范围更大，影响时间更长。孔子所创立的儒家思想就属于这一类。它不但深深地扎根于中华大地，经久不衰，而且影响全世界。

孔子，鲁国陬邑（今山东省曲阜市）人，其先宋人。"鲁襄公二十二年（前 551）生。生而首上圩顶（头顶凹陷），故因名曰丘云"（《史记·孔子世家》），字仲尼，姓孔。

孔子3岁丧父，17岁丧母，生活贫苦。及长，先为季氏（鲁桓公之子季友之后）委吏（管理仓库）和乘田（主管苑囿畜牧的官吏），后为鲁国中都宰，政绩卓著，“四方皆则之”（《史记·孔子世家》）。一年后，为鲁国司空（掌管土地、水利和工程建设的官员），继为大司寇（掌管刑、狱、纠察）。年五十六，摄（代理）相事。齐人闻而大惧，说：“孔子为政必霸，霸则吾地近焉，我之为先并矣。”于是乃选貌美又善舞之女子80人送予鲁君，鲁君受之。鲁君于是怠于政事。孔子见此，决心出走，于是带着一些弟子周游列国，凡14年。一路颠沛流离，备尝困辱：蒙谗于卫，拘困于匡，受惊于宋，无助于郑，绝粮于陈，被阻于楚，郑人讥之为：“累累（儽儽）若丧家之狗。”孔子笑道：“然哉！然哉！”（《史记·孔子世家》）

孔子生于乱世，其道不得行，退而修诗书礼乐，弟子众多，据说有弟子3000人，有名可查的只有72人。晚年，他在鲁国整理一些文化典籍；死后，他的弟子们把他的言论编为《论语》一书。

孔子于鲁哀公十六年（前479）去世，年七十三。

有人说：“孔子主要贡献和对后世的影响是在教育方面。”（《中国历代名师》）

诚然，孔子是一位伟大的教育家、一代师表。他主张因材施教，“有教无类”，提出“不耻下问”“三人行，必有我师”“知之为知之，不知为不知”“学而不厌”“诲人不倦”，强调“学而知之”“学而时习之”“温故而知新”和“学而不思则罔，思而不学则殆”（以上所引来自《论语》）。这些都是至理名言，至今仍是教师和学者们的座右铭。

在中国历史上，他还是第一个打破贵族对办学的垄断，创办私立学校的人。他还从事古籍整理工作：“文王、周公既没，孔子有德无位，既不能使是道之用渐被斯世，退而与其徒定礼乐，明宪章，删诗，修春秋，赞易象，讨论坟、典（古典的总称），期使五三（即三坟五典，三是指伏羲、神农、黄帝之书；五是指少昊、高辛、唐、虞之书）圣人之道昭明于无穷。”（《宋史·道学一》）从这里可以得知，是孔子整理出《易》《书》《诗》《礼》《乐》《春秋》六种古籍，后世合称之为“六经”（后因《乐经》亡佚，“六经”就成了“五经”）。之所以称为“经”，因为“经”字有持久不变之意，而这些著作阐述的都是人们修身治世的法则。所以历代官府都把“五经”作为儒家必读之书。

尤为重要的是，孔子是一位伟大的思想家，而且在中国数千年历史长河中，他是首屈一指的思想家，是儒家学说的创立者。

何以谓之儒家？因儒家学说是孔子创立的，又因他曾做过为贵族相礼司仪的儒（儒本为古代有知识技艺者之通称，后来仅指专司礼仪者），故名。

儒家学说的内容有哪些？“儒家者流，盖出于司徒之官（司徒，官名，管教化），助人君顺阴阳（阴阳原意是指日光的向背，向日为阳，背日为阴；后来用阴阳这个概念来解释事物的对立和转化；再后来用来比附社会现象，引申为上下、君民、君臣、父子、夫妻之间的关系），明教化者也。游文于六经之中，留意于仁义之际，祖述（尊崇、效法）尧舜，宪章（效法）文武（周文王、周武王），宗师仲尼（孔子），以重其言，于道最为高。”（《汉书·艺文志》）概括起来讲，儒家学说崇尚“礼乐”和“仁义”，提倡“忠恕”和“中庸”之道。但需要指出的是：儒家学说的内容核心是“仁”，实现“仁”的手段是“礼”。

“仁”的含义是什么？孔子有各种回答：“巧言令色（花言巧语，装出一副和颜悦色的样子），鲜（少）矣仁”（《论语·学而》）；“能行五者（恭、宽、信、敏、惠）于天下，为仁矣”（《论语·阳货》）；“仁者先难而后获（先做烦难的，后做易得功效的），可谓仁矣”（《论语·雍也》）；“仁者其言也讱（出语谨慎）”（《论语·颜渊》）；“刚毅木讷（性格刚强有毅力，但不善于说话），近仁”（《论语·子路》）；“克己（克服私心）复礼（礼，泛指奴隶社会和封建社会贵族等级制的社会规范和道德规范）为仁”（《论语·颜渊》）；“泛爱众，而亲仁”（《论语·学而》）。孔子认为孝悌忠信就是“泛爱众”的具体表现。孝悌忠信的含义是：爱父母叫作孝，爱兄长叫作悌，爱君王叫作忠，爱朋友要守信。孔子之孙子思根据孔子的思想编的《中庸》中有：“仁者人（博爱）也，亲亲（父母）为大”，“力行（意为要去私）近乎仁”。

孔子上述关于“仁”的种种说法，是针对不同情况说的。而通观孔子的所有言论，其“仁”的准确含义应该是“爱人”。面对他的弟子樊迟问“仁”，他就将“仁”表述为“爱人”。

孔子认为，为了实现“仁”，必须以礼为手段。他说：“克己复礼为仁。一日克己复礼，天下归仁焉”，“非礼勿视，非礼勿听，非礼勿言，非礼勿动”（《论语·颜渊》）。意思是要以礼为标准来约束人们的行为，以达到“仁”的目的。

礼的根本是什么？就是人们的行为准则、道德规范，如亲亲、尊尊、长长、男女有别。具体来讲：父慈、子孝；兄良、弟悌；夫义，妇听；长惠，幼顺；君仁，臣忠。

他还强调恭、宽、信、敏、惠、忠、勇、智等修身养性之道，后人强调统治者要“以德治天下”，人与人之间相处要“与人为善”“以诚待人”都源于此。

儒家学说代表新兴地主阶级的价值观，绵延了几千年，深深地扎根于中国的土壤之中。它的影响是多方面的，无论是政治上、经济上，还是文化上、思想上，无不深深地打上其烙印。所有的人，无论是老人，还是小孩；无论是男人，还是女人；无论是识字的，还是不识字的，都在其影响之下。其影响之深、影响之广，是世界上任何一种学说都无法与之比拟的。它至今仍是将炎黄子孙联系在一起的精神纽带。

儒家学说有一个产生和发展的过程，孔子以前无儒学，但其儒学思想来源于古代。《中庸》有这样的记载："仲尼祖述尧舜，宪章文武。"事实上确实如此。

尧舜时代实行原始社会的父系家长制，也就是以家为中心的宗法制，因而强调家的作用，《尚书·尧典》就有这方面的记载："克明俊德（能够懂得大德），以亲九族（高祖至玄孙）；九族既睦，平章百姓（'平章'意为辨别彰明，'百姓'指百官，全句意为百官以功受封）。"舜继尧位，曾对契（时为司徒掌教化）说："百姓不亲，五品（父子、君臣、夫妇、长幼、朋友）不逊（不顺）。汝作司徒，敬敷（敬布）五教（父子有亲、君臣有义、夫妇有别、长幼有序、朋友有信），在宽。"（《尚书·舜典》）对此，孟子概括为："尧舜之道，孝悌而已矣。"（《孟子·告子下》）

对于这种古代思想，孔子以删订六经的形式进行了总结，形成了一整套思想体系。它产生之后，也是不断演变、不断发展、不断丰富的。

孔子死后，儒家地位继续上升。战国时，儒、墨两家并称为显学（著名学说），但儒家比墨家更有名，因为孟子继承和发展了儒家学说。

孟子进一步强调了"仁"的重要性，提出了"仁政"的主张，他回答梁惠王的提问时，说："王何必曰利，亦有仁义而已矣。"（《孟子·梁惠王上》）

孟子对"仁"的解释，主要强调"爱民"："庖（厨房）有肥肉，厩有肥马，民有饥色，野有饿莩（饿死人），此率兽而食人也"（《孟子·梁惠王上》）；“乐民之乐者，民亦乐其乐；忧民之忧者，民亦忧其忧。乐以天下，忧以天下，然而不王（称王）者，未之有也”（《孟子·梁惠王下》）。这些都是孟子对孔子“仁”的思想的重要发展，开创了儒学的新时代。

至汉，武帝听取儒生董仲舒“罢黜百家，独尊儒术”的建议，儒家思想从此取得了统治地位，孔子也就成了“圣人”。

历史告诉我们，任何先进事物的发展都不可能是一帆风顺的，儒学当然也不例外。它的发展过程是曲折的，但又是不可阻挡的。史学家总结了它的发展过程：“《诗》《书》、六艺之文，与夫孔、孟之遗言，颠错于秦火，支离于汉儒，幽沉于魏、晋、六朝者，至是（至宋朱熹之时）皆焕然而大明。”（《宋史·道学一》）这就是说，不管是秦始皇焚书坑儒，还是魏、晋时期玄学的影响和盛行于隋唐时期的佛教的冲击，都未影响儒学从汉至宋的思想文化统治地位。

南宋朱熹对儒家学说进行了第二次大改造，将佛教和道教的一些内容加进儒学之中，人们称之为“新儒学”。他还对《论语》和从《礼记》中摘出的《大学》《中庸》，以及《孟子》进行注解，名之为《四书章句集注》，简称《四书集注》，“四书”之名由此而来。

儒家学说有很多值得继承和发扬的优秀文化因子，所以它才有如此强大的生命力，能够绵延流传达2000多年之久，成为中国传统思想的主流。先秦的诸子百家以及后来的佛、道二教，都无法与之相抗衡。其影响之大、之深、之久、之普遍，是世界上任何一种思想文化都无法比拟的。

这些值得继承和发扬的优秀文化因子，都围绕着“仁”的思想来展开。具体来讲：

其一，仁政的思想。

所谓仁政，就是执政者施政要仁，就是说要爱民。在这个问题上孔子及其弟子有很多明确的言论："节用而爱人，使民以时"（《论语·学而》）；"百姓足，君孰与不足；百姓不足，君孰与足"（《论语·颜渊》）；"不患寡而患不均"（《论语·季氏》）；"财聚则民散，财散则民聚"，"与其有聚敛之臣，宁有盗臣"（《礼记·大学》）。

孟子继承和发展了孔子"仁"的思想，正式提出了"仁政"的主张。他的"仁政"主张除来源于孔子"仁"的思想外，还来源于对历史经验进一步的深刻总结。他说："桀纣之失天下也，失其民也。失其民者，失其心也。"（《孟子·离娄上》）并引用《尚书》上的话："汤（商朝建立者）一征，自葛（在今河南省长葛市北）始，天下信之，东面而征，西夷怨，南面而征，北狄怨，曰：'奚为后我？'民望之，若大旱之望云霓也。"（《孟子·梁惠王下》）这说明桀王的残酷统治已完全失掉民心。以史为鉴，他要求："施仁政于民，省刑罚，薄税敛。"（《孟子·梁惠王上》）并说："乐民之乐者，民亦乐其乐；忧民之忧者，民亦忧其忧。乐以天下，忧以天下，然而不王者，未之有也。"（《孟子·梁惠王下》）尤为可贵的是，他对那些不关心人民痛苦的官员是深恶痛绝的，在回答梁惠王（魏国国王）提问时，他说："庖（厨房）有肥肉，厩有肥马，民有饥色，野有饿莩（饿死的人），此率兽而食人也。"（《孟子·梁惠王上》）

他还破天荒地提出"民贵君轻"的思想，他说："民为贵，社稷（国家）次之，君为轻。"（《孟子·尽心下》）

其二，睦邻思想。

儒家提倡互相关心，互相爱护。孟子说："老吾老，以及人之老；幼吾幼，以及人之幼。"（《孟子·梁惠王上》）此种思想孕育了中华民族的美德。

在处理国与国的关系时，儒家力主睦邻友好，要"和为贵"，不去欺负别的国家，更不要发动侵略战争。即使受到别的国家侵略，也要“先礼后兵”。从中国历史上看，儒家是坚决反对侵略战争的，对战争中的滥杀行为，更是深恶痛绝。孟子说：“争地以战，杀人盈野；争城以战，杀人盈城。此所谓率土地而食人肉，罪不容于死。”（《孟子·离娄上》）

其三，中庸之道的哲学。

中庸之道是儒家的哲学思想，它是服务于“仁”的思想的。什么叫中庸？“不偏之谓中，不易之谓庸。中者天下之正道，庸者天下之定理。”（《礼记·中庸》）一句话，中庸就是不偏不倚，就是要找到两种事物的最佳结合点。这种哲学思想可以防止片面性。所以孔子认为中庸是一种至高的美德，他说：“中庸之为德也，其至矣乎。”（《论语·雍也》）儒家以中庸之道来指导处理各种事情。如在处理家庭成员关系问题时，就从两个方面来要求：父慈子孝、兄良弟悌、夫义妻听、长惠幼顺，以达到家庭和睦。在政治上则要求君仁臣忠和“民以君为心，君以民为体”（《礼记·缁衣第三十三》），以达到国治民安。

其四，维护国家统一的思想。

儒家学说一个重要内容是力主大一统。孔子说：“天下有道，则礼乐征伐自天子出，天下无道，则礼乐征伐自诸侯出。”（《论语·季氏》）这就说明，孔子是主张全国统一，反对诸侯割据的。

儒家为什么主张国家统一？孟子在回答梁襄王“国家怎样才能安定”的提问时，说：“定于一。”（《孟子·梁惠王上》）因为在儒家看来，只有国家统一，才会没有战争，国家才能安定，人民才有可能安居乐业。这是它“仁”的思想的必然反映。

怎样才能实现统一？孟子说：“不嗜杀人者能一之（能统一）。”（《孟子·梁惠王上》）

怎样才能保持统一：“古之欲明明德于天下者，先治其国（诸侯国）；欲治其国者，先齐（整治）其家；欲齐其家者，先修其身；欲修其身者，先正其心。”（《礼记·大学》）后来人们把它简化为“修身、齐家、治国、平天下”。这也说明，儒家修身的最终目的，是平天下，是国家的统一。

孔子是一个世界性的伟人，是我们引以为荣的圣人。以他为代表的儒家思想，是中华文化最重要的组成部分。如果中国没有儒家思想，也就没有中华文化。儒家思想对中华民族的形成和巩固起了决定性的作用。这是我之所以称他为伟人的根本原因。让我们尊重历史、尊重孔子，发扬儒家的优秀思想，建设好我们的祖国。

（三）大哲学家老子

《史记》的作者司马迁在《史记·老子韩非列传》中一开头就说：“老子，楚国苦县（今河南省鹿邑县）厉乡曲仁里人也，姓李氏，名耳，字聃，周守藏室（藏书之）之史也。”他还提到孔子到周，曾问礼于老子。孔子对老子倍加称赞，把老子誉为能“乘风云而上天”的龙。但司马迁也有保留，“或曰：老莱子亦楚人也，著书十五篇，言道家之用，与孔子同时云”。

老子的哲学思想在《老子》一书中得到了充分的展示。

《老子》（亦称《道德经》《五千字文》）一书，有人说是老子所著，但从书的内容来看，很可能编定于战国中期，而不是产生于老子生活的春秋时期。不管如何，专家们普遍认为，该书所反映的主要是老子的思想。

《老子》一书虽然只有短短的5000余字，但其内容极其丰富。它既有政治经济的内容，也有军事教育的内容，有些文字还涉及美学、历史学、文学、宇宙学、人体学，但主要的还是讲哲学。即使在讲别的内容时，也讲到哲学。所以有人把《老子》一书誉为“哲学诗”。

《老子》在第一章就提出了“道”的问题。他说：“道（名词，其意为宇宙的本原）可道（动词，其意为表述）也，非恒（不是永恒）道也。名（道的形态）可名（说明）也，非恒名也。无名（无形），天地之始也；有名（有形），万物之母也。”他说“道”是宇宙的本原，那“道”到底是什么？是物质的？还是精神的？

有人说：“《老子》哲学是唯物的。”“老子的哲学思想是围绕着‘道’这一观念而开展的。老子所说的‘道’，并非人们通常所讲的道路或道理，而是既‘无名’又‘有名’的一个实体。他所说的‘名’，也不是人们通常所说的名称或名字，而是形（形体）名（名称）之名，即与实际内容相对称的形式和形态。他所说的‘无’，并不是零，不是一无所有的虚无，而是指混沌未分的状态，是‘无形’‘无名’的精气，是实在之物；这是（时）的‘无’和‘有’并不是一般意义上的‘无’和‘有’，而是用以说明宇宙构成本原的哲学上的一对范畴，是用来表明‘道’产生天地万物时由无形质向有形质的一个活动过程，‘无’的概念同老子哲学的唯物性质并不矛盾。”（书海出版社出版的《老子》附录二——《〈老子〉朴素辩证法与唯物辩证法之比较》）

尤其令人佩服的是老子那辩证法思想。在2000多年前，他就用辩证法观点观察事物，比德国著名的哲学家黑格尔（1770—1831）早2000余年，确实很了不起。

老子从自然现象和社会现象中看到了对立统一的规律，是古今中外第一个比较系统地揭示事物的存在是相互依存的，而不是彼此孤立的人。

在《老子》一书中，充满了对立的概念，如有无、损益、多少、长短、先后、兴废、难易、美丑、荣辱、生死、厚薄、轻重、智愚、贵贱、阴阳、动静、攻守、进退、强弱、刚柔等。这就说明，他已经看出了在一切事物中无不包含着对立。而这些对立又互相依存、转化，

“祸兮，福之所倚；福兮，祸之所伏”“正复为奇，善复为妖”（《五十八章》）。

他还讲到以柔克刚的问题，并举水为例，说：“弱之胜强，柔之胜刚，天上莫不知”，“天下莫柔弱于水，而攻坚强者莫之能胜（胜过）”（《七十八章》）。这一比喻非常生动形象，很有说服力。

老子虽然还没有认识到量变到质变的规律，但已感觉到量变到质变的某些现象，并做了一些思考：“合抱之木，生于毫末（极细微，比喻细小的幼芽）；九层之台，起于累土；千里之行，始于足下。”（《六十四章》）

又如，他说：“柔弱胜刚强。”（《三十六章》）这里没有转化的条件，只片面强调柔能胜刚、弱能胜强，这就导致了他把贵柔、无为（顺其自然）、不争，作为最高原则。他不仅用这一原则去认识世界，而且还想把这一原则贯彻到社会政治生活和人们的日常生活中去。

（四）大军事家孙武

孙武字长卿，又称孙子，生于齐国乐安（今山东省惠民县，一说今山东省广饶），为春秋时期陈国公子陈完之后裔。公元前 672 年，陈国内乱，陈完逃至齐国，改姓田。田完五世孙田书（孙武祖父），因伐莒（其地在今山东省莒县）有功，齐景公赐姓孙。

公元前 532 年，齐国发生“四姓之乱”，田氏联合鲍氏，打败栾氏、高氏为代表之旧贵族势力，孙武离开齐国，到达吴国，隐居于姑苏（吴国都城，今江苏省苏州市）附近，潜心研究兵法，总结战争经验，写出兵法 13 篇，后人名之曰《孙子兵法》。

公元前 515 年，吴公子光杀吴王僚，自立为王，是为吴王阖庐（姬光）。阖庐为人精明英武，及即位，求贤心切，志在制楚，以争江淮霸权。

时有伍子胥（即伍员，父为楚太子傅，以直谏被杀，子胥投奔吴，与孙武相交甚深）荐孙武于阖庐，孙武遂见吴王阖庐。孙武在吴王面前一试身手，将纤弱宫女训练成听从指挥、整齐划一的队伍。吴王从此以后便知道了其军事才能。《史记·孙子吴起列传》对此有一段很生动的记载：

一日，吴王召见孙武，曰：“子之十三篇（即《孙子兵法》，吾尽观之矣，可以小试勒兵乎?”对曰：“可。”吴王又问：“可试以妇人乎?”曰：“可。”吴王遂出宫中美女一百八十人。孙武将其分为二队，以吴王之爱姬二人为队长，皆令持戟，并宣布纪律，又三令五申。练兵开始，孙武令击鼓向右，宫女大笑。孙武曰：“约束不明，申令不熟，将之罪也。”复三令五申，既而击鼓向左，宫女复大笑。孙武大怒曰：“既已明而不如法者，吏士之罪也。”令斩二队长。吴王见此，大惊失色，急曰：“寡人已知将军能用兵矣。寡人非此二姬，食不甘味，愿勿斩也。”孙武曰：“臣既已受命为将，将在军，君命有所不受。”即斩二队长，以其次为队长，复鼓之。宫女左右前后跪起，皆整齐划一，无有敢出声者。自是吴王知孙武善用兵，遂任为将以攻楚。

楚，西周时立国于荆山一带。熊渠为君时，其疆土扩大到长江中游。春秋时，兼并周围小国，至楚庄王，一跃而为霸主，疆域西北至武关（在今陕西商南县西北），东至昭关（在今安徽省含山县北），北至今河南省南阳市，南至洞庭湖以南，地方数千里，兵车数千乘，附庸十余国，人民富庶，国力雄厚，战备充足。

而吴为新兴之国，其力量远不及楚，孙武深知此点。及阖庐欲大举伐楚时（前 511），孙武认为时机不成熟，建议分军为三，轮番袭击楚国，以削弱其力量。时经六年，楚军果疲惫不堪，士气低落。公元前 506 年，阖庐问孙武：“始子之言郢（楚国都城）未可入，今果如何?”孙武说：“王必欲大伐，必得唐、蔡乃可。”（《史记·吴太伯世家》）阖庐从之，遂与唐、蔡结盟，以孙武为主将，伍子胥为副将，领兵3万人，远征伐楚。

孙武兵分南北两路，南路（主力）由潜（在今安徽省霍山县东北），越过今皖鄂交界之青苔关、松子关，穿越崇山密林，经柏子山（在今湖北省麻城市东北），向汉水地区挺进。北路自淮汭（似在今安徽省霍邱县附近），舍舟登陆，与蔡军会合，越大隧（又名黄岘关，在今河南省信阳市南）、直辕（今武胜关，又名武阳关、澧山关，在今河南省信阳市南）、冥厄（今平靖关，在今河南省信阳市西南），拟与主力会师汉水，与楚军进行决战。及南路军进至柏举（在今湖北省麻城市东北），遇楚军，展开决战，楚军大败，损失惨重。吴军乘胜追击，五战皆捷，攻入郢。司马迁说：“西破强楚，入郢，北威齐、晋，显名诸侯，孙子与有力焉。”（《史记·孙子吴起列传》）

孙武智勇兼备：疲楚而击之，智也；以三万之众，奔袭数千里，途经崇山峻岭，败楚军二十万人，攻克楚国都城，更是智勇兼备之集中表现。当然，孙武最伟大之贡献，还是他所著的《孙子兵法》。

《孙子兵法》，是全世界现存最早的兵书，是一部内容丰富、结构严谨的古代军事名著。它的产生，为我国的军事学奠定了坚实的基础。全书约6000字，共13篇，分别为：计、作战、谋攻、形、势、虚实、军争、九变、行军、地形、九地、火攻、用间。各篇既独立成章，又互相联系。该书总结了春秋末期及其以前的作战经验，揭示了战争的本质和一些重要规律。

这本书首先强调了战争的重要性。开篇第一节言：“兵者，国之大事。死生之地，存亡之道，不可不察也。”语言简洁，寓意十分深刻。

孙武深知战争关系到国家生死存亡的大事，所以力举慎战。他说："主（君主）不可以怒而兴师，将不可以愠而致战。"之所以要这样做，因为"亡国不可以复存，死者不可以复生。故明君慎之，良将警之。此安国全军之道也"（《火攻篇》）。

所谓慎战就是不要轻易开战。他说："凡用兵之法，全（保全）国为上，破国次之；全军为上，破军次之……是故百战百胜，非善之善者也；不战而屈人之兵，善之善者也。"要做到这一点，就要"上兵伐谋（最好的办法是破敌之计谋），其次伐交（采取外交手段，孤立敌人），其次伐兵，其下攻城。攻城之法，为不得已"（《谋攻篇》）。也就是说，战争是最后手段，不得已而用之。

孙武的慎战不是不战。他主张速战速决，而且必须取胜，说："兵贵胜，不贵久。"（《作战篇》）他反对久拖不决，说："久则钝兵挫锐，攻城则力屈，久暴师则国用不足。"（《作战篇》）这是从进攻来说的，不是从防御来说的，他并不反对持久战。

怎样才能取胜？要"经之以五事……一曰道，二曰天，三曰地，四将，五曰法"，"凡此五者，将莫不闻，知之者胜，不知者不胜"（《计篇》）。

具体来讲，"道"是指要争取民心，要上下一心，这样民就"可以与之死，可以与之生，而不畏危"（《计篇》）；"天"是指要掌握好时间、气候；"地"是指要了解空间、地理形势；"将"是指要选择有才智、武德的将领；"法"是指要加强部队组织、法规的建设。这"五事"非常全面，概括了军队建设的各个方面。

《孙子兵法》还强调不要硬拼，要斗智，他说："兵者，诡道（以诈术欺骗敌人，使其产生错觉）也。故能而示之不能，用而示之不用，近而示之远，远而示之近。利而诱之，乱而取之，实而备之，强而避之，怒而挠之（进一步激怒他），卑而骄之，佚（通逸）而劳之，亲而离之。攻其无备，出其不意。”（《计篇》）还可以变被动为主动：“致人而不致于人（我能调动敌人，而不被敌人所调动）。能使敌人自至者，利之也；能使敌人不得至者，害之也。故敌佚能劳之，饱能饥之，安能动之。”（《虚实篇》）

《孙子兵法》对将帅也给予了足够的重视，把将帅列入战争要取胜的五事之一，并提出了具体要求：“将者，智、信（以诚待人，讲信用）、仁（爱人、关心人）、勇、严（严格要求）也”（《计篇》）；“进不求名，退不避罪，唯人是保”（《地形篇》）。还提出了将帅爱兵之道：“视卒如婴儿，故可与之赴深溪；视卒如爱子，故可与之俱死。厚而不能使，爱而不能令，乱而不能治，譬若骄子，不可用也。”（《地形篇》）这就是说，对将帅既要爱，又不能溺爱。

需要指出的是，《孙子兵法》不但讲到了战争的战略问题，还讲到了战争的战术问题，而且讲得很细很具体。例如：

1. 在战前怎么去判断敌情

他说：“敌近而静者，恃其险也；远而挑战者，欲人之进也”；“众树动者，来也；众草多障者，疑也；鸟起者，伏也；兽骇者（惊骇四窜），覆也（敌人多路而来）；尘高而锐者（尘土高扬），车来也；卑（尘土低）而广者，徒（步兵）来也；散而条达（尘土稀疏、断断续续）者，樵采也；少而往来者（尘土零零散散），营军也”（《行军篇》）。从上可以看出，孙武总结得多么细致！

2. 为了避免士兵生病，行军、遇敌时要注意选择地形

他说：“凡军好高（扎营应该选居高的地方）而恶下（不应选低洼的地方），贵阳而贱阴，养生而处实，军无百疾，是谓必胜。”（《行军篇》）

3. 在《火攻篇》中，提到了火攻目标、材料、时机、风向等

其中火攻目标有：“一曰火人（火烧敌人的有生力量），二曰火积（火烧敌人粮、草、柴薪堆积场所），三曰火辎（火烧敌人船舶、车辆），四曰火库（火烧敌人的军用物资仓库），五曰火队（火烧敌人营寨）。”

《孙子兵法》的军事思想博大精深，被历代誉为“兵经”“武经”，是国之瑰宝。2000多年来，我国一些名将无不得益于《孙子兵法》。

《孙子兵法》的影响已超越军事领域、超越国界，受到古今中外政治家、军事家、学者及今日之企业家的重视。

（五）大改革家商鞅

商鞅，卫国公族（诸侯）之后，名鞅，姓公孙氏，又名卫鞅、公孙鞅，好刑名之术，是法家代表人物李悝（魏国人）的学生。他改姓商是后来的事，是因他对秦有功，受封商邑，故改姓商。

商鞅为了实现自己从事改革的理想，先来到魏国，事魏相公叔座，为中庶子（侍从之臣）。公叔座病，魏惠王前往问病，并问以国事。座说：“座之中庶子公孙鞅，年虽少，有奇才，愿王举国而听之”，王默然不语（《史记·商君列传》）。

孝公元年（前361），秦孝公下令求贤：“昔我缪（通“穆”）公自岐、雍之间（岐在今陕西省岐山县东北、雍在今凤翔县南），修德行武，东平晋乱，以河为界，西霸戎翟（翟通“狄”，古族名），广地千里，天子致伯（封爵），诸侯毕贺，为后世开业，甚光美。会往者厉、躁、简公、出子（四位秦王）之不宁，国家内忧，未遑（暇）外事，三晋攻夺我先君河西地，诸侯卑秦，丑莫大焉。献公即位，镇抚

边境，徙治栎阳（从雍迁来，栎阳——西安市临潼区），且欲东伐，复缪公之故地，修缪公之政令。寡人思念先君之意，常痛于心。宾客群臣有能出奇计强秦者，吾且尊官，与之分土。”（《史记·秦本纪五》）强秦之心，跃然纸上。

商鞅闻秦孝公求贤，立即来到秦国，通过孝公宠臣景监求见孝公。既见，语事良久，孝公不感兴趣，时时瞌睡。见面结束，孝公怒责景监：“子之客妄人耳，安足用邪！”景监因此让鞅。鞅说：“吾说公以帝道，其志不开悟矣。”过五日，孝公复求见鞅，见后，孝公仍不满意。孝公又责景监，景监亦让鞅。鞅说：“吾说公以王道而未入也。”并请再见孝公。这次，孝公虽善鞅之言但又不用其言。孝公对景监说：“汝客善，可与语矣。”及再次相见，鞅说以霸道，孝公听得入迷，交谈数日而不疲。景监以此问鞅：“子何以中吾君，吾君之欢甚也。”鞅说：“吾说君以帝王之道比三代（夏、商、周），而君曰：‘久远，吾不能待。且贤君者，各及其身显名天下，安能邑邑（通悒，愁闷不安）待数十百年以成帝王乎？’故吾以强国之术说君，君大悦之耳。”（《史记·商君列传》）

孝公决心实行改革，但又担心国人反对，说：“今吾欲变法以治，更礼（变革礼制）以教百姓，恐天下之议我也”（《商君书·更法》，以下只记篇名）。商鞅说：“圣人苟（如果）可以强国，不法其故（旧的法度）；苟可以利民，不循其礼（不遵循旧礼制）。”大臣甘龙首先表示反对，他说：“圣人不易民（不变革人民的旧礼制）而教，知（智）者不变法而治。”大臣杜挚亦表示反对，说：“利不百（没有一百倍的利益），不变法；功不十（没有十倍的功效），不易器（不变更旧的礼制）。法古无过，循礼（遵守旧制）无邪（不会出奸邪之人）。”商鞅对二人的言论坚决予以反驳：“治世不一道，便国不法古。故汤、武不循古而王，夏殷不易礼而亡。反古者不可非，而循礼者不足多（重视）。”（《史记·商君列传》）孝公对商鞅的言论深表赞同，遂任命商鞅为左庶长，实行变法。

商鞅改革的主要内容如下。

1. 重农战

他在《商君书》中，多次讲到要重视农战（即农业和战争）：“国之所以兴者，农战也”；“国待农战而安，主待农战而尊”（《农战》）。他主张：“边利（战场上得到的利益）尽归于兵，市（市场上得到的利益）利尽归于农。边利尽归于兵者强，市利尽归于农者富。”（《外内》）

商鞅对农业尤给予特别的关注，他说：“善为国者，仓廪虽满，不偷（放松）于农”；“圣人知治国之要，故令民归心于农”；“圣人治国作壹（一个政策），抟（通“专”）之于农而已矣”（《农战》）。

2. 重刑

商鞅力主重刑。他说：“重刑而连其罪（连坐），则褊急（狭隘、气量小、急躁）之民不斗（滋事），很（通狠）刚之民不讼（不随便挑起争端），怠惰之民不游（四处游荡），费资（浪费资财）之民不作，巧谀、恶心（存心不良）之民无变（不敢去欺骗）也。”（《垦令》）他还力主刑不避贵贱，说：“刑无等级，自卿相将军以至大夫庶人，有不从王令、犯国禁、乱上制者，罪死不赦。有功于前，有败于后，不为损（减轻）刑；有善于前，有过于后，不为亏（破坏）法；忠臣孝子有过，必以其数（罪行的轻重）断；守（掌握）法守职之吏有不行王法者，罪死不赦，刑及三族（三代）。”“故曰：重刑，连其罪，则民不敢试”“禁奸止过，莫若重刑”（《赏刑》）。

3. 重名利

商鞅认为名利是人之本性，他说："民之欲富贵也，共阖棺（盖棺）而后止"（《赏刑》），"民之性，饥而求食，劳而求佚（同逸），苦则索乐，辱则求荣，此民之情也"。所以他要求国君要"主操名利之柄"（《算地》）。我认为商鞅抓住了人性本质——物质上求利，精神上求名。我们现在的政策也是如此，对于有突出贡献的人，既给予物质奖励，如奖金，又给予精神奖励，如授予劳动模范、先进工作者称号。

怎样去追求名利？商鞅的原则是："富贵之门必出于兵"（《赏刑》）；"利出于地，则民尽力。名出于战，则民致死"（《算地》）。

商鞅改革的主要措施如下。

1. 严密社会组织，以达到稳定社会和控制国家的目的

编制民户，以五家为一伍，二伍为一什。什伍内各家互相纠察，一家作奸犯法，别家必须告发。

为了达到稳定社会和控制国家的目的，商鞅在中国首建户口制度："四境之内，丈夫女子皆有名于上（户口簿），生者著（登记），死者削（删除）。"（《境内》）

采取了上述措施之后，比齐国管仲时期组织更加严密的国家机构在秦国产生了。

2. 加强刑赏

奖励公战，严惩私斗，以养成勇于公斗、惧于私斗之风。

（1）改革法规定，凡民得官爵，必出于战功

有军功者，各以律受上爵。因战功而得官爵者，不但光荣，且得

实惠。他说："明君之治国也，士有斩首捕虏之功，必其爵足荣也，禄足食也。"（《君臣》）而且死后的待遇也不一样："小夫死，以上至大夫，其官级一等（每高一级），其墓树级一树（多种一棵树）。"（《境内》）这样做的好处是："利禄官爵抟（只）出于兵，无有异施也。夫固（同故）智愚、贵贱、勇怯、贤不肖，皆知尽胸臆（心中）之智，竭其股肱之力，出死而为上用也。天下豪杰贤良从之如流水。是故兵无敌而令天下。"（《赏刑》）

为了落实奖励，他特制定军爵20级："爵，一级曰公士，二上造，三簪袅，四不更，五大夫，六官大夫，七公大夫，八公乘，九五大夫，十左庶长，十一右庶长；十二左更，十三中更，十四右更，十五少上造，十六大上造，十七驷车庶长，十八大庶长，十九关内侯，二十彻侯。皆秦制，以赏功劳。"（《汉书·百官公卿表上》）一至二级为士卒（战士）之爵，虽有爵位，其职务仍为士卒；三至八级为军吏（士官）之爵；九至十八级为军将（军官，大庶长即为大将军）之爵，其位相当于当时之卿大夫；十九至二十级位如列国诸侯。

（2）实行连坐法

——不告奸者腰斩，匿奸者与敌同罪（诛其身、没其家），告奸者与斩敌者同赏（得爵一级）。为私斗者，以罪行轻重，依法判刑。

（3）奖励耕织

——努力耕织，生产多者，除其赋税，并可免徭役；鼓励农民分户，有两男以上不分户者，加倍征赋。

——惰怠不事生产而致贫者，收其妻子为奴婢；能改过而努力生产致富者，恢复其妻平民身份，不再为奴婢。

——招募三晋（赵、韩、魏三国的总称）农民，开垦荒地。当时秦国地广人稀，商鞅说："今秦之地，方千里者五，而谷土（能种庄稼的土地）不能处二（十分之二），田数不满百万，其薮泽（湖泊）、溪谷、名山、大川之材物、货宝，又不尽为用，此人不称（不相称）土也。”怎么办？商鞅说：“今以草茅之地，徕（招来）三晋之民，而使之事本（农业）。”并规定：“诸侯之士来归义者，今使复之三世，无知军事（免除来归者三代人租税、徭役、兵役）；秦四境之内，陵阪丘隰（丘陵、山坡、洼湿之地），不起十年征（十年不征税）。”（《徕民》）

3. 废除宗室和贵族的世袭特权，建立以军功大小的封爵制度

“宗室非有军功论，不得为属籍。明尊卑爵秩等级，各以差次名田宅（根据其爵位等级而分配田宅），臣妾（男女奴隶）衣服以家次（随其家的爵位而定）。有军功者显，无功者虽富而无所芬华（美名）。”（《史记·商君列传》）也就是说按军功大小重新确定尊卑等级。对没有军功的宗室子弟，一律废除他们的名位，不得列入宗室之属籍。当然，商鞅这一政策并不是反对贵族特权，而是把旧贵族的特权转让给有军功的新贵族。不管如何，它比起血缘关系身份的世袭制，总算是给人们一些机会。

商鞅的改革使旧制度发生了翻天覆地的变化，但触犯了某些人的利益，特别是宗室贵戚的利益，史谓：“商君相秦十年，宗室贵戚多怨望者。”（《史记·商君列传》）所以阻力很大，但商鞅一一加以排除，使新法得以实行。

新法实行之前，商鞅恐民不信，新法难以实行，乃立三丈之木于国都市南门，并宣告：“有民能徙置北门者予十金。”（《史记·商君列传》）民怪之，无人敢动。商鞅乃将奖金增至五十金。有一胆大者将此木徙至北门，商鞅立即兑现诺言，予以徙者五十金，并下令实行新法。

第二年，太子犯法。商鞅说：“法之不行，自上犯之。”（《史记·

商君列传》）一语击中要害，但太子为秦孝公王位的继承者，不可施刑，商鞅乃刑其傅（辅佐者）公子虔，黥（在脸上刺字）其师公孙贾。

这一处置震动了全国。自是，秦人皆严守法令，认真执行新法，莫敢违反。

孝公十二年（前350），商鞅又实行第二次变法。

1. 划分政治区域，建立县治

“并诸小乡、聚（村落），集为一县，县置令、丞，凡三十一县。”（《史记·秦本纪第五》）（《资治通鉴·卷二》）县治的建立，实开中国历史之先河，而且一直延续至今，意义非凡。由于建立了县治，秦国从此政令统一，人民的力量得以集中。

2. 改革土地制度

废井田制度，准许土地买卖，赋税则集中缴于政府。于是从周代所建立的井田制度，被彻底打破。

3. 统一度量衡

“平斗、桶（斛）、权（秤锤）、衡（秤杆）、丈、尺。”（同上）从此，秦国的经济制度趋于统一，十分有利于施政与商业发展。

4. 革除残留的戎狄落后风俗，禁止父子兄弟同室居住

秦之西南和西北都是戎狄聚居地区，后来虽然统一了，但其落后风俗仍保留下来了。商鞅依照中原风俗对其加以改造，这对秦国的强大很有好处。

新法行十年，生产大发展，家给人足；民勇于公战，怯于私斗，社会大安定；山无盗贼，道不拾遗，乡邑大治，秦民大悦。

从以上可以看出，商鞅改革的深度和广度是超乎前人的。在商鞅以前的变法，没有触及奴隶制度的根基，即使大政治家管仲也是如此，他并未彻底改变当时齐国的社会与经济组织，而商鞅的改革是彻底的。由此可以看出，商鞅确实是一位伟大的改革家。

商鞅改革成绩显著，奠定了秦强国之基础，孝公决心乘机扩张土地，略定关中。孝公四年（前358）败韩军于西山（似在今陕西省商南县以北地区）。八年（前354），伐魏，败魏师于元里（在今澄城县南），占领少梁（今韩城市）。十一年（前351），商鞅亲自率师攻占魏西北最重要的战略据点固阳（今米脂县）。继又东取函谷。于是秦之东北国境扩展至黄河西岸，与魏以河为界；在东南国境上又筑武关之塞以防楚。至是，关中全域山河之险，全在秦之掌控之中。又控有函谷关、武关，进则东出制楚、魏，以入中原，守则据河关之险，足以自固。秦国势日益强大，疆土日益巩固，遂于十二年（前350），迁都咸阳。

周王以秦强盛，于十九年（前343），致伯孝公，诸侯毕贺。孝公遂派公子少官率师会诸侯于逢泽（在今河南省开封市东南），以朝周王。昔日被东方各国视为戎狄之人，禁止参与中国会盟的，今日秦国不但参加了，而且成为盟主。从此，关东各路诸侯遂全力防秦入侵。

国力强大了，商鞅于二十二年（前340）建议伐魏，说："秦之与魏，譬若人有腹心之疾，非魏并秦，秦即并魏。何者？魏居岭厄之西，都安邑，与秦界河，而独擅山东之利，利则西侵秦，病则东收地。今以君之贤圣，国赖以盛；而魏往年大破于齐，诸侯畔之，可因此时伐魏。魏不支秦，必东徙，然后秦据河、山之固，东乡以制诸侯，此帝王之业也。"孝公从之，使卫鞅将兵伐魏。魏使公子卬御之。卫鞅致书公子卬，书曰："吾始与公子欢（商鞅在魏时，与公子印相好)；今俱为两国将，不忍相攻，可与公子面相见盟，乐饮而罢兵，以安秦、魏之民。”公子卬以为然，乃相与会；盟毕而饮，而卫鞅伏甲士，袭虏公子卬，继而攻魏师，大破之。魏惠王恐，遂献河西之地于秦以求和，并迁都大梁，叹曰：“吾恨不用公叔之言!”(《资治通鉴》卷二）卫鞅因破魏之功，封商于十五邑，号曰商君。卫鞅破魏，声威天下。

孝公在商鞅的策划下，先谋国家富强，然后在国防上扩张其疆域，巩固其领土，步骤分明，步步扎实。“秦孝公保崤函之固，以广雍州之地，东并河西，北收上郡，国富兵强，长雄诸侯，周室归籍，四方来贺，为战国霸君，秦遂以强，六世（孝公、惠文王、武王、昭襄王、庄襄王、始皇）而并诸侯，亦皆商鞅之谋也。”（《史记·商君列传》注）

商鞅的成功，除有秦孝公强有力的支持外，他本身的因素也是很重要的，史书谓：“商君极身无二虑，尽公不顾私，使民内急耕织之业以富国，外重战伐之赏以劝戎士，法令必行，内不阿贵宠，外不偏疏远，是以令行而禁止，法出而奸息。”

从商鞅改革以及此后我国历代改革的情况来看，可以得出以下两点看法。

1. 任何社会只有不断地改革，才能持续前进

历史证明：大改革大进步，小改革小进步。商鞅变法就是大改革，是破坏旧制度的大改革，因而大大地推动了社会的进步，为秦始皇统一六国打下了坚实的基础，不但打下了坚实的物质基础，而且在秦始皇建国后很多制度都来源于商鞅改革的成果。如奖励耕织，废除宗室、贵族的世袭特权，准许土地买卖，确立县制，统一度量衡等。

2. 改革要能成功，首要条件是领导集团中最高层的决心

商鞅的改革之所以能成功，是因为有秦孝公作为后盾。

商鞅这种全面的、深刻的变革，被秦宗室贵戚恨之入骨。及孝公死（前338），太子即位（是为惠王），即以商鞅谋反之罪，将其车裂，并灭其全家。

但是，人类社会总是不断发展的，总是新的战胜旧的，反复只是一时的，新的终将会取代旧的，这是一条不以人们意志为转移的客观规律。历史上一些远见卓识的政治家提出的改革措施，推动社会前进，客观上是符合这条规律的。虽然大多数改革者结局都不太好，但他们的改革思想及其所制定的政策，并没有因此而消亡，影响至今还存在。

（六）大航海家郑和

郑和七次下西洋，不但闻名于中国，也闻名于海外；他不但是中华伟人，而且是世界伟人。他的远航早于意大利航海家哥伦布（1451—1506）80多年。

郑和何许人也，本姓马，名文和，小字三保，回族，云南昆阳州（今晋宁县）人。生于洪武四年（1371）。后入宫做了宦官，侍奉燕王朱棣。朱棣因其与自己的母亲（马皇后）同姓，遂令改姓郑。又因从朱棣起兵有功，升为太监（明代在宦官所领24衙门中，各专设掌印太监，侍奉在宫廷内的皇帝及其家族），所以人们又称郑和为"三保太监"。

现将郑和七次下西洋的具体情况分述如下。

第一次，永乐三年（1405）六月，郑和率大船62艘、将士27800余人（《明通鉴》为37000余人），带上大量金币、瓷器、丝绸等物，自苏州刘家河（今江苏省太仓市浏河镇；以后六次，均从此出发）起

航，途经福建，首至占城（故地在今越南中部），以次遍历诸番国，远至柯枝（今名柯钦，在今印度南端），并在旧港（即今印度尼西亚苏门答腊之巨港），俘其酋长陈祖义（陈祖义，广东人，来到旧港，自称酋长，并于永乐四年遣使朝贡，后复为海盗，邀截来往贡使，剽掠商旅，郑和至，遣使招之，他诈降，并来袭郑和，被击败）。五年（1407）九月，郑和还，西洋诸国亦皆遣使者随入朝。

第二次，六年（1408）九月，再往锡兰山（今斯里兰卡）。"国王亚烈苦奈儿诱和至国中，索金币，发兵劫和舟。郑和见贼大众既出，国内空虚，遂率所统2000余人，出其不意，攻破其城，生擒亚烈苦奈儿及其妻子、官属。劫舟者闻之，急还自救，明军复大破之。九年（1411）六月，郑和，献亚烈苦奈儿于朝，帝赦不诛，释回国。"（《明史・宦官一》）由是海外诸番皆服天子威德，来朝者日多。

第三次，十年（1412）十一月，成祖复命郑和前往，"至苏门答腊。其前伪王子苏干剌者，方谋弑主自立，怒和赐不及己，率兵邀击官军。和力战，追擒之"（《明史・宦官一》）。十三年（1415）七月，还朝，成祖大喜。

第四次，十四年（1416）十二月，"满剌加（在今印度尼西亚苏门答腊之东北）、古里（在柯枝北）等十九国咸遣使朝贡，辞还。复命和等偕往，赐其君长"（《明史・宦官一》）。十七年（1419）七月还。

第五次，十九年（1421）春出发，次年八月还。

第六次，二十二年（1424）正月，"旧港酋长施济孙请袭宣慰使职，和赍敕印往赐之"（《明史・宦官一》）。及还，成祖已死。

第七次，宣德五年（1430）六月，宣宗朱瞻基"以践祚（即位）岁久，而诸番国远者犹未朝贡，于是和、景弘（即王景弘）复奉命历忽鲁谟斯（在今伊朗南，处于波斯湾出口）等十七国而还"（《明史・宦官一》）。

郑和七下西洋，意义巨大，影响深远。

一是充分显示了我国古代造船业和航海业的先进技术。最大的船长44丈（约合150.5米）、宽18丈（约合61.6米）。这在当时世界上是独一无二的，比哥伦布（首次航行是在1492年，比郑和整整晚87年）的船大好多倍（有人说大100倍）。而且他使用的罗盘仪已相当先进了。罗盘上分许多方位、若干度数，按照一定的方向和度数航行，就可以测出航行的远近，精确地绘制海图；在夜间航行，还可以观星定向，这在当时世界上也是独一无二的。

二是郑和船队排除险阻，远涉重洋，前后28年，经历30余国，最南到爪哇，最西到非洲东岸木骨都束（今索马里摩加迪沙），促进了与所至国的经济和文化交流，是世界航海史上的壮举，其意义同西汉张骞出使西域一样。

中国一直是一个重视陆权的国家。之所以如此，原因之一，是陆上发展的空间很大，因而海岸线虽然很长，却很少重视。直至唐、宋王朝才有繁荣的海上交通，至元代，海上交通更加发达。及朱元璋做了皇帝，强烈地排斥外来事物，下令禁止出海，海上交通由是断绝。事实上，断是断不了的，海上贸易照样进行，只是方式上有所变化，由公开转向秘密。朱棣即位，海禁遂解，所以才有了郑和七下西洋伟大之举。

可惜的是，郑和所处的时代是封建社会走向衰败的时代。这样的时代，郑和下西洋的事业是难以继续下去的。永乐二十二年（1424）朱棣逝世，其子朱高炽即位（仁宗）。当时朝臣认为，下西洋劳民伤财，是暴政，必须废除。仁宗从其议，下令禁止出海。尤为可惜的是，朝廷为了防止有人仿效郑和下西洋，把一些有关航海的重要档案也销毁了。

第四篇

近现代至当代中国

中国是一个历史悠久的伟大国家。中华民族一代接一代地以自己的勤劳和智慧，创造了古代最为先进的文明，对人类发展做出了重大贡献，它的确有着光荣的历史。

但近现代至当代中国不同于过往，它既有着备受欺凌的历史，也有着奋起反抗的一页，还有屡受挫折的记录，但中国人民最终推翻了“三座大山”，并走上了快速发展的道路，恢复了昔日的荣光，且正在走向更加伟大的未来。

一、经常挨打　备受欺凌

中国近代最大的悲哀，是晚清政府的极端腐败，导致国家十分落后，落后就经常遭欺凌、挨打。

挨打始于1840年。当时英国人为了推销鸦片，用炮舰轰开中国的大门，迫使清政府屈服，签订了中国历史上丧权辱国的第一个不平等条约——中英《南京条约》。该条约规定，割让香港岛给英国，开放广州、厦门、福州、宁波和上海为通商口岸，向英国赔款（银圆）2100万元。

鸦片战争成为中国历史的转折点，是中国受屈辱的开始。从此，西方大大小小的侵略者（包括葡萄牙、西班牙这样的小国）纷至沓来，对中国发动了一次又一次侵略战争。

1856年，英国以“亚罗号事件”为借口，再次对中国发动侵略战争，史称“第二次鸦片战争”，又称“英法联军之役”。

所谓亚罗号事件，即广东水师从中国亚罗号船上拘捕海盗及走私嫌疑犯12人。英驻广州领事巴夏礼借口该船曾在香港政府注册，对中国水师之行动横加干涉；而且诬蔑中国水师撕毁英国国旗，借此挑起战争。

1857年，英法联军攻入广州，强迫修改《南京条约》，增开商埠；美、俄亦提出上述要求。次年，联军攻至大沽口，清兵惊溃，文武官员闻风而逃，侵略者直抵天津城下。清政府急派大臣赶往天津议和，分别与英、法、美、俄签订《天津条约》。条约除增加淡水、台南等多处为商埠外，还给予侵略者传教、内河航行、领事裁判诸权。沙俄还趁机用武力迫使黑龙江将军奕山签订《中俄瑷珲条约》，割去我国黑龙江以北、外兴安岭以南大片领土。

英、法两国还不满足，决心抢占中国更多利益，遂于1859年在强大舰队的掩护下，派陆战队登岸强攻，但遭清军发炮还击，英舰被击沉四艘；登岸之千余人，仓皇失措，陷于泥淖之中，死者近半；英舰队司令何伯负伤，英法联军在美舰掩护下狼狈退走。

英、法不甘心大沽之失败，于是在1860年派使者至上海，要求中国道歉、赔偿，并限期答复，还以开战相威胁。清政府深感事态严重，命将士不可先开衅，要和谈，但英、法集舰船200余艘和士兵25000人，占领天津。皇帝仓皇出逃，京城一片惊慌，亲王、大臣和将帅争相逃命，鸡飞鸟散。

侵略者进入北京，在海淀一带烧杀抢掠，奸淫妇女，无恶不作。继而洗劫西苑，火烧圆明园，烟焰弥天，红光半壁，大火连烧五天五夜，京西海淀一片火海，集人类园林建筑艺术精华之圆明园化为灰烬。

清政府在刺刀下换约，侵略者之目的完全达到。除《天津条约》之内容外，英增8条，法增10条，新增主要内容：开天津为商埠；割九龙与英国；赔偿英、法白银合计1800万两，是谓《北京条约》，亦称续增条约。

沙俄亦趁火打劫，强迫清廷签订《中俄北京条约》，亦称《中俄续增条约》。其主要内容：将乌苏里江以东约40万平方千米之中国领土划归俄国。

1894年，日本发动了甲午战争，清陆军、海军全线溃败，被迫签订《马关条约》，割让台湾，赔款白银两亿两。

1900年，英、美、法、德、俄、日、意和奥（奥匈帝国）八国联军先后攻陷天津、北京，慈禧挟光绪皇帝狼狈逃往西安。侵略军所至之处，杀人放火、奸淫妇女、四处抢劫；北京图书文物、国宝奇珍被洗劫一空，北京城尸横遍野。

1901年（辛丑年），清政府被迫与八国签订和约，即《辛丑条约》。其主要内容：中国赔偿白银四亿五千万两，分39年付清，年息4厘，本息共计九亿八千多万两；拆毁大沽至北京沿线炮台，允许列强驻军北京及自北京至山海关12个战略要地；禁止“排外”，违者处死。

《辛丑条约》是中国前所未有之卖国条约，主权丧尽，国防全失，财银赔光。至此中国完全陷入半殖民地之地位，任人摆布、任人宰割、任人欺凌。

由上可以看出，从鸦片战争开始，列强不断侵略中国，清政府被迫签订一个又一个不平等条约，除了割地，就是赔款。可以说，中国近现代史是一部列强不断侵略中国的历史，也是一部清政府不断失败的历史。

二、奋起反抗　屡受挫折

中国近现代史既是一部列强不断侵略中国和清政府不断失败的历史，也是一部中国人民不断反抗列强侵略的历史。

清政府虽然腐败无能、屡战屡败，但这并没有动摇中国人民反抗侵略者的意志，中国人民同侵略者进行了长期的英勇顽强的斗争。第一次鸦片战争期间的广东三元里人民抗英斗争，第二次鸦片战争期间各地人民反抗英、法和沙俄入侵的斗争，以及后来反洋教的斗争即为证明。继而一些先进的中国人奋起救亡，有的锐意变法开展维新运动以强国，有的矢志推翻极端腐败的清王朝而掀起资产阶级革命。无数仁人志士为救中国前仆后继，抛头颅洒热血，在中华民族革命史上写下了可歌可泣的悲壮篇章，黄花岗72烈士之一的林觉民写的《与妻书》就是最有力的证词。

辛亥革命终于推翻了清朝，中华民国也成立了，孙中山当上了临时大总统，并制定了具有资产阶级宪法性质的《中华民国临时约法》。但好景不长，以袁世凯为首的北洋军阀在帝国主义的支持下，打着“拥护共和”的旗子，窃取了中华民国临时大总统的职位，向国民党开刀，暗杀了国民党著名领袖宋教仁。继而他为了获得消灭国民党的军费，竟同英、法、德、俄、日五国银行签订《善后借款合同》，同时还下令解散国民党。

袁世凯为了当上皇帝，全然不顾全国人民的反对，于1915年5月9日接受了日本提出的旨在消灭中国的“二十一条草案”。同年12月，他悍然称帝。这种倒行逆施遭到全国人民的坚决反对，他被迫于1916年3月22日取消帝制，并于6月6日在忧惧中死去。

逆流在继续。袁世凯死后，副总统黎元洪继任大总统，但实权被国务总理兼陆军总长段祺瑞所控制，两人矛盾重重。军阀张勋（驻徐州）见有机可乘，即带兵进入北京，导演了一场拥戴被废黜的皇帝溥仪复辟的丑剧。

段祺瑞利用张勋倒黎的机会，以武力粉碎这次复辟，以“再造共和”的“功臣”自居，执掌北京政权，其实是以共和为名，行军阀专政之实。

此时的中国，陷入四分五裂的军阀割据和军阀混战的局面。北洋军阀分化为直、皖、奉三系。以段祺瑞为首的皖系，以日本为靠山，手握北京政权，统治今山东、河南、安徽、福建、浙江等省；以冯国璋（包括他的继承人曹锟、吴佩孚）为首的直系，以英、美为后台，统治今河北、江苏、江西、湖北等省；以张作霖为首的奉系，统治东北地区。

直、皖、奉三系和其他不属于北洋军阀系统的大大小小的军阀把军队作为自己的私产，在自己所属地区实行军事专政。各派之间，为了争夺中央政府控制权和地盘而进行频繁的战争，使中国长期处于分裂和动乱之中。这是辛亥革命后中国政治的一个显著特点。

世界在进步，而中国内有军阀混战，外受帝国主义压迫，但这也促使中国人民觉醒，于是爆发了“五四运动”。

第一次世界大战结束后，英、法、美、日、意等国于1919年1月，在巴黎召开“和平会议”。中国北洋政府在人民强大的压力下，向“和会”提出希望列强放弃在华特权、取消“二十一条”等，遭到与会国的拒绝，而北洋政府竟准备在和约上签字。

消息传来，举国愤怒。1919 年 5 月 4 日，北京学生 3000 多人，在天安门前集会，高呼“外争国权，内惩国贼”“取消‘二十一条’”“拒绝和约签字”等口号，并游行示威。北洋政府派军警镇压，逮捕学生 30 多人。此举激起全国人民的坚决反对，北洋政府又逮捕学生 700 多人，如此一来，矛盾更加激化，罢课的、罢工的、罢市的风起云涌。北洋政府被迫释放被捕学生，撤去曹汝霖、陆宗舆、章宗祥（北洋政府要员，其中，曹、陆二人曾参与“二十一条”的签约活动，章为驻日公使、亲日派）的职务，并拒绝在和约上签字。

“五四运动”的时代，是中国人大觉醒的时代，是中国革命由旧民主主义革命转变为新民主主义革命的转折点。称之为转折点，是因为在 1921 年 7 月 1 日诞生了中国共产党。从此，中国革命形势为之一新，革命从失败走向胜利。

1923 年，中国共产党确定与中国国民党建立革命统一战线，这标志着中国共产党从积极参加革命到主动领导中国革命的转变。

在中国共产党的帮助下，孙中山于 1924 年召开有共产党参加的国民党第一次全国代表大会（大会确定“联俄、联共、扶助农工”的政策），改组国民党，创办黄埔军校，组建革命军队，国民党从此焕然一新，很有战斗力。

1925 年，国民党军队进行东征、南征，肃清了广东境内的军阀势力，建立起广东革命根据地。根据当时的形势，中国共产党主张“北伐”，统一全国。

1926 年 7 月，国民革命军分 8 个军 10 万人，分三路从广东出发，第一路进攻湘、鄂，其先遣队是以共产党员为骨干的第四军叶挺独立团；第二路进攻江西；第三路进攻闽、浙。在全国人民，特别是在共产党的支持下，北伐进行得很顺利。

帝国主义看到北洋军阀不能阻挡中国革命的发展，就武力干涉，增兵上海，炮击南京，并寻找新的代理人。

代理人不请自来，当时国民革命军总司令蒋介石对共产党的不断发展壮大深感忧虑，于是伙同汪精卫等人，勾结帝国主义发动“四一二”反革命政变，大肆屠杀共产党人和革命人民，导致当时发展到6万多名党员的共产党，只剩下1万多人。

中国共产党人为挽救革命，在周恩来、朱德等人的领导下，于1927年8月1日在南昌发动武装起义。从此，中国共产党人走上了一条以革命武装反抗反革命武装的道路。

随着时间的推移，形势又有了新的变化：日本帝国主义开始实施灭亡中国的行动。1931年9月18日，日军炸毁南满铁路柳条沟一段路轨，反诬是中国军队所为。并以此为由，突然袭击沈阳北大营中国驻军，同时炮击沈阳，以实现其先独占中国东北、内蒙古进而侵占全中国的政策。随后又向吉林、黑龙江发动进攻。此时的蒋介石采取“攘外必先安内”的政策，集中力量“清剿”红军，而对日本的侵略采取不抵抗政策，命令张学良的东北军撤入关内。所以在短短的四个多月内，整个东北近100万平方千米的大好河山就沦为日本的占领区。

日本占领东北三省，强烈地震动了中国社会，国人看到大片国土沦丧，政府屈辱退让，无不痛心疾首，义愤填膺，一个抗日救亡的群众运动在全国掀起。但蒋介石灭共决心不改，继续“围剿”红军，屠杀共产党人和革命群众，共产党和其所领导的军队被迫长征。

对于蒋介石这种不打日本、专打共产党的行为，不但国人不满意，而且国民党内部也有人起来反对。1936年12月12日，张学良、杨虎城在西安发动“西安事变”之后，蒋介石才同意联共抗战。

在全世界人民的共同斗争下，德国法西斯战败了，日本也投降了，世界反法西斯战争胜利结束，中国抗日战争也宣告胜利结束。

从 1840 年开始，战火燃遍了中国大江南北，燃遍了城市和乡村，时间长达 105 年。当“日本投降了”的消息传来时，神州大地一片欢腾，人们认为从此可以安居乐业了。蒋介石于 1945 年 8 月 14 日、20 日、23 日接连发出三封电报邀请毛泽东到重庆谈判。

为了和平，共产党同意蒋介石的建议，1945 年 8 月 28 日，毛泽东乘专机到达重庆。经过 1 个多月的谈判，国共双方代表签订了《政府与中共代表会谈纪要》（即《双十协定》）。《纪要》声明：“长期合作，坚决避免内战。”这给全国人民带来更大的和平希望。

但是，形势发展表明，国共两党存在结构性的、无法以和平方式解决的矛盾。国民党悍然挑起反革命内战，一场为时 3 年的解放战争开打了，最终以国民党的彻底失败和共产党的完全胜利收场。

三、新生中国　很不顺利

1949 年 10 月 1 日，中华人民共和国成立了，中国从此真正成为一个独立自主的国家。但当时的中国确实面临重重困难，当时最大的困难是，由于帝国主义侵略和国内战争，共产党接手的是一个国家残破、经济凋零、百姓穷困、社会动乱的烂摊子。

当时，首先要解决的是社会的安定问题，否则其他工作根本无法开展。

中华人民共和国成立后，国民党尚有上百万军队在西南和华南沿海岛屿负隅顽抗；在新解放区，国民党溃逃时留下的大批残余势力同当地的恶霸势力以及惯匪相勾结，与人民政权相对抗。这一切都严重危及了社会政治新秩序的建立和巩固。

中国共产党决心解决这个问题。经过努力，中国政府和中国人民不但消灭了国民党的残余势力和土匪，而且还荡涤着神州大地上的污泥浊水，“在中国共产党的领导下，经过全国人民三年的努力，曾在旧中国屡禁不绝、被视为不治之症的娼、毒、赌等社会痼疾就被基本禁绝了，这不能不说是一个奇迹，社会各界包括许多国际人士为之惊叹和赞许”（《中国共产党历史》（第二卷），上册，第 111 页）。

同时，我国还面临着严重的经济问题。当时的中国很落后，不但飞机、汽车造不了，甚至连自行车等低端产品也生产不了。

新中国要想生存下去，就必须发展经济。但当中国政府开始着手恢复和发展经济的时候，又面临着美帝国主义的威胁。

1950年6月25日，朝鲜战争爆发，美国派兵介入，并以武力封锁台湾海峡。7月7日，美国打着联合国的名义，纠集一些国家组织“联合国军”，正式参战；继而悍然北进，并轰炸我国东北，严重威胁我国安全。为了保家卫国，10月25日，中国人民志愿军赴朝参战，中、朝两国军队硬是把以美国为首的“联合国军”从鸭绿江边逐回“三八线”，迫使美国于1953年7月27日签订了《朝鲜停战协定》。

朝鲜一战不但打出了中国人民的志气，还打出了中国人民解放军的威风，打出了中国人民解放军的信心。不仅如此，它还影响到了全世界，最显著的特点就是殖民地人民求解放运动从此风起云涌。

尤其值得称道的是，在朝鲜战争进行时，中国还迅速地恢复了曾遭到严重破坏的社会经济。据统计：1950—1952年，我国钢产量从60.6万吨上升到134.9万吨，原煤产量从4297万吨上升到6649万吨，发电量从45.5亿度上升到72.6亿度，粮食产量从2494亿斤上升到3088亿斤。

为了更好地发展经济，中国政府于1952年提出了过渡时期的总路线，“从中华人民共和国成立，到社会主义改造基本完成，这是一个过渡时期。党在过渡时期的总路线和总任务，是要在一个相当长的时期内，基本实现工业化和对农业、手工业、资本主义工商业的社会主义改造”（《中国共产党历史》（第二卷），上册，第185页）。

1953年，在苏联的帮助下，我国开始了第一个五年计划的经济建设，建立了独立的比较完整的工业体系和国民经济体系，工业产品和农产品的产量都有了很大的增长。

在1958—1965年的8年中，建成大中型项目531个，工农业总产值增长98.1%。钢产量增长1.3倍，达到1223万吨；原煤产量增长

77%，达到2.32亿吨；发电量增长2.5倍，达到676亿度；原油产量增长6.75倍，达到1131万吨；粮食总产量达到3891亿斤。国防工业也从无到有逐步发展起来了，国防尖端科学技术也有了突破性的进展，1964年10月16日，成功地爆炸了中国第一颗原子弹，继而有了氢弹、导弹、卫星……

四、改革开放　飞奔向前

以邓小平为代表的中国共产党人于 1978 年提出了“改革开放”的政策，历史已经证明了它是完全正确的。

我国 1978 年 GDP 总量占世界 GDP 总量的比重是 2. 8%，排名第 15 位；美国是 25%，排名世界第一。到了 2018 年，我国 GDP 总量已经占世界 GDP 总量的 16%，排名第二；美国仍是第一，但 GDP 总量占世界 GDP 总量的比重下降至 24%，中美之间的差距在逐渐缩小。

从人均 GDP 来看，1980 年，中国人均 GDP 才 300 美元，是美国的 2. 4%；到了 2018 年，中国人均 GDP 接近 9800 美元，这已经是美国的 15. 7%。

还有一件大事，2010 年，中国超过了美国成为全球制造业第一大国，这是一件世界性的大事。

而今，中国很多产品的产量已居世界第一。

2018 年，中国的生铁产量排名世界第一，占全球总产量的 59%；煤炭产量排名世界第一，占全球总产量的 46. 0%；粗钢产量排名世界第一，占全球总产量的 50. 9%；造船完工量排名世界第一，占到世界总造船完工量的 43. 3%；水泥产量排名世界第一，占世界总产量的 56. 0%；电解铝产量排名世界第一，占世界总产量的 55. 7%；化肥产量排名世界第一，占世界总产量的 35%；化纤产业排名世界第一，占世界总产量的70%；汽车制造排名世界第一，连续蝉联世界第一，销量占世界总销量的29.4%；彩电产量排名世界第一，占全球出产量的比重达到70%；手机产量排名世界第一，占全球出产量的比重达到90%；……2018年，我国制造业增加值占全世界的份额达到28%以上，成为驱动全球工业增长的引擎。世界500种主要工业产品，中国有220多种工业产品的产量排在世界第一，不得不说这是一个惊人的数据。

从进出口总额来看，中国已是世界第一大货物贸易国。1978年的贸易额才206亿美元，但2018年就达到4.62万亿美元。1978年的外汇储备才1.67亿美元，截至2018年末已达到了3.07万亿美元。

我国还建设了无数个世界级工程，其中给我印象最深的是长江三峡大坝工程。

中国高铁也很了不起，截至2018年末，中国高铁营业总里程超过3万公里，超过世界高铁总里程的三分之二，居世界第一位。它速度非常快，过去几十个小时的旅程，现在只要几个小时。中国的高速公路更是四通八达，它给人们带来了很多方便。

此外，还有南水北调、西电东送、西气东输等工程，都是世界级大工程。这些不但大大有益于当代，而且还会惠及我们的子孙后代。

我国的科技也正在飞速发展。令人高兴的是，经过中华人民共和国成立以来70余年的努力，中国人已赶上了西方，虽然总体上还有差距，但有些领域甚至已与西方并驾齐驱，有些领域甚至已领先西方。我们中国人完全依靠自己的力量建起了空间实验室。我们还有了射电望远镜、深潜器、量子卫星、大飞机，等等。

参考文献

地理中国部分参考文献

［1］臧励龢：《中国古今地名大辞典》，上海：上海书店，2015年1月第1版。

［2］郑天挺、谭其骧主编：《中国历史大辞典》，上海：上海辞书出版社，2010年9月第1版。

［3］辞海编辑委员会编纂：《辞海》，上海：上海辞书出版社，2010年4月第1版。

［4］中国地图出版社编：《中国地图集·地形版》，北京：中国地图出版社，2014年1月第1版。

［5］星球地图出版社编：《中国地图集·知识版》，北京：星球地图出版社，2015年1月第1版。

［6］广东省地图出版社编：《新编中国地图册》，广东：广东省地图出版社，2005年1月第1版。

文化中国部分参考文献

［7］朱熹：《新刊四书五经》，北京：中国书店，1994年5月第1版。

［8］梁海明译著：《道德经》，山西：书海出版社，2001 年 9 月第 1 版。

［9］林之满主编：《周易全书》，黑龙江：北方文艺出版社，2007 年 12 月第 1 版。

［10］周鹏鹏译：《易经》，北京：北京联合出版公司，2015 年 7 月第 1 版。

［11］荀况：《荀子》，北京：华龄出版社，2002 年 1 月第 1 版。

［12］方彭寿、郭自虎选注：《诗经》，广东：珠海出版社，2004 年 1 月第 1 版。

［13］庄周：《庄子》，山西：书海出版社，2001 年 9 月第 1 版。

［14］孙波注释：《管子》，北京：华夏出版社，2000 年 1 月第 1 版。

［15］商鞅：《商君书》，北京：改革出版社，1998 年 10 月第 1 版。

［16］司马哲编著：《韩非子全书》，北京：中国长安出版社，2014 年 3 月第 1 版。

［17］孔丘：《四书五经》，北京：北京出版社，2006 年 6 月第 7 版。

［18］梁漱溟：《中国文化要义》，上海：上海人民出版社，2011 年 6 月第 1 版。

［19］杨荣国：《简明中国哲学史》，北京：人民出版社，1973 年 7 月第 1 版。

［20］柏杨：《中国人史纲》，北京：中国友谊出版公司，1998 年 1 月第 1 版。

［21］柏杨：《丑陋的中国人》，北京：人民文学出版社，2008 年 4 月第 1 版。

[22]《文史知识》编辑部编：《儒·佛·道与传统文化》，北京：中华书局，1990 年 3 月第 1 版。

[23] 李养正：《道教概说》，北京：中华书局，1989 年 2 月第 1 版。

[24] 王凤阳：《汉字学》，吉林：吉林文史出版社，1989 年 12 月第 1 版。

[25] 唐汉：《汉字密码》，上海：学林出版社，2002 年 2 月第 1 版。

历史中国部分参考文献

[26] 高占祥编：《二十五史》，北京：线装书局，2007 年 7 月第 1 版。

[27] 司马光：《资治通鉴》，北京：北京燕山出版社，2006 年 8 月第 2 版。

[28] 毕沅：《续资治通鉴》，北京：线装书局，2009 年 12 月第 1 版。

[29] 夏燮：《明通鉴》，长沙：岳麓书社，1999 年 8 月第 1 版。

[30] 萧一山：《清代通史》，上海：华东师范大学出版社，2006 年 3 月第 1 版。

[31] 范文澜：《中国通史简编》，上海：华东师范大学出版社，2014 年 9 月第 1 版。

[32] 周谷城：《中国通史》，北京：北京师范大学出版社，2016 年 5 月第 1 版。

[33] 冯克诚、田晓娜 主编：《中国通史》，青海：青海人民出版社，1998 年 1 月第 1 版。

近现代至当代中国部分参考文献

[34]《习近平谈治国理政》，北京：外文出版社，2014 年 10 月第 1 版。

[35] 中共中央党史研究室：《中国共产党历史》，北京：中央党史出版社，2011 年 1 月第 2 版。

[36] 人民出版社编：《三中全会以来重要文件汇编》，北京：人民出版社，1982 年 9 月第 1 版。